Yemen

Travels in Dictionary Land

葉門

字典國度的奇幻之旅

Tim
Mackintosh-Smith

提姆·麥金塔－史密斯——著

鄭明華————譯

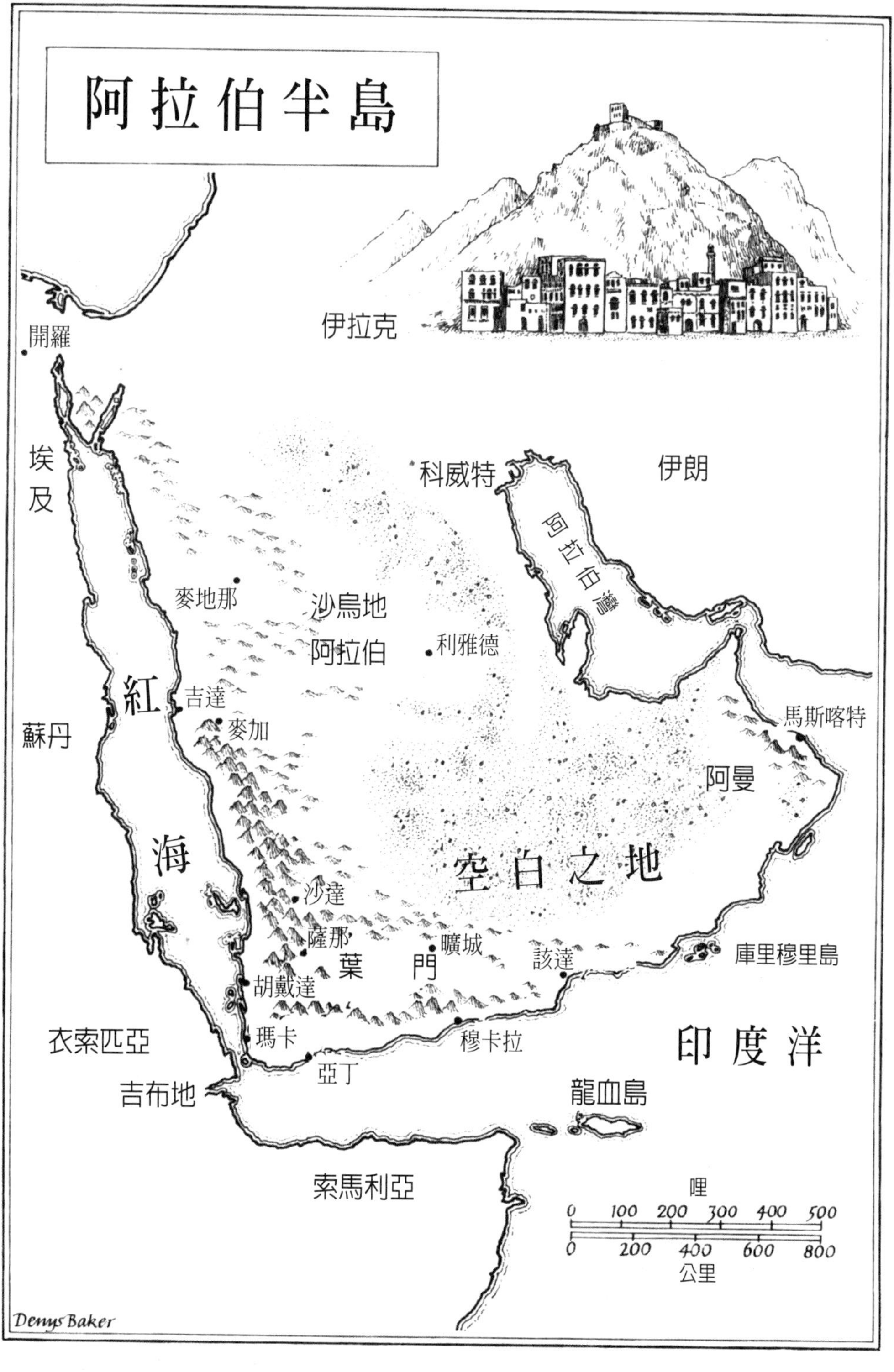

阿拉伯半島
伊拉克
開羅
埃及
科威特
伊朗
阿拉伯灣
麥地那
沙烏地
阿拉伯
利雅德
紅海
吉達
蘇丹
麥加
馬斯喀特
阿曼
空白之地
沙達
薩那
曠城
葉門
該達
庫里穆里島
胡戴達
衣索匹亞
瑪卡
穆卡拉
印度洋
亞丁
吉布地
龍血島
索馬利亞
哩
0 100 200 300 400 500
0 200 400 600 800
公里
Denys Baker

至瑪哈拉
白之地
巴赫
哈卓瑪谷地
烏爾堡
塔里姆
卡巴
瑪哈拉
希邦姆
艾納特
河道谷地
塞昂
胡瑞達
奇辛
哈佳拉因
艾因
伊塔柏
夏巴瓦
拉佳雅谷地
艾因谷地
塞胡
哈密
蘇哈爾
希合
穆卡拉
畢阿里／卡那
巴爾哈
灣
亞丁及近郊
烏塔曼
瑪地那夏柏
（人民市）
庫爾瑪克沙
沙瓦依
（奴隸／工人島）
牆
後灣
哈迪山
胡朱夫岬
後灣
夕拉島
塔瓦希
輪船角
亞丁水槽
火山口鎮
小亞丁
夏森山
象背灣
瑪斯克岬
0
50
100
150
200 哩
0
50
100
150
300 公里

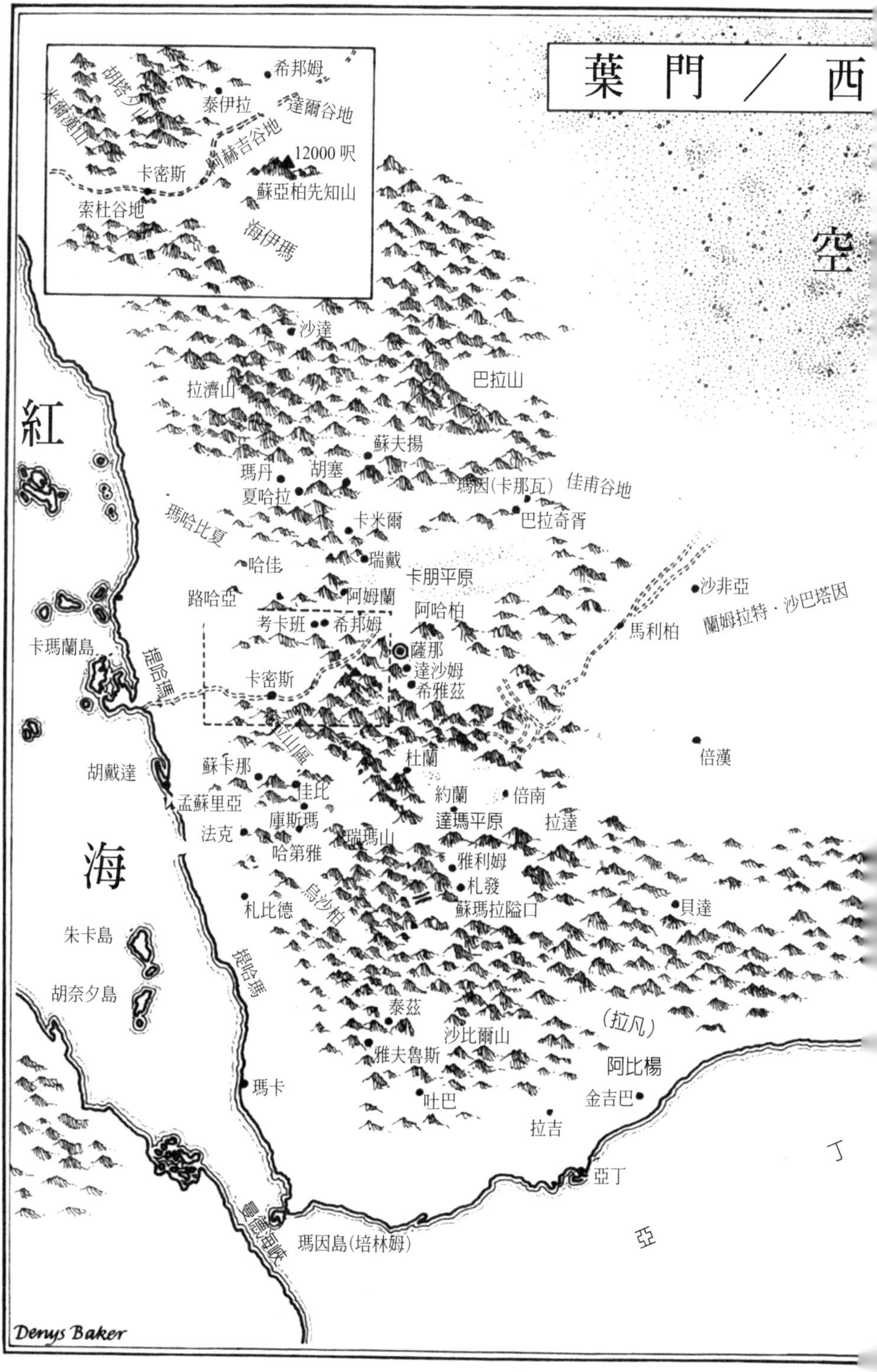
葉門／西
空
希邦姆
胡塔夕山
米爾漢山
泰伊拉
達爾谷地
阿赫吉谷地
12000 呎
卡密斯
蘇亞柏先知山
索杜谷地
海伊瑪
沙達
巴拉山
拉濟山
紅
蘇夫揚
瑪丹
胡塞
夏哈拉
瑪因(卡那瓦)
佳甫谷地
巴拉奇胥
瑪哈比夏
卡米爾
哈佳
瑞戴
卡朋平原
沙非亞
路哈亞
阿姆蘭
阿哈柏
蘭姆拉特．沙巴塔因
考卡班
希邦姆
馬利柏
卡瑪蘭島
薩那
提哈瑪
達沙姆
卡密斯
希雅茲
倍漢
杜蘭
蘇卡那
胡戴達
佳比
約蘭
倍南
孟蘇里亞
康斯瑪
達瑪平原
拉達
法克
瑞瑪山
哈第雅
雅利姆
海
札發
札比德
烏沙柏
蘇瑪拉隘口
貝達
朱卡島
提哈瑪
胡奈夕島
(拉凡)
泰茲
沙比爾山
雅夫魯斯
阿比楊
瑪卡
吐巴
金吉巴
拉吉
亞丁
丁
曼德海峽
瑪因島(培林姆)
亞
Denys Baker

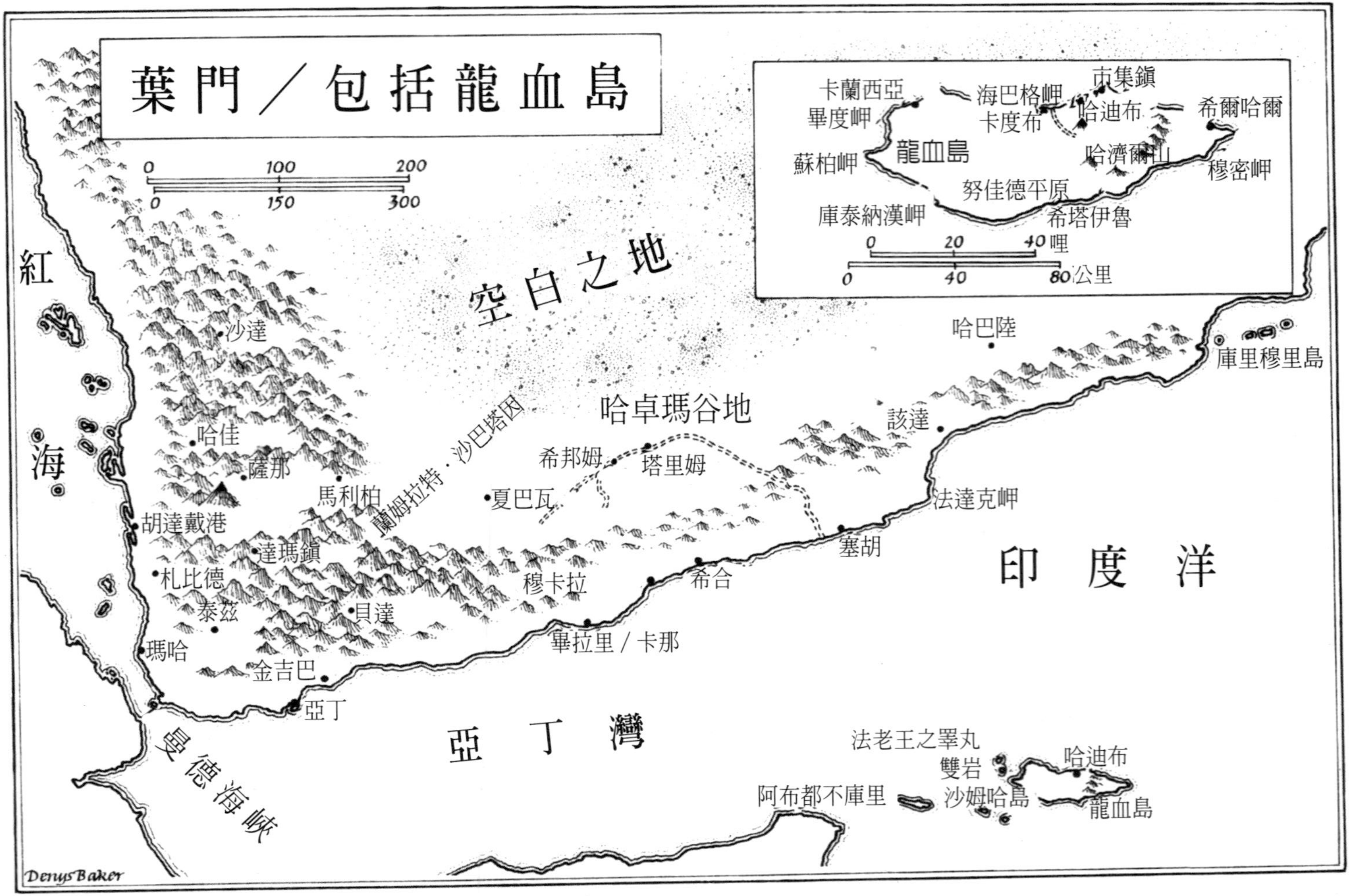
葉門／包括龍血島
0 100 200
0 150 300
紅海
空白之地
沙達
哈佳
薩那
馬利柏
蘭姆拉特．沙巴塔因
哈卓瑪谷地
希邦姆
塔里姆
夏巴瓦
胡達戴港
達瑪鎮
札比德
泰茲
貝達
穆卡拉
瑪哈
金吉巴
亞丁
畢拉里／卡那
希合
塞胡
法達克岬
該達
哈巴陸
庫里穆里島
印度洋
亞丁灣
曼德海峽
法老王之睪丸
雙岩
阿布都不庫里
沙姆哈島
哈迪布
龍血島
卡蘭西亞
畢度岬
海巴格岬
卡度布
市集鎮
哈迪布
希爾哈爾
龍血島
蘇柏岬
哈濟爾山
穆密岬
努佳德平原
庫泰納漢岬
希塔伊魯
0 20 40哩
0 40 80公里
Denys Baker

—目錄—

第六章　儒艮之城

五〇及六〇年代亞丁的標誌為儒艮，
一種被誤傳為美人魚的動物，又叫海牛。
縱使有陽光、有海洋、有僕人伺候，
亞丁也只不過是一座混合直布羅陀、地獄及克魯教區，
並設有免稅區的城市。

第七章　探訪地獄

當無常的太陽不再從它沉落處。
清澈、豔紅地升起，
然後以橙黃沉落，
一切即已消圮。

第八章　古代遺民

龍血島民，
這片偏遠土地與世隔絕的民族，
才是在血緣最接近阿拉伯人遠祖卡譚的民族，
也許他們是系譜學家在尋找卡譚根源時
被忽略的古代遺民。

前言

定義是文字之牆內，
一片被圈圍的概念之原。

——山繆爾．布特勒，〈手記〉

急雨傾盆。一頭羊以角銼抵著門，企圖進入屋內。不能怪牠——今年的春天遲遲不登上哈瑞斯島（Isle of Harris），而且燒了煤爐，暖煙繚繞的室內確實要比外頭舒適多了。東風正由斯凱島（Skye）[1]呼嘯掠過海峽，並捲揚冰雹，在農舍的鐵皮屋頂上彈射出震耳的聲音。

在學習阿拉伯文的初期，先得找個像哈瑞斯島這樣沉靜的小島，可以一邊踱步、一邊運動著舌部和聲門最少用到的部位，發出奇怪的聲音和音節，而不會吵到別人。起床煮飯時，我對火柴說「Hhha!」，擦了之後不著火，我則噓著「Ghghgha!」。我按照發音規則壓緊喉頭，朝著窗外圍籬上的烏鴉發出奇異的喉音，這隻看來純真的小東西呱叫著後退，然後拍翅飛起，誤以為是那頭小羊嚇牠，不知所措地想去啄小羊的眼睛。

爐子不斷冒出暖氣，我順手又丟了一塊泥煤下去，拉把椅子坐下來。科汪（Cowan）的《現代阿拉伯文學》（*Modern Literary Arabic*）正攤開在〈雙姝〉（The Dual）那篇文章。阿拉伯文不只有單數和複數，還有「成對」的特別格式。文章上寫著「兩名美麗的王妃非常無知」。這句子讀起來，除了發音怪異，文意上還有著劇場語言般的誇張，引人質疑。科汪著作底下的那一本，是專為巴勒斯坦託管區（Palestine Mandate）的英國軍官所編的阿拉伯文讀本。在這一大落的最底下，則是一本還沒翻閱過的字典。我將它抽了出來，端詳著它的封面。這是由貝魯特的天主教出版社（Catholic Press）於一九一五年專為學生和「上主更高的榮耀」（Ad Majerem Dei Gloriam）[2]所出版的書籍。我翻動著泛黃的書頁，進入密密麻麻的文字叢林。那又是另一個世界，裡面充滿了各式艱深變化的難懂語彙。

上頭有個字「zabab」，可以解釋成「信使」或「一隻耳聾的巨大老鼠」；離這個字不遠的「na'amah」，可以譯成「鴕鳥」、「路標指示牌」、「山頂的亭子」，甚至「腦膜」。視線所及的「maljan」，意謂有人「貪婪地吸吮母駱駝」，但是如果不幸「instanwag」，便是「將公駝錯當為母駝」，震撼必然非同小可，又要苦於「乾渴」（sada）這個同時意謂「聲音」、「回聲」、「屍體」、「腦」和「貓頭鷹」的字眼。我想也許是他的水井「水少泥多」（makul），所以才會心生嗔怨地「貪婪地吸吮母駱駝」。我快速翻過這頁，以免它「tarqa」——「重擊我的鎖骨」。

在這部「字典國度」（Dictionary Land）中，你也許會讀到「malit」：「一枝沒有羽毛的箭」或「無毛的流產胎兒」。不過這兩個字好歹還稍帶聯想。「firash」這個意謂著「地蓆」和「妻子」的字，與解釋成「肛門」、「哨子」和「橫笛」的字眼「siffarah」皆有異曲同工的聯想之妙。但其他大多數的字彙則完全駁倒理性思考，有時令人頗有瘋人造詞之撼，例如你可以帶著你的「qutrub」（小狗、惡魔、蠢動的蟲子、憂鬱症）去散步，而「qarurah」則具有「眼瞳」和「男子尿盆」的雙重意思。單是「nakha」這個動詞，就可解釋成「殺害某人」和「以真摯友誼對待」，而「nakha istawsham」兩字合在一起，則成為「尋找刺青師傅」；倘若你是書法家，也許會熟悉「yayaya」這個字，意謂「流利地書寫出ya」，寫法大概就是 ي。和烹飪相關的字，「akra」表示你「喜歡羊腿」或你的「小腿很細」，但是「akra karrash」兩字一起用，則表示「皺縮著臉」或「準備羊肉餡」，後者若寫成「akra karrash wahisah」，則表示「用油脂和蝗蟲混合成的菜餚」，若寫成「akra karrash adasiyah」，便成了「芳香的扁豆湯」或「當藥物用的蝙蝠糞」。「Alkhan alkhan」兩字重疊時，表示「爛掉的胡桃」或「沒經過割禮，發出惡臭的男人」。這本字典中也收進了「ingad」這個字，同時表示「老鷹叫聲、手指斷裂的聲音、咂嘴喚羊群的聲音」，甚至「使勁拔起菌類的聲音」。如果這種菌類剛好是「faswat al-dab」[3]，這個字除了表示一種罌粟的名稱，也表示「雄土狼無聲的放屁」。

有人說過，每個阿拉伯字僅簡單地代表肯定、否定，或是駱駝。以「rash」為例，意為「吃太多」、「吃太少」，或「一頭耳後毛茸茸的駱駝」。然而對我來說，在同時表示字典和海洋的「qamus」世界裡，一切都顯得極不尋常。奇異到什麼程度？讓我借前伊斯蘭（pre-Islamic）詩人塔巴塔・撒拉（Ta'abbata Sharra）為例，他的名字意為「在腋下挾著一個惡魔的人」。這本蘭恩（Lane）[4]以三十四年的時間，編成的十巨冊對開本字典，文字排序也僅及「gaf」這個字。蘭恩這套字典，主要是依據在葉門受教育的詞典編纂者札比第（Muhammad Murtada al-Zabidi）的作品——《新娘頭飾》（*The Bridal Tiara*）編纂而來。札比第和約翰遜博士（Dr Johnson）[5]屬同一代名人。小時候，我常盯著祖母家牆上夢幻的東方水彩畫，一看就是數小時。當時我父親正好用他的桌子木料做出一個奇怪的紅色球狀體，說那是阿拉伯龍的血，使我經常幻想著乘坐公用電話亭飛越沙漠營地。現在，翻過這些書頁，所有的異國幻想再度回來，我知道我已經沉迷其中。

我背後的門開了，以為是毛茸茸的黑面羊要進來，或是《來自波洛克的不速之客》（*The Person From Porlock*）[6]；不過進來的卻是我的鄰居羅第（Roddy）。他一直在外頭忙著將家禽趕回家，全身濕淋淋的。他由內袋掏出一瓶松雞威士忌（Grouse）酒。

「哇，你都已經生起爐子了。」他隨意看了一下字典，嘆口氣，把字典闔起來。「咱們來喝兩杯。」

❄

那些想法倒沒令我茶飯不思，卻不時在心裡搔動。隨後幾年，只要有人提起這些阿拉伯話題，我難免隨著心神恍惚，心也跟著從牛津東方學院（Oxford Oriental Institute）回到蘭恩的「字典國度」。

「我看不懂六十六行和六十七行的大意。你能，呃……？」

「『誠然，我見到你蜥蜴般的下顎連著腹部，以及肥厚的尾巴。你的話揭露了你話意的臀部。』」

「對不起，您說什麼？」

「『你的話揭露了你話意的臀部。』」

「噢。」

他們教了我們一堆深奧難懂的神話，以及如何運用基本語法造出令人激賞的句子。我們有如一群語言煉金術的學徒。就像煉金術一樣，阿拉伯文果真是魔法成分高於科學。阿拉伯人同樣也被他們自己的語言迷住。由《可蘭經》（*Qur'an*）這本同時具有神性之美，也是令人畏懼、激動流淚、椎心刺骨、難以抗拒、無可取代的聖典上，即已說明了阿拉伯文語彙的自足性：《可蘭經》中，不屬於具體世界的精神特質，只是這個語系的特徵之一。在一個單一的句子裡，一個名詞可以解釋成一名傳道者、一名詩人、一名雄辯者或一名漁婦。相反地，在官方文件中，優雅地使用無數文字堆疊後，仍是距離主旨遙遙千里。人們不但可以天馬行空地撰寫言不及義的長篇大作，也可以用一封短信便解決許多生死問題。學校教了我們這些，卻沒有教我們日常會話。學了兩年的阿拉伯文，我連廁所在哪裡都不知道怎麼說。

❁

我的輔導老師從電腦螢幕前，就著椅子轉過身來。「葉門？你怎麼會想要去『那個地方』？」

由他的聲調，顯然我帶給他無比的震驚。通常只有大型災難、結論錯誤或語意不清的文章，才有可能將他由那些安達魯西亞情色詩句上撼動一下。

「我……我遇見了一個葉門人，他說葉門阿拉伯文是最接近古典阿拉伯文的方言。」

他那痛苦的微笑保持了好長一段時間，看來就像說腹語者咧著嘴用腹部發音一樣。「笨男孩，他們都是這樣說的。葉門！」說最後兩個字時，他癟了癟嘴，彷彿那個詞是顆帶有苦味的水果一般。檸檬！「幹嘛不去其他名聲較好的……開羅、安曼、突尼斯？」

我才不去開羅。那個喧囂又煙霧瀰漫的地方，到處是難纏和不停兜售的人，世界古文明就在酸雨和觀光客的腳下逐漸粉碎。安曼，有人告訴我，那是阿拉伯世界最無聊的都市。而突尼斯，不，太複雜了。

其實我說謊。我從來就沒見過葉門人。我這麼說是希望能讓我的輔導老師准我一年的休假。幾年前，倫敦人類博物館（Museum of Mankind in London）曾經闢室仿築葉門首都薩那（San’a）的部分市場景觀，做為「不列顛國際伊斯蘭節」（Britain’s World of Islam Festival）的應景展場。皮卡迪利大道（Piccadilly）[7]上這座仿建的伊斯蘭市集，甚至連燈光及氣味也極為考究，充滿了伊斯蘭特有的神祕氣氛，是一個迷宮般的小世界。雖然由倫敦到薩那的飛機航程不過才十小時，但這樣的移植和仿建看來頗為虛幻，缺乏真實感。那不是真實的葉門。然而在接下來的歲月裡，它卻和我在書中所見，驕傲而不粗蠻，深沉而不嚴厲，細膩卻不脆弱，以及眼圈塗了黑墨、配上書法般的濃眉，眼睛更顯深邃的葉門臉孔交相呼應。

在我讀過的文章裡，顯而易見地，對葉門著迷的不止我一人。一名中世紀造訪者曾寫道：「從來沒有人像葉門人一樣，具有如此銳利的眼神。他們看著你時，便深深潛入你的心中……」許多參考資料所描述的葉門落後而偏僻，其至是個開倒車的地方。舉個例子，十八世紀一名巴格達皇宮中讚美自己國家的葉門人，經常會受到這樣的奚落，「你知道你自己是什麼嗎，葉門佬？讓我告訴你。你們不過是一群染皮革匠、一群織直條紋衫的工人、一群耍猴人和一群只會管理駑馬的男人。你們因為一頭巨鼠而被淹死，還被女人統治過；全世界的人，要等到一隻會說話的戴勝鳥（hoopoes）開口，才會知道有葉門這兩字的存在！[8]」我倒是沒有因為這些評語而拖延。但無疑地，葉門的第一瞥的確毫不動人。

此外，其他二手資料所談到的葉門，皆具有「字典國度」所講的那些虛幻特徵，例如會說話的戴勝鳥、足以破壞水壩的齧齒類動物，人嚼食葉子，駱駝則吃魚。人們上身穿著直條紋的短上衣、下身著裙子、腰間則插著邪惡的短彎刀。他們的城鎮看來不像建築出來的，反而像烤過的冷凍薑餅。葉門是阿拉伯的一部分，可是景觀卻……呃，總之，和地球上的任何地方毫無相似之處，同時也不像是阿拉伯世界的一部分。

最後我的指導老師大發慈悲，甚至祝福我一路順風，一邊仍不忘警告我不可離開太久。我終於自「字典國度」啟程，走向真實的葉門，也許，我真能開始逐漸了解那兒的人。

從那時起，我便和葉門密不可分[9]。

【註釋】

1 蘇格蘭西部。

2 語出耶穌會格言。

3 「al-」為阿拉伯語之冠詞，大多為小寫，等於英文的「the」，例如「Al-Jazirah」意謂「The Island」。

4 愛德華・威廉・蘭恩（Edward William Lane，一八〇一～一八七六），為英國著名學者、譯者及詞典編纂者。對於埃及與阿拉伯文極有研究。

5 山繆・約翰遜（Samuel Johnson，一七〇九～一七八四），英國作家及詞典編纂者，也是當時主要的評論家、傳記作家、散文家及詩人，為公認十八世紀文藝大師。

6 雷蒙・F・瓊斯（Raymond F. Jones，一九一五～一九九四）一九四七年作品。

7 倫敦著名大道。

8 這個嘲諷中說的染皮革及織直條紋衫皆為葉門傳統工藝，此外亦提及住在高山中的狒狒。駑馬這樣的說法頗為不公，因為葉門的馬向來健壯。文中的巨鼠指的是傳說中啃噬馬利柏水壩（Marib Dam）而導致水壩毀圮的齧齒類動物。被女人統治指的是《聖經》上的沙巴女王（Queen of Sheba/Saba），《可蘭經》上提到她是靠一隻會說話的戴勝鳥才得到所羅門王的注意。

9 作者自一九八二年開始居住於葉門。

第一章

無疑為天堂所在

你用深水遮蓋地面，
猶如衣裳；
諸水高過山嶺。

——《聖經・詩篇》第一〇四篇，第六節[1]

很久以前，當洪水開始退卻，而喜馬拉雅山、安地斯山及阿爾卑斯山，都只是埃弗勒斯峰和吉力馬札羅山（Kilimanjaro）下，深邃海溝表面上的幾座露頭小島時，赤道帶上的些微變動，使阿拉伯重現地表。

這不是什麼特別壯觀的再生。此時，蘇亞柏先知山（Mountain of the Prophet Shu'ayb）[2]不過是一小塊不起眼的隆起。根據古籍，蘇亞柏本人的誕生是在十七個世代之後；而在他降生之前，人類都過著墮落的生活。不過這時候的世界一片空寂，算是個清新的起始。

接著，諾亞（Noah）的兒子閃（Shem）現身歷史。他知道人類的前途就在他、他的兄弟含（Ham）及雅弗（Japheth）身上。於是他開始繁衍後代，他的名字也成為閃族（Semitic race）的來源[3]。中世紀的旅行家穆佳威（Ibn Al-Mujawir）[4]在文稿中提到，閃為了這個重大的任務，決定找一處「擁有清水和有益健康的氣候」的地方。顯然這個岩石崎嶇、颳風凜冽的山區並不適合繁衍後代，但往下四千五百呎，再往東南約半天路程，即是那片周圍為尖石所環繞、同時在洪水退卻後變得肥沃的沉積平原。

就是這兒了。閃快速下了山，以木樁和基線錘畫出一片地基線，但是一隻鳥啣去了他的基線錘，並丟在平原東方。對閃來說，這個訊息極為明白，後來此地成為固丹皇宮（Palace of Ghumdan）[5]的所在地。在金牛座、金星和火星於天際會合時，他建立了世界第一座城市：薩那，即現在的葉門首都。

在其他地方，山峰自北而南，綿延在曾是洪水淹沒的地方，間或分布著肥沃如薩那平原，吸引拓殖者前來的陷落地塊或高原。西邊和南邊的山峰則呈鋸齒般的峭壁，俯望著距離海平面極近、依然濕熱而肥沃的平原。朝東，山脈傾斜地延伸到其下的沙漠。儘管閃的後代已不知繁衍多少倍，但除了偶有不法之徒藏匿或探油人到訪，這片沙漠仍呈現一片死寂。在東南方的遠處，接近沙漠邊緣的地方，連結了廣大貧瘠的乾草原，閃的一支後代定居於此，並以其渾名「哈卓瑪」（Hadramawt）[6]稱之，意為「死亡已經降臨」。

於是，「葉門」（Yemen）在阿拉伯那個褶曲的角落裡揭開了面紗。「葉門」名稱的由來，也許是位置剛好在聖城麥加的右邊（yamin），或因受到祝福（yumn），或者純粹只是以哈卓瑪之兄「Yamin」的名字為名。

不過也有人說，這些全是無稽之談。他們認為薩那是在基督教初期，古沙巴王國（Saba）首都馬利柏（Marib）一個通往分水嶺道路的哨站發展而來。哈卓瑪不過是個前阿拉伯時期（pre-Arabic）的名字，是傳統詞型字源的花俏變化，而「Yemen」即「al-yaman」，僅意謂「南方」。

事實上，葉門悠遠的歷史猶在迷霧中。考古學至今仍無法提供絕對的證據。早期的葉門歷史學家使用宗譜詮譯歷史，結果宗譜的源頭為閃，接著則為閃的曾孫，即先知胡德（Prophet Hud），再下去為胡德的兒子卡譚（Qahtan）；自他以下，便是所有的南阿拉伯族裔後代，散居在葉門及更遠的地方。在這段歷史中，人名和地名不可避免地相互重疊，而其族系也因同姓族人繁衍及播遷而相形壯大。想要像葉門人一樣了解葉門，等於攀爬一棵宗族大樹。這棵樹同時垂直和橫向穿越時空。歷史、地理、民族和土地皆在其中。

相對地，新派的歷史學者則開始修剪這棵大樹，並質疑原始祖先是否真的存在。但最後，誰對誰錯已不重要。不論南阿拉伯人的祖先卡譚是否存在過，他所代表的是一個共享此一特殊文化的民族。這個民族至少已經存在三千年之久。

至於閃的故事，即使只是傳說，亦不愧為南阿拉伯的「創世紀」。

古今的交會點

比起閃，我初見薩那平原的印象顯然要無趣多了。衣索匹亞航空的波音飛機突然傾斜，並發出噪音，穿越亂流層。飛機在著地前幾分鐘，不尋常地在市區上空盤旋了幾圈。完全非我所預期。

如同沙漠植物，薩那在數十年的停滯後，突然冒出了許多發展的觸角。過去，主要的國家入口大都是城門，薩那南城（Bab Al-Yaman）堪稱最足以表現薩那保守面的象徵建築。過去，一切隨著城門在夜間關閉後靜止，不僅如此，說不定胸牆上還掛了一串串叛徒的首級，用以殺雞儆猴。然而現在是條條大路通羅馬，許多沿新路建築的房子都才半完工！雨後春筍般崛起的加油站，更可看出現代化的腳步。

我原先擔心這樣急速的改變會使薩那失去原有精神。但是，就像英格列[7]在他巴黎的畫室裡，魔術般變出經過處理的東方影像——讓我們看到了裸體侍婢，卻聞不到她的香味；見到了在一旁的太監，卻聽不到他被去勢時的狂叫——我也在牛津虛構出我的薩那。兩者的偏差都一樣：薩那的一切只是我的想像，和實際完全不同。

今日的薩那，原先稀落的樓房已經緊密如織，顯現繁華，甚至偶爾錯亂的況味。交通阻塞和缺乏都市計畫成了兩大夢魘。然而，儘管窘迫的財政仍是這個國家的一大隱憂，它卻展現活力和變化，並持續繁榮。我想像中圍在城牆裡的古老沉寂和靜止，早已在這個世紀革命的尖銳撞擊中消失。

依照一九四七年奧圖曼征服者烏茲迪米（Uzdimir Pasha）所建的清真寺命名的杜摩（al-Zummur）老城區，仍舊充滿動感。就在我的前門，街上不時充斥著噪音：車輛的喇叭聲、出租摩托計程車的引擎聲、賣雞蛋的小販大聲相互競爭的叫賣聲、對街錄音帶店播放的音樂聲，甚至烘烤黑豆的爆裂聲……。就在昨天，一名頭髮蓬亂的男人，擊著手鼓，即興吟唱簡短的敘事詩。他吟唱著巴格達，不是那個遠古的巴格達和拉希德（Harun al-Rashid）[8]的輝煌，而是海珊和布希，「海珊說：『但願我是隻飛鳥，停在布希頭上，並……』」圍觀者無不屏息，「『並在上面拉屎！』」而去年九月的年度伊斯蘭齋月（Ramadan），每天昏禮[9]之前，一名上了腳鐐的男人會在我窗口下乞求施捨。他是計程車司機，因為發生車禍導致乘客喪命，在他被發監前，必須湊錢賠償。他的保險單是與神簽訂的；而神的信徒們正一個銅板、一個銅板地替神理賠。所有這些人間塵音皆自地面傳到四樓，對於寫作干擾極大。不過無所謂，薩那的房子都滿高的，我無妨再往上搬幾層。

現在的高度倒是讓我看到了環繞薩那平原的群山全景。傳說是這樣的，摩西要求見到上帝的臉，群山在震驚之餘，全由西奈（Sinai）飛到了葉門。而最遙遠的那端，就是閃建立第一座住屋的所在。由我的另一個窗戶看出去，則是努干姆山（Jabal Nuqum），它的低處是傳說中鳥兒丟下其基線錘的地方。這裡並非寫作最好的地點，待在屋頂上的觀景台，很容易讓人融入其中的絕美天際線而分心。不過在這樣的高度，除了掠過的鳥兒及偶爾飛過的塑膠袋，街上的噪音已顯幽遠。這個僅八呎乘五呎平方的房間，窗戶安裝了彩色玻璃，有如一個鑲了珠寶的首飾盒。人們有時稱這樣的地方叫「zahrah」，字典上解釋為「一朵花」、「美麗」或「明亮」。我的住所建築年代其實僅有幾個世紀，但薩那的建築少有變動，讓人看不出它到底經歷過多少歲月。幾碼外，一個男人正懸在深邃的街道上方，在一個樣式類似的房間外牆上，塗上最後一道彎曲的石膏帶狀圖案。在他身後的遠方，塵土使得艾邦山（Jabal Ayban）和通往海邊的道路顯得朦朧不清。西風吹入，百葉窗隨之啪然作響。跟著進來的是伊斯蘭昏禮的宣告，這可不是某些地方乾瘦的錄音聲，而是發自肺腑的現場吼聲「禱告時間！」，同樣的聲音，在同樣的時間越過葉門，由札比德（Zabid）到金吉巴（Zinjibar），由希雅茲（Hizyaz）到哈巴陸（Habarut），一路到達北非索馬利亞北方海上的龍血島（Suqutra）。

我得下樓去買香菸，到黝暗的樓下大廳入口，大概要走七十七階。拉開厚重的大門，聲音、光線及堆疊的苜宿迎面而來。我的鄰居賣這東西給人家當飼料，旁邊數個廣口鐔分別擺了金盞花、玫瑰、羅勒和芸香。她臉上蒙著面紗，身上披著大如桌巾的藍、紅罩袍（sitara）。身旁那個紅海地區來的男人，販賣來自印度洋岸的穆卡拉（Al-Mukalla）[10]香菸，而隔鄰的攤子則是一個戴頭巾的小男孩，販賣薩那西北山區哈佳（Hajjah）的胡桃。他們前面那排手推車，有的賣橘子，有的賣膠鞋，有的賣刀子、刮鬍刀片、指甲剪、手電筒和發條打鼓猴子。對街大部分是舊衣攤，各色各樣的遠東地區合成纖維織品撩人眼目。舊衣攤的後面是金飾店，粉紅和桃紅的絨布牆襯著二十二K的金飾，店內的鏡子多過美容院。那個製售婦女蒙面臉罩（sharshaf）的人所開的店面，清一色為黑袍子，堪稱為孔雀群中的烏鴉。這種源自奧圖曼的袍子全為黑色，只要穿上去不顯露身材，即叫合身。

這些舊衣攤可一點也不像帶著陰鬱氣氛的牛津饑荒救濟委員會（Oxfam）[11]。那些戴著亮閃閃手鐲的肘臂，正急急自罩袍下伸出來，在衣服堆裡掀起彩色漩渦。只有那個賣厚底鞋的攤子沒什麼人光顧。男性成衣仿冒品之多和料子之差，往往令人驚訝，不過我倒是買過一件鴿灰帶暗紅條紋的西裝外套，料子堪比名牌，就是縫工不怎麼樣。有次我挑了件巴拉西亞料子的燕尾服（barathea tailcoat），試穿時發現太小；它可能來自一九三〇年代沉入亞丁灣（Gulf of Aden）的P&O號輪船，當鯊魚準備開始享受晚宴時，船上說不定正演奏著「永恆的天父，拯救世人」……當然，只是猜想。

有一天，街上的景象真把我懾住了。我對那件衣服熟悉得有如自己的身體。那名小男孩將它穿在長及足踝的罩衫（zannah）和一把小彎刀上面，邊走邊用腳蹭著一個早就洩了氣的足球。我叫住他。可不是，灰色法蘭絨，不但有海軍滾邊，胸袋上還有一朵鳶尾：是我在預備學校（prep-school）[12]時穿的運動上衣。內裡的商標印著「史提爾及吉瑞男仕外套」，口袋上還留著一九七二年被我用派克鋼筆弄污的漬痕。不過原本繡名字的地方倒是被剔乾淨了。

看著他繼續踢著足球遠去，心裡有著莫名的不捨，然而，取而代之的是一股奇特又極為寧靜的感覺。我感覺到一種適時適地、圓滿的沉靜，像輪子完整地轉了一圈。

海關遇難

如果要將所有發生的事情，視為一個完整的生死輪迴象徵，後來在薩那機場的海關棚子所發生的事，倒可以當成地獄邊緣的替代場景。整個海關看來有如一座巨型的鐵盒子，回響著物主請求發放各種貨品的哀告聲。我費了九牛二虎之力，才擠進辦事處。

我在棚子裡找到了裝有我摩托車的板條箱。按正常程序，它應該是整輛車身完整的由阿迪斯阿貝巴（Addis Ababa）[13]輸運到薩那。我拍了拍那口板條箱，然後前往海關所在的低矮建築。我想那個人們受盤問的地方，應該就是權責處。進去之前，我在門口揮了揮手上的文件。這些請求准許機械設備輸運入葉門的打字文件，收文者為海關處長。過去幾週，這些文件一再被加上但書的要求，一條條潦草難辨的但書文字，都有但書者的阿拉伯文簽字。

第一次和海關交涉時，我利用處長下車的節骨眼兒強行和他交談。他以汽車的後箱蓋權充桌子，用他昂貴的筆，龍飛鳳舞地寫下後來我才明白真意的「不反對」。然後我拿著這紙批文到祕書處，主任祕書用他看來較不昂貴、但仍是高價位的筆寫了「無異議」，同時加了但書。並將批文轉給外事處。外事處如出一轍——「無異議」，再轉呈另一個單位。我發現，在這個金字塔結構中，等級越低，簽名越複雜，同時筆的價值和品質也隨之降低。在一個沒有特別名稱的部門，那些基層辦事員不是喝茶看報、就是拿著筆練習簽字。終於，其中一人被指派用他那支又破又漏水的原子筆，在我的文件上繼續加注。兩週來，我在海關的上班時間內，天天前來處理此事。文件被遞來遞去，時間似乎變得很不真實，不知道下一步又要遞送去哪裡？現在僅剩侍茶的小毛頭沒有涉入。我看著文件上最新的但書。「無異議」自海關處長簽字後，一切即開始「綿綿無絕期」，像佛教的靈魂，需要經過種種般般，方臻圓滿。而這些海關人員層層往下，似乎也正經歷某種輪迴般，不知何時終結。離開那間辦公室時，我瞥見某張桌子上的報紙，頭版大標題是「文職部暨管理改革部長要求即刻改組」。那份報紙顯然在此已有一個月了。

最後，情急無奈，我穿上西裝、打上領帶，將文件放在一只仿使館人員使用的皮革手提箱裡，前往拜會海關處長。過去兩週，我們這些請願人之間已經彼此熟悉，並產生「同志般」的情誼。然而現在，那些蹲在門口、形色陰鬱的朋友們卻認不出我來。處長室的警衛甚至為我開道。我進了那個請願者夢寐以求的聖殿——請願暴風圈中最平靜的地帶。辦公室內少數幾個人，一個個輪流趨前低聲下氣地和處長說話。只見他不時用那支昂貴的鋼筆書寫著。

終於輪到我了。「您也許還記得我……」

「啊，」他打斷我的話，面露笑容，「那個進口動力自行車的人。」

即使在阿拉伯文書上都使用「動力自行車」，但一般稱為「摩托車」。他往後靠在椅背上，捻著八字鬍。「這些是不准進口到葉門的。」

我在心裡重複殖民時期，一名英國駐外使節對哈卓瑪[14]蘇丹談話時的真言：不動氣、沉著、冷靜、語調輕柔。「也許我有所誤解，但您先前已寫了『無異議』。我請您給予我付關稅的榮耀。薩那的摩托車數以千計，我來的時候也是乘坐摩托計程車。」我停下來，但沒見到絲毫軟化的跡象。我繼續說道，「不過這也許只是幻象。也許我能快速又喧嚷地穿過車陣，根本就是一路乘風，和」我看著窗外，「放著響屁。」

處長發出鼻息聲。我回頭看到他在笑。他在文件上最後一點空白處寫道「無異議，參照機場海關稅法辦理」。我打破了這個沒完沒了的輪迴循環，得到暫時的解脫。

在機場海關，我看著那名海關人員繁複地計算我應繳的稅金。整個過程看來，他不是運用簡單的加法，而是用指數和對數。最後計算出來，金額高達三萬利雅（Riyals）[15]。

他見到我一臉不可置信的樣子，將「三」槓掉，改成「二」。「這樣好一些了嗎？」

我說我很感激，但對於一輛只有兩輪的車子來說，稅金還是太高了。他一聽，將整個數字全部畫掉，改寫為一萬五千利雅。「爽了吧？」這樣的交涉，有如畫水彩或理髮，一不小心，全軍覆沒。我回答：「愉悅極了！」然後，緊緊地抓著文件離去。

面紗背後

如果海關那座棚子是地獄邊緣，阿里餐廳（Ali's Restaurant）的熾烈火焰、大汽鍋和濃煙水氣則不啻為地獄的象徵。十世紀的歷史學家暨地理學家漢姆達尼（al-Hamdani）曾寫道：「薩那獨特的烹飪技術超越任何地方。」如果和阿拉伯半島其他地方相比，此話或許屬實，薩那的確擁有古老的當地風味烹調。我在中餐所吃的東西和十三世紀的旅行家穆佳威所描寫的沒有兩樣：小麥麵包、葫蘆巴（hulbah）[16]和肉類。在烹飪的濃煙和水氣中，阿里站在高高的台子上，正以杓子將牛肉高湯、蛋、米飯和胡椒粉一一舀入石碗，製成道地的「沙塔」（saltah）。他的前面是一排大汽鍋，個個大到可以將西方的傳教士丟下去烹煮。汽鍋下方樣式雅致的柱狀瓦斯口噴出熾烈的火焰，隆隆巨響掩蓋了交談聲，令人擔心是否隨時會爆炸。夥計則忙著將冒著熱氣的葫蘆巴蓋在熱騰騰的沙塔上，以鉗子夾到客人面前。大塊的肉在巨大鍋中發出火焰般的熱氣，約十呎上方的天花板因為常年烹飪，已呈黑色。食客蹲在地上和長椅上津津有味地享受美食。那些端坐桌邊、穿西裝打領帶的客人，明顯地是對街外交部的雇員。還沒得到食物的客人，大聲叫著「阿里，喂，阿里——」。阿里高高地站在那裡，專心地以拋物線揮動著手臂，什麼也沒聽見，不動如山的樣子有如印度神像。已經取得食物的客人，正揮汗如雨埋頭享受，任憑沙塔汁濺到臉上。餐廳的牆上是一張巨大的凡爾賽宮花園圖案壁紙，上面有宮庭後牆、女神雕像和噴泉。

在阿里餐廳吃飯，除了填飽肚皮，也是了解葉門生活「氣質」（kayf）的第一步。理查．柏頓爵士（Sir Richard Francis Burton）[17]曾經探討過「kayf」這個字，他寫道「也許可以將它解釋為舒適的動物實體……源自於具有活力、令人動容和易於激動的本性，以及精緻敏銳的神經；展現北方的歐洲居民無法了解的感官享受能力」。但最後，這位《天方夜譚》的譯者不得不承認，「kayf」這個字根本無法在英文中找到對等的單字。詞典編纂者因為工作需要，無法像柏頓那樣放棄，於是將之譯成「心情、氣質或心靈格局」。和許多當地人一樣嚼食阿拉伯茶（qat）葉[18]的我，倒也想試試為它定義。

阿里餐廳就具有這樣的特質。在他們的觀念裡，血液、黏液、又黃又黑的膽汁必須在體內保持絕對的平衡，才能常保身體健康，也才可以使嚼食阿拉伯茶葉者進入他們的kayf之門。因此食用熱氣、汗水和熾熱的沙塔，以及在享用阿拉伯茶葉之前到公共浴室洗熱水澡，在嚼食阿拉伯茶葉時，門窗皆需緊閉，防止足以導致生病的冷風（shanini）進來，便成了一套刺激血液循環的特有保健方法。

一個老掉牙的笑話，足以說明人們對於熱氣的著迷和程度。據說天使們每隔一段時間就要到地獄去，察看懲罰罪人的火是否持續開著。有天，一群天使又下到地獄一個個查看單獨關在煉爐中，罪惡最深的那批人。第一個煉爐中的沙烏地阿拉伯人不斷哀號著要出來，天使一看，烤得好，於是緊閉爐門。他們就這樣一個個檢查英國人、美國人、埃及人等。這些人號叫著受不了高溫，請求天使讓他們出來。天使們毫不憐憫，隨即關上了爐門。他們來到最後一個煉爐。關在裡面的葉門人正在嚼食阿拉伯茶葉，旁邊的熊熊烈火明顯地對他毫無干擾。他不耐煩地放下水菸筒，對天使們說：「嘿，關上門行不行？我會招涼致死。」

有一天，其實幾乎是每天，我都到阿里餐廳吃中飯，然後向對街「藍眼睛的穆罕默德」買阿拉伯茶葉。他總是發誓我每次付的價格僅夠成本。這些阿拉伯茶葉販子的毒誓向來最不具效果。我和他理論了一下。他說：「算了，不拿你錢，就當是禮物好了。」

我往他彎刀後面的口袋塞了幾張鈔票，拿著阿拉伯茶葉離去。討價還價是做生意不可少的一部分。那些嗜嚼阿拉伯茶葉的人，以前經常跑到努千姆山的山腰，高興地唱唱歌謠後，才開始享用。下午兩點半，我準備前往公共菸室享用這些阿拉伯茶葉。就像他們說的：我的臼齒癢了。

在薩那市中心，我從一棟屋子的樓梯爬到一間比我房間還大的頂室。上樓時，我不停地喊著「阿拉、阿拉」，讓屋內的女人知道我也在屋內。也許我該在此稍微提一下，這將會是一本以男性為中心的書。做為一名男人，我和女性世界絕緣，她們和異性接觸的狀況也是一樣。外來者很容易將這個雙向平行的系統視為對女性的壓制。但葉門的婦女似乎從來沒有這麼想過，反而認為她們在許多方面享有重要的定位。她們尤其認為在擇偶上，和同族系的男子結婚，以維持社會財富分配，是她們對社會極大的影響力。葉門的婦女就和西方婦女一樣，近年來才開始扮演較多的公眾角色；至少和沙烏地阿拉伯的婦女相比，此地的女性不僅可以開車、進入國會、成為高階公務人員，但真正的權力領域還是在家裡。男性通常相約到外面去嚼阿拉伯茶葉，原因之一是家中被頻繁的女性訪客所占據。

對於西方人甚具象徵意義的面紗，在葉門婦女的生活中不過是另一款式的洋裝。如果因為面紗在此不具備禦寒作用，即被視為無此必要，那麼，西方人的絲襪、胸衣及領帶亦同此理。對於那些將黑色罩袍視為壓抑人性的工具，同時將面紗視為箝制的業餘西方觀察家，無疑是在自己的眼睛上蒙上一塊厚實的羊毛布。在頭巾或面紗下，隱含的是西方人所缺乏或已失去的阿拉伯伊斯蘭教義下的榮譽和謙虛。不論被隱藏的是臉、胸部、足踝，甚至大鋼琴的腿，動機不在於感官，而是知覺。土耳其商人亨利・布隆爵士（Sir Henry Blount）在十七世紀時曾經寫到，土耳其人「以和我們不同的謙虛相互對待，然而虛假的程度與我們相同」。他的論點仍有待探討。面紗的確是一個強有力的象徵，象徵的是西方沒有意願或能力了解阿拉伯世界。共產鐵幕一度存在，現已消亡，但穆斯林的帷幕仍舊懸著，或許永遠也不會撤去。[19]

阿拉伯茶葉聚會

我喘吁吁地爬上樓，脫去鞋子走進房間。這個長方形房間的每一面，都在距地板約一呎的高度設了窗子，窗子的上方是半圓形的扇狀彩色玻璃窗。扇形窗的格子、白灰牆壁及架子的托座上，均寫著或刻了神和先知的名字，以及虔誠的經文。這是一間充滿了文字的房間，房內還放置了玫瑰露噴具、燃香爐、用小片手織品覆蓋的痰盂、盛放三根水菸筒的大盤子……到處是擦得發亮的銅器。沿著牆腳，低平的墊子上擺滿了阿富汗工藝品。室內大約有十來個人，正各自倚在擺了金色小靠墊的扶手上。

我和那些正在嚼食阿拉伯茶葉的人打招呼，打斷了他們的「唇槍舌戰」（zabj）；以銳利的言詞相互攻擊取樂，是嚼食阿拉伯茶葉場合中最精采的一幕。中斷這樣的快感是極不禮貌的。對面一名老人語帶敵意，令我幾乎無法安心坐下。

「早上，我在沙旺（Sa'wan）見到一名猶太人。你知道嗎，他看來和你非常相似。你們說不定是雙胞胎！」

「但……但我沒有長鬢髮。」我無力地招架。葉門的猶太教徒都在雙鬢各留一個螺旋形的長捲髮，以標明自己的信仰。

「啊，」他還不放過我，「你知道人們怎麼說的，『猶太人是猶太於心，不是鬢髮的長度。』」

我虛擊一招，以時間換取空間，「告訴我，你在沙旺見到的猶太教徒到底有多少個長捲鬢髮？」

「怎麼說？當然是兩個。」

「噢，那倒有意思了。今天我在阿拉伯茶葉市場見到一名簡直和你一模一樣的猶太人，你們可能就是雙胞胎，不過他留有四個長捲髮。」

大概經過半小時你來我往，我們之間的唇槍舌戰變得毫無興味，最後變成各講各的笑話。

「有一次，」有個人說，「一個二十五歲的盲眼女孩渴望嫁人，可是她一向父親提及此事，他便回答：『我的女兒，妳是瞎子，沒有人會要妳的。不過別擔心，你終究會在天堂找到如意郎君。』有天，她爬到六樓屋頂收衣服，結果滑倒掉下樓，剛好掉在一輛載香蕉的卡車上，失去意識。卡車開走了。十分鐘後，她想：啊，我肯定是死了。但她摸到香蕉時，想到她父親說的話，於是小聲尖叫，『慢慢來，慢慢來，你們這些天堂的男人！拜託你們一個一個來！』」

其他人又講了不少這類帶點顏色的笑話。葉門混合了粗獷和細緻，尤以薩那為最，正好和他們陰鬱的高地（Najd）[20]阿拉伯親戚，以及禮貌過頭的黎凡特人（Levantine）[21]形成強烈的對比。漢姆達尼將這種內在矛盾解釋成：閃在建立薩那時，金星和火星交會的緣故。他提到，金星的影響是「篤信宗教、生活單一、個性寬容、生活鬆散隨興，同時肢體語言、知識、詩和服飾皆顯保守，以及其他類似的特性」，但火星的影響則帶來「過度的熱情、通姦、耽溺於某些事物，喜愛音樂、歌唱、不合宜的笑話、好鬥，以及動不動就使用彎刀解決，並有懼內傾向」。至於薩那的女性，則有「難以比擬的美貌、輕盈及優雅」，同時也「善妒、冶豔和大膽」。

在咀嚼阿拉伯茶葉的公共菸室，也談一些較嚴肅的話題。這些地方是洽談生意及宗教政治辯論的主要地點。許多人也在做研究和工作時，藉由咀嚼阿拉伯茶葉集中精神。阿拉伯茶葉更是許多重要場合，例如婚禮和葬禮時不可缺的物品。葬禮中咀嚼阿拉伯茶葉稱為「mujaharah」，這個字也解釋成「一副散骨頭」；但在薩那傳統嚼食阿拉伯茶葉的聚會中，則稱為「血液的明亮色澤」。趣味與親切，這就是他們所追求的，而非一成不變的凝重。嚼食阿拉伯茶葉聚會正如九世紀一位詩人所形容的「隔開嚴謹者與逸樂者的劍刃」。

我買到的阿拉伯茶葉果然品質極佳。阿拉伯茶葉的學名為「Catha edulis」。它的外表不怎麼特別，但嚼食者通常可以辨認出不同形式的阿拉伯茶葉，同時對它的來源興趣高昂；阿拉伯茶葉老饕購買阿拉伯茶葉時，通常會先確認其種系。而產地是鑑定品質的主要標準，有時甚至會細到某個區域的小地區，或細到母株的種植地點及葉子在母株的部位。他們會盡量避開種植在墳區的阿拉伯茶樹，他們認為這會帶來哀傷。阿拉伯茶葉的顏色很多，由萵苣綠到深紫都有。葉形有長有短，販賣時有的成束、有的零散，通常以塑膠紙、苜蓿或香蕉葉包紮。薩那人視長枝及名種為上品，外觀倒不是那麼重要。我和他們看法一樣，多半只買由較低枝椏採來的qatal。

在西方有酒痴，在葉門則有阿拉伯茶葉痴。我就曾碰到一個。他十分講究地將長約一碼的枝椏末端截去，並將它們包在濕毛巾裡。他的動作看來有如神聖的宗教儀式。收好後，掛上水菸袋，開始用一種憐惜的表情讚美我的qatal。他極細聲地說：「每樣東西都有陰毛。qatal就是阿拉伯茶葉的陰毛。狗兒還對著它們小便。」他在我面前搖了搖濕毛巾裡的一段枝梢。那枝梢粗如蘆筍，葉緣有一圈細緻的黃褐色，嚼起來帶點堅果味兒，具有杏仁那種苦中帶甜的高貴特色。它的口感頗為渾厚，在汁液之後，牙齒間還會留下頗為耐久的味覺，像吃石榴的感覺。我喝了口水，將周圍燃燒檀香、乳香和丁香等香料的香味一起吞嚥。

咀嚼阿拉伯茶葉並不會改變一個人的知覺，反而讓人精神更集中。《天方夜譚》中曾經提到一名靜坐不動的王子，他的上半身仍有知覺，但下半身已變成斑岩。樞機主教紐曼（Cardinal Newman）曾說：「我總是希望《天方夜譚》裡的故事是真的。在某些程度上，它們倒頗為真實。」

在唇槍舌戰和笑話後，交談轉成三五成群，然後又變成兩人對談，直到夜晚來臨時交談才結束。我看著窗外的市景。

薩那之美

先知說：「世間有三處天堂：庫拉珊的莫甫（Merv of Khurasan）、敘利亞的大馬士革及葉門的薩那。而薩那更是天堂中的天堂。」

許多人的確將薩那視為一個具有神性美學的地方，並在其中見到這些特性。本世紀初期，一位伊拉克探訪者曾以這樣的句子頌揚薩那：

> 薩那，崇高文明之所在
> 諸勇毅而寬大君主之宅寓

巴黎、倫敦，所有著名美洲城市之美亦無法比擬
其他地方之美不過矯飾與虛華：
汝之純美，乃造物者之恩賜

歷史學家夏瑪希（al-Shamahi）曾說，薩那的山脈排列完美，「近觀遠眺皆相宜；位於平原邊緣的山峰既不會令人極目而疲累，也不會阻擋晨間的清風，更不會在黃昏時阻隔日落的美景。」即使它不曾擁有現在絕美的幾何形狀，仍會像日本富士山一般，引發人們的精神冥思。有天清晨，我甚至見到努干姆山頂為環形雲團所籠罩，其精準與勻稱看來有如使用圓規畫出來一樣。

此地氣候極為理想，就是塵埃多了點，冬天也冷了些。中世紀旅行家穆佳威曾提到冬天的情景，「鴨子的身體在池塘中活生生地被凍結，頭還露在池塘上。狐狸趕來覓食，一口咬斷牠們的脖子。」不過，薩那倒沒有蘇亞柏先知山斜坡上的馬汀村（Bayt Ma'din）那麼冷。冬天，當地清真寺供信徒洗禮（ablution）[22]的池子完全結冰，有次大寒，使得村人無法前往舉行晨禮，原因無他，「即使他們的睪丸是鐵打的，也擋不住這般酷寒。」蘇亞柏先知山偶爾降雪。由於葉門字彙中沒有「雪」（snow）這個字，因此在談到下雪時文意更顯複雜，正確的說法是「由天上掉下來的冰（ice）……不，不是『冰雹』（hail），是像棉花一樣緩緩降落的東西」。

薩那的街道擁擠，且錯綜複雜。由這間頂屋外望，不難看到隱藏在暗褐色土牆後面的翠綠花園。那些房子的每層外牆上一律塗上了石灰花紋橫飾，一層比一層繁複，外觀永遠不嫌枯燥。

薩那的民宅，多少可見固丹皇宮的特徵。固丹皇宮創建於二世紀前後，相關銘文記載則初見於三世紀的沙巴國王阿瓦塔（Sha'ar Awtar）時代，此後，不少詩人及歷史學家相繼行文讚美過這座華美的建築，不過字裡行間常見過度的渲染，像是皇宮的影子可投射到西北方十哩外的達爾谷地（Wadi Dahr），而其燈光明燦，連七百五十哩外的麥地那（al-Madinah）也可見到。有些文章更煞有其事地記載皇宮共有十層，主要建材是色彩斑駁的石頭，高約一百二十呎，這樣的高度在當時算是十分驚人。安置在胸牆上的空心銅獅和銅鷹，每每在起風時隨之發出刺耳的聲響。皇宮建築最引人注目的則是以條紋大理石材構築的觀景樓[23]。躺在觀景樓的地板往上望，透過半透明的天花板，可以辨別天空飛翔的風箏和烏鴉。漢姆達尼形容為「疲憊心靈的靈藥」及地球上最接近天堂的所在：

倘若天堂花園在九天之外
固丹之頂無疑即是天堂所在
如果天神在凡間顯示天界
固丹即是凡塵天堂

這座傳說中的輝煌皇宮的左半部，現已成為大清真寺東邊的小丘，並為後代建築所覆蓋，然而它的精神卻長存於薩那所有塔形建築之中。一九六二年大革命時，薩那城牆被毀，城內空間相對增多，不再像過去那麼寸土寸金，只是人們仍習慣往上加蓋，下意識地模仿建造固丹皇宮的沙巴建築家手法。每座民宅的頂房都有那座半透明觀景樓的影子，它的豪華與精美，在「mafraj」（觀景樓、頂樓）這個字裡顯露無遺。

觀景樓不全然在屋頂。有些地面層也建有類似觀景樓的房間，並建造池子、噴泉等。此地有句諺語說：「心中有閒情，無處不是觀景樓。」[24]話雖如此，建築和地點要像我們目前所在的位置，能夠見到空中的風箏和烏鴉、能夠見到遠方的景觀、能夠驅散煩惱的地方才算是典型的觀景樓。在現代頂樓建築中，固丹皇宮式的銅獅和銅鷹已被水塔所取代，有些飾以地球儀、疾飛飛彈（Scud missiles）[25]，或者安裝衛星視訊盤型天線。美國有線電視新聞網（CNN）甚至提供了比高聳的固丹皇宮更開闊的視界。

我注視著太陽剛剛隱落的那個點。在這個高於海平面的地方，要比低處享有更長的日落時間。夕陽餘暉看來有些塵埃僕僕，而城市上方的天空則有如貝殼內部。向前望去，不是看到天空，而是窗櫺上扭曲的光線，既有趣又令人困惑；看著玻璃的人，玻璃上的一切亦將反映在他的眼瞳。

達到永恆的境界

下午六點鐘，按伊斯蘭日常時間，是十一點五十五分，也是昏禱開始的時間。但對於真正的時光來說，兩者皆非。吟誦開始了（al-Sa’ah al-Sulaymaniyah）。在這句裡，「Sa’ah」表示「失去、延遲」。在吟誦中，時光折射有如被稜柱折曲。

全場靜默。反思取代了交際。我的指頭輕輕地在阿拉伯茶葉上揉著、摘著。在光線全暗前，我瞧見葉子上一條肥大並長著肉角的蟲。可以肯定它沒有農藥殘毒，但任誰也不願意嚼到這樣的蟲子。

如果剛好有位歌唱家在這裡，這樣的靜默是何等良機，但這樣的時間裡，卻同時具有美麗與危險。二十世初葉，雅哈雅伊瑪目（Imam Yahya）在位時，歌唱家只能在上鎖的房間內表演，同時窗子也必須用墊子塞緊。為了怕被捕入獄，他們藏起了樂器，幸好薩那的魯特琴（lute）小到可以藏在袖子裡。伊瑪目政府禁唱的理由絕佳：這些誘人的歌曲將令面紗下的皓齒顫動如井中的銀幣，情人的唾液亦將醉人如酒，並鼓勵短暫的絢爛。我們認為它將永恆，卻未能如願。

光線已闃暗。鄰居的彩色玻璃窗亮起了燈光，看來像畫著基督降臨的月曆。

要是將別人加諸於我們這些嚼食阿拉伯茶葉者的種種說法照單全收，好一點的說我們是一群放蕩的人，最差的則說我們是一群無法得救的罪人。我們是一群耽溺在「葉門的詛咒」和「本國最墮落惡習」的人，我們已受到「喪失記憶、易怒、衰弱和便祕」的傷害。而且根據一九一七年出版的《阿拉伯手冊》（*Handbook of Arabia*）提到，吸食水菸時「嘴唇必然會受到傷害」。更糟的是，根據一九八八年的《物質濫用期刊》（Journal of Substance Abuse）的說法，我們將產生「缺乏食慾」的症狀，並且慢慢地「情緒不穩定、焦燥、過動、盲目面對危險，然後變得暴力」。再根據一九九三年《舊金山紀事報》（San Francisco Chronicle）的描述，索馬利亞的阿拉伯茶葉「導致索國兒童饑荒」，並「加速槍和暴力文化」。即使我們不變成那麼齷齪，英國作家大衛・荷頓（David Holden）也認為我們將「時時打瞌睡，並流著綠色的唾液，同時眼珠凸出，像患了痴呆症的嬰兒」。在沙烏地阿拉伯，我們的罰則比飲酒者還重，在敘利亞則是處以絞刑。

論點和以上那些半調子科學廢話不同，唯一真正研究過阿拉伯茶葉作用的是美國國家藥物濫用研究所（US National Institute of Drug Abuse）專款創辦的《甘迺迪期刊》（Kennedy's）。研究結果說明，至今尚未發現嚼食阿拉伯茶葉會導致嚴重肉體或精神副作用。儘管葉門人承認這是個昂貴的嗜好，但它能提神、幫助精神集中，而且這些錢沒有外流。

阿拉伯茶葉造就了不少文藝作品。舉例來說，相對於大衛・荷頓形容嚼食阿拉伯茶葉者為流著唾液的痴呆症嬰兒，十七世紀的詩人印地（Ibrahim al-Hindi）卻有如下的描述：

心在其修長的形體中抒抑
細嚼
在皓齒紅唇之間，一顆綠色的寶石
逐漸溶化

除了詩篇，還有不少重量級的文集以阿拉伯茶葉在伊斯蘭教的合法地位及重要性為主題。我實在看不出阿拉伯茶葉的效用，和那些禁藥之間有何雷同之處。所有的希求與可允性的問題，都將隨著政治、品味、民族優越感和宗教偏見運轉。

微弱的光線僅能讓我看清手表。七點半。消逝的時間又重新歸回現世。我總是在這樣的時刻，自問何以能在此黑暗中靜坐，口中還含著一大塊綠色的丸藥。為什麼我和其他千百萬人要花和睡眠同樣多的時間，購買及咀嚼阿拉伯茶葉，甚至花費比購買食物還多的金錢？

如果我們也相信另一套西方人對阿拉伯茶葉的研究，那麼，我們是一群「製造象徵社會秩序」[26]、參與「個體化、等級制度化和競爭化」活動的人。在何處、與何人嚼食阿拉伯茶葉極為重要。若是因為它具有植物鹼般難以分析的微妙特性，而被納入單一意識形態，也未免過度簡化了，這情形明顯忽略了阿拉伯茶葉效用的重要性。從開始咀嚼阿拉伯茶葉到產生效用的時間很長，這已經和所謂的禁藥有天壤之別。產生效用期間，人們用「氣質」(kayf)這個無法按字面翻譯的字來形容它。

如果取得的是優良的阿拉伯茶葉，同時在適當的場所嚼食，在「kayf」的境界裡，嚼食者很容易進入專心思考、工作或研究狀態。它能讓人沉靜下來，延長注意力集中的時間，讓人可以注視某個點或面，長達數小時不會分心。此時日光成了唯一移動的物體，移動的不是個體，而是世界。即使嚼食者很快進入「kayf」的境界，他也能感到身心舒暢，就像身處前哥白尼時代(pre-Copercican)，萬物皆繞地球旋轉的宇宙觀之中。

有一天我在買阿拉伯茶葉時，一群觀光客剛好走過，小販「藍眼睛的穆罕默德」告訴我，「人們幹嘛花上數千美元趕來趕去地觀光，嚼食阿拉伯茶葉不就好了嗎？」這可不說明了嚼食阿拉伯茶葉的奧妙！

我在計程車上、公車上、我的摩托車上、一堆燃木上，以及在軍用運輸機上、急速扭力前進的吉普車上，都嚼食過阿拉伯茶葉，現在回想起來，連自己也頗感驚訝。在牛津東方學院時，學校並沒有教我「kayf」這個字，想來他們一定也不懂。現在我倒想大膽地將這個字解釋成「未經行遊之地」(untraveled)的一種形式。

❄

頂樓上的各種聲音開始復甦：擦火柴的聲音、啜飲水的聲音、籠中鴿子的咕咕聲、折斷小枝當牙籤的聲音及有人扣緊彎刀的聲音。在「咔嚓」開燈的剎那，大家睜開了眼睛，默誦先知，然後一一歸去。

嚼食阿拉伯茶葉之後，在注意力集中時，你有很多事可以做。你可以像我的鄰居一樣，持續掀開他家入口的石板，尋找可以避邪驅魔的六角形（Solomon's Seal）；你也可以像二十世紀初期一個長達十六年未和妻子見面的土耳其人，因為長期禁慾而受到讚美，只不過你可能會有自發性的夢遺就是了。至於我，只想回家，喝一杯奶茶，寫點東西。若我在半夜，由視線末梢見到削鉛筆機輕輕移動，這就表示下回該買好一點的阿拉伯茶葉。

【註釋】

1 原註英文《聖經》出處為'Psalm 104, v.3'，中文《聖經》出處則為104, v.6。

2 阿拉伯半島最高山脈，最高峰位於葉門境內，達一萬兩千零八呎。

3 參見《聖經．舊約．創世記》第六章

4 姓氏中的「Ibn」意為「屬於」，相等於英文的「of」，代表出處、族系或姓氏。

5 根據薩那傳說，閃由北方迢迢而來，最後到達葉門，並發現薩那平原最適合人居。

6 亦寫為「Haramawt」。

7 英格列（Jean-Auguste-Dominique Ingres，一七八〇～一八六七），法國著名新古典主義畫家。此處作者藉其名畫之一的〈侍婢與太監〉（Odalisque with a Slave）比喻未經實證、憑空想像。

8 拉希德（Harun al-Rashid，七八六～八〇九），伊斯蘭世界的著名君主。他的領域包括西南亞及部分非洲地區，在位期間是巴格達的鼎盛期，其事蹟也被列入《天方夜譚》之中。

9 每日五次的時禮，第一次稱晨禮，在拂曉舉行；第二次稱晌禮，在中午一時至三時舉行；第三次稱晡禮，在下午四時至日落前舉行；第四次稱昏禮，在日落後或太陽的白光消逝前舉行；第五次稱宵禮，在入夜至拂曉前進行。

10 葉門南部，位於亞丁灣、阿拉伯海和印度洋交界。

11 即「Oxford Committee for Famine Relief」，簡稱「Oxfam」，以改善貧窮、提倡正義為宗旨的非政府組織。

12 高收費的私立學校，專為讓學生進入著名大學就讀而設。

13 衣索匹亞首都，也是該國最大城市。

14 為過去南阿拉伯的王國，領土包括今日的阿曼，以及葉門南部和東南部。

15 一利雅約等於〇．二六七美元，三千利雅約合美金八百元。

16 將豆科植物葫蘆巴的種子磨成粉後，加蔥、香料攪拌，放入石製的碗或盤中蒸製而成，混合其他材料後則稱為沙塔（saltah），為最典型的葉門菜餚之一。

17 理查．法蘭西斯．柏頓爵士（Sir Richard Francis Burton，一八二一～一八九〇），英國學者、探險家及東方文化研究者，為第一位發現坦尼亞坦噶湖（Lake Tanganyika）的歐洲人，並進入至今仍嚴禁外人進入的一些伊斯蘭城市。他著有四十三冊探險紀錄和三十冊翻譯，其中包括未經刪減的《天方夜譚》完整版。

18 即Catha edulis，阿拉伯茶樹，是阿拉伯和北非一帶常見的嚼食植物。其效用說法不同，各國法令限制亦不同，在葉門為合法，在沙烏地阿拉伯視同酗酒罪，在敘利亞則為死刑。

19 作者原意是指，他怎會認為面紗和罩袍不是一種對女性的壓抑？否則為什麼男性不做同樣的事，或者女性可以擁有四個丈夫？

20 沙烏地阿拉伯中部及東部的山區。

21 指地中海東岸地區的居民。

22 禮拜前必須按規定做小淨（臉、手等）或大淨（身體、肛門、陰部等），保持身體清潔。清真寺只限男性進入，故洗禮池專為男性而設。

23 觀景樓通常為長方形，設有寬大的窗戶，是一棟房屋中裝飾最華美的房間，為男主人待客和嚼食阿拉伯茶葉的地方。

24 原文為「心中有閒情，驢子屁眼也能觀景」。

25 前蘇聯的地對地SS-1B/C飛彈。

26 語出Shelagh Weir, "Qat in Yemen"。

第二章 遠方氏族

在我們臨終時
不是在地球上
而是在人心裡找到安息之地

——魯米（Jalal al-Din al-Rumi）1

位於薩那和哈卓瑪之間的阿比楊荒原（Wilderness of Abyan）上，靜靜兀立著阿迪特人（Adites）所建立的偉大城市——柱城（Iram of the Columns）。傳說中，阿迪特巨人族因為不聽從先知胡德的領導，也不承認上帝，於是天遣焚風將它消滅。《可蘭經》上提到，「汝不見真主施於阿迪特之懲戒？」柱城是否真實存在，猶待考古證明，問題是，無人知其所在。七世紀一名牧人在尋找走失的駱駝時，無意間進入這座荒城，後來卻無法重新找到路徑。現在的柱城，有如虛幻的空中城堡，堪稱阿拉伯的亞特蘭提斯（Atlantis）[2]。

柱城也許只是傳說，一個在熱氣蒸騰中顯現於沙漠民族眼中的海市蜃樓，但在葉門，從綿延歷史中點點散落的真實古蹟無處不見，有些甚至在固丹皇宮建成前即已屹立。在阿比楊荒原北方，越過蘭姆拉特（Ramlat al-Sab'atayn）沙丘，疾風挾著沙子掠過空白之地（Empty Quarter）西南。附近的馬利柏水壩[3]，就是最著名的古蹟之一，也是阿拉伯半島最為人所知的考古遺址。馬利柏水壩的牆堤早已毀圮，然而在靠近古沙巴王國首都馬利柏的阿漢納谷地（Wadi Adhanah）兩端，水閘的建築仍維持兩千五百多年前創建的樣式[4]。由此展開的隧道，曾為沙巴王國的農地及谷地兩端的果園提供充沛的水量，此事在《可蘭經》中也有記載。

一九八六年，阿拉伯聯合大公國（UAE）的札伊德總統（Shaykh Zayid）斥資七千萬美元，在沙巴王國舊水壩的上游，為葉門建了一座容量高出七倍的新壩。目前雖然灌溉系統尚未完成，但那片比西元前六世紀羅馬奠基時更古老的淤泥層，倒是已重新長滿了作物。

札伊德總統為葉門建新壩倒不是因為樂善好施。沙巴舊壩除了是古蹟外，也是阿拉伯世界統一和團結的象徵。它代表的是遠溯卡譚之父先知胡德及其曾曾祖父閃的年代，阿拉伯諸國及所有南方氏族，在歷史某一個遠古的點上的共同源頭。

無法分割的血緣和土地

僅在百年多前，阿拉伯人對於區域的畫分，只是以與祖先相同的立場，鬆散地稱為北方（al-Sham）、南方和高地。某些特別的區域如葉門，曾發展出獨立的文化特徵，不過區域之間依然沒有明顯的邊界。「國土」和「勢力範圍」意義相同，而國界線則一如移動的人民，沒有固定的地點。

對於積極擴張國土的十九世紀帝國主義列強，這些仍嫌不夠。不論那些駐地委任官是否認為立場夠強烈，英國政府及奧圖曼帝國已經朝著更激進的路線前進。於是，阿拉伯半島的地圖上被強制畫上了國界線。一開始，行動看似順手捻來，但隨著石油浮上檯面，畫線的手起落之間力道也隨之加強。界定所有權的行動，使得半島上原有的流暢戛然而止；一九九〇年伊拉克入侵科威特，顯示這個過程仍然持續著。

英國在一八三九年占領亞丁灣港口，而自中世紀即染指葉門的奧圖曼帝國，於一八七二年經由蘇伊士運河的補給，挺進薩那。兩者開始分割葉門，這段過程歷時長久。盎格魯—奧圖曼邊界委員會（Anglo-Ottoman Boundary Commission）遲至一九〇二年才成立，直到一九一三年，談判結果才得到雙方認可。歷史對於邊境的界定幾乎毫無作用。除了十二世紀的某小段時間，截至一七三〇年阿達利家族（al-Abdali）[5]脫離薩那為止，亞丁在政治上一直被視為葉門的一部分。由伊斯蘭伊瑪目[6]指派統轄亞丁地區的軍事總督阿達利氏，原為精神領袖和暫時的統治者，隨後在英國協助下，宣告獨立為拉吉蘇丹國（Sultans of Lahj）。英國也在同時間占領亞丁。一八三九年開始，印度孟買的英國殖民政府在此拓展了一個小小的西北疆域，並將這個迷你國土的統治者策封為蘇丹和埃米爾（Amir）[7]。隨著這些頭銜而來的，除了英國各項保護條約，更重要的是金錢津貼；這是個以印度盧比建造出來的國界。

北方的土耳其人也正在執行同樣的計謀。他們在第一次世界大戰後撤離，雅哈雅伊瑪目對外宣稱重新統一葉門的意圖。一九二〇年代的疆界衝突，導致亞丁地區的英國人先是壓制不成，隨之採取攻擊手段。一首名詩，足以說明葉門人當時反應：

小心行事，不列顛，小心
真主之力量無邊

法老、剎目人[8]及阿迪特人
無一倖存……

雙方一直維持穩定的情勢，直到一九六七年英國勢力撤出葉門。隨後的二十年，葉門因為意識形態的分歧，分裂成葉門阿拉伯共和國（Yemen Arab Republic，即YAR）及葉門人民民主共和國（People's Democratic Repulic of Yemen，即PDRY）[9]。兩個政體在一九九〇年再度統一，帝國主義無所不在的鬼影似乎在此時才被驅逐，而人為的阿拉伯疆界也永遠消失。

阿拉伯聯合大公國在葉門建造新水壩，再度提醒葉門人一個事實，那就是：他們和所有阿拉伯人同源同種，不論國界如何變更，在血源和土地上永遠無法分割。一連串的歷史事件，引導阿拉伯民族的共同祖先在南方海灣那個毫不顯眼的馬利柏定居、建城，並逐漸繁榮分枝。直到有天水壩決堤，才迫使生活失去依靠的富裕農民開始遷離該地，散居阿拉伯，甚至更遙遠的地方。有一個說法提到，擁有那座水壩的統治者曾受到預言家的警告。話說有一天，國王的兒子打獵歸來，說他見到一隻有著鋼鐵般牙齒的老鼠正在啃嚙水壩的地基，國王一聽，知道預言家的警告可能成真，於是命令兒子當眾打預言者耳光。王子心裡困惑，卻不能不從，於是盡責地達成命令。國王接著問他的臣民，「我已經失去我的尊嚴，如何能再當你們的君主！」於是收拾細軟，並以一堆金幣的代價，將水壩賣給一群買主。他將劍插在地上，讓買主倒下金幣，金幣淹沒劍刃時即是成交金額。買主們不明究理，將它視為不可多得的買賣良機。不久，老鼠嚙光地基，水壩隨之決堤，使得一千名騎著花斑馬的少年溺斃。由這個傳說衍生的另一個枝節則說，這隻老鼠來自敘利亞，牠隨著一個接一個的駝隊，輾轉越過沙漠來到此地。

新近的考古研究及電腦倒是呈現出一個較為可信的新事實，只是少了傳說故事的那份趣味。據估計，阿漢納谷地每年自山區帶下大約三百二十萬平方碼的淤泥，需要龐大人力才能清除。如果不清除，淤泥每年累積的速度很快就會危及壩堤。根據記載，西元四五〇年時曾有過一次整修，一世紀後，衣索匹亞的君主阿布拉哈（Abrahah）也投入人力疏壩。但可能因為希米亞族（Himyari）[10]政權轉到高地的緣故，例行的維護工作長期被忽略。西元六世紀，水壩終於毀圮。關於此事，《可蘭經》上記載「我們已經給了他們兩塊農地，豐富的駝草、檉柳和棗樹」。直到現在，這些描述仍和馬利柏地區的植被相符。

就像傳說中水壩傾圮的長遠過程戲劇性地轉變為一次巨鼠造成的大洪水，人們也將隨之而來的離散和遷徙視為單純事件，「就像沙巴王國一樣消散」仍是葉門人面對各種突發及不能避免的分離時慣用的語句。實際上，在西元六世紀之前，葉門人遷徙他地的歷史即頗為頻繁，並且延續了很長的時間。

離開家園的葉門人，不論是在沙巴或其他時期，再遙遠也不會超出阿拉伯世界和半島北方。西元一千年，有部分人到達東非，此後葉門人逐漸散居東非海岸、衣索匹亞、敘利亞和伊拉克。早期的歷史學家曾不時提到四處長途遠征的沙漠劫匪。

有些故事的想像力令人十分訝異。十二世紀的百科全書編纂者納許旺・薩伊德（Nashwan ibn Sa’id）宣稱，在「面具發源地」西藏，有一個被人遺忘的獨立葉門邦國，這個國家是希米亞君主夏瑪爾・育哈理胥（Shammar Yuhar’ish）召集人馬遠征中國時所發現。納許旺又說，獨立邦國的國王名叫阿達爾（Dhu al-Adh’ar），他曾由北地（Land of the North）抓了一些「臉長在胸部」的尼斯納族（nisnas）回來，因而得到「驚怖者」（Frights）的綽號。那是個天馬行空的世界，充滿神奇和想像。尼斯納族很早便出現在亞歷山大大帝的故事中，繼僧侶製圖者希爾弗（Hereford）的《瑪帕・芒地》（*Mappa Mundi*）後，約翰・蒙地維爾爵士（Sir John Mandeville）也提到尼斯納族的事蹟。尼斯納族的種種，事實上和歐洲人所寫的布列密人（Blemmyes）[11]有相似之處；這個民族其實就是非洲紅海沿岸諸地所稱的貝佳人（Bejas）。終於，事實與虛構在地理學者的中國傳聞版本中融合為一。

早期的伊斯蘭世界遷徙的次數一度大增，遷徙者中不乏伊斯蘭征服者先鋒部隊中的葉門人。當時在敘利亞及伊拉克的新興城市中，多數居民皆為葉門人。有些葉門人甚至遠播至北非蘇丹（Sudan）的東格拉（Dongola），或是突尼西亞，並與當地的柏柏人（Berber）人通婚。葉門人也在西班牙建有拓殖區，一度還占領法國的波爾多。

葉門人的宗系因此橫跨阿拉伯世界。少數的阿拉伯人已經忘了他們來自葉門，不過多數人仍然沒有忘紀自己的血統。在阿曼首都馬斯喀特（Muscat），一名計程車司機在認出我的葉門阿拉伯語口音後，拒絕收車資，他說：「因為你住的土地是我祖父的故土。他來自馬利柏。」這位阿曼人口中的「祖父」，指的也許是五十個世代前的祖先。

古城已頹圮

離開連接薩那和馬利柏的道路後，我繼續往北邊前進。左邊的山崖被散發著植被氣味的古老道路所圍繞，右邊閃著光的礫石平原則一路延伸到馬利柏，然後消失在漫漫黃沙中。乾河道標示出幾片點綴著檉柳的窪地，當雨季來臨，雨水由此匯流到較大的佳甫谷地（Wadi of al-Jawf）[12]。那兒靜靜躺著瑪因王國（Ma'in）首都嘎納（Qarnaw）的遺跡，只是人們為綠洲和水源的爭鬥仍不斷上演著。

方向一致的數條小徑蜿蜒盤旋而過，借來的吉普車不斷地卜卜跳動，破舊的帆布不時鼓起陣陣塵沙。我停下來稍作喘息，凝望著正午死寂蒸騰的熱氣中，遠方明顯顫動的地平線。往前不遠，可以見到比周遭景物顏色稍深的一個點。我盯著這個點，繼續往前開了二十分鐘的車，當它逐漸融入景物時，我見到了蹲伏在孤寂且空無一物的平原上的巴拉奇胥（Baraqish）老城[13]——一如照片中的景觀，但更加壯闊。陽光正逐漸西移，稜堡銳利的線條和老城牆的殘垣慢慢合為而一。

我將吉普車停在文物部架設的圍籬外，信步走了進去，耳中只聽到腳下塵土的回應聲。一聲突來的叫聲嚇得我跳了起來，一名留著長髮的細瘦男人出現在我面前，他的自動步槍則架在肩背上。

他露出牙齒笑著，「我嚇到你了？」

「有那麼一點，」我感覺血液又開始流回頭部。「我沒想到有人在這裡。」

「我是警衛。」他說，並拉著我的手朝城牆走去。

他在一處稜堡前蹲下來，由肩上卸下槍，平放在腿上。「你看……看這些石頭。」

他輕撫著細緻的方石。「他們到底是用什麼機器切琢出來的？」

「他們沒有機器，只有用手操作的簡易工具。」我回答。

那名警衛搖了搖頭，我則聳聳肩。那些石材的建工極細，看來有如切割過的奶油。葉門人普遍相信，在古代每年的八月，石頭都會無緣無故地變軟。

老城牆上斑斑點點的銘文記錄著兩千年前獻金建築者的名字。當時大約有三世紀的時間，瑪因王國一名富賈脫離沙巴王國，在此建立了獨立的城邦，還一度繁榮、名揚千里。那些銘文至今清晰可辨，彷彿昨日才刻上一般。巴拉奇胥的工匠真是精巧到讓後繼者無地自容，如果銘文和方石還不夠證明他們的高超技術，城堡建築應該足以讓人無話可說。這座城堡不只是為了防禦而建，更是特意表現某種美感，一如藝術品，完美至極。

希米亞一座獻給詩人國王阿薩德・卡米爾（As'ad al-Kamil）的墓誌銘，剛好可以用來說明瑪因人民的素養：

吾人一生，致力其工
吾人消逝，其工不朽

如果要尋找他的紀念碑，入眼皆是Si monumentum requiris, circumspice[14]。警衛再次熱情地抓住我的手，拉我走上老城牆已經毀圮的部分。裡面遺留一些後代建築的殘骸，其中包括一座圓塔。陶器和彩色玻璃的碎片散落地上，塵土裡還可以看見許多靛藍色的碎布片。巴拉奇胥隨著歷史的推進，居民的特性也各有不同。羅馬帝國的埃及總督耶流士・賈魯斯（Aelius Gallus）在西元前二十四年進攻馬利柏之前，曾經駐軍於此；一千兩百年後，阿布都拉・杭札伊瑪目（Imam Abdullah ibn Hamzah）則以此為基地，抵禦阿育畢德（Ayyubid）[15]入侵者。阿布都拉的後代，至今仍住在附近的一個小村落。不論是賈魯斯或杭札伊瑪目的人馬，必然曾為他們先祖在這裡的建築發出讚嘆。

在我參觀巴拉奇胥的寺院時，一隊聘自義大利的修護隊伍已拆除地面層，要進去裡面，必須在柱子之間爬行，而天花板層則僅高出背上數吋。這座建築為長方型，結構是以獨塊巨石切割成的四方型疊柱榫接著承受屋頂厚板的椽柱。設計雖然簡單，作工卻極細膩，石灰岩的接合處也很精準，讓人誤以為沒有經過人為切割，一如希臘古典派建築的原木屋宇，而視覺的愉悅享受則如震盪教派（Shaker）[16]的家具。

我走到塔樓的陰影下，閱讀〈歷史學家眼中的巴拉奇胥〉，而那名警衛則兀自朝乾井丟擲石頭。巴拉奇胥舊名「雅堤爾」（Yathill），它曾在史崔柏（Strabo）的羅馬遠征故事中以「亞速魯拉」（Athrula）之名出現。漢姆達尼在同樣的題材、不同名稱的故事中，提到雅堤爾的人民遭到圍城，他們唯一的水源來自城外的數口水井[17]，水井之間藉由隧道和城裡連接。有天，圍城者見到一條狗由他們從未發現過的隧道冒出來，於是跟蹤那條狗回去，最後攻下城池，並將自叛軍手中收回的巴拉奇胥城改名為「史巴堤」（Spotty）。

當我讀完那篇文章，太陽已經沉落到山崖後，那名警衛也失去了蹤影。寬廣的佳甫谷地靜靜躺在北方，遠處，嘎納的遺址閃爍著亮光。逐漸地，除了谷地遠端幾處綠色的區域仍襯映著太陽餘暉外，所有的景物開始黯淡，失去了色彩。

因乳香脂致富

離開巴拉奇胥，在通往馬利柏的路上開了十分鐘，我熄火回頭眺望。那些稜堡的線條已消失在微光中，整座古城看來如同大自然的一部分，像一塊落在平原上的物體，而非人為建築。

巴拉奇胥不乏豐富的背景。它和馬利柏一樣，為古代田園灌溉系統的泥岸所圍繞，但比起古馬利柏水壩所灌溉的面積，顯然要小得多。雖說如此，它一度提供市區大部分的食物來源。然而更重要的是它的商路背景。古阿拉伯南部的巴拉奇胥、嘎納和其他城市，都是這條商路上的驛站，這些陸路讓他們能有效控制乳香樹（Boswellia sacra）加工製成乳香脂所帶來的巨大財富，堪稱為沙巴王國、瑪因、卡塔班（Qataban）及哈卓瑪之間的動脈。

在古代，這些南阿拉伯邦國就已明白乳香脂的市場需求。法老王統治下的埃及人除了有薰香的習慣，也相當依賴沒藥（myrrh）做為醫療和製造木乃伊[18]的材料。西元前十世紀，葉門人已經開始騎乘駱駝縱越北方，其中著名的有沙巴女王「前往拜訪所羅門王」等事蹟。當古代文明始於肥沃月彎（Fertile Crescent）[19]，相對地也為芳香物質開啟更大的市場。從西元前四百多年的希羅多德（Herodotus）時代開始，亞述女性在做愛之前先以香料薰身就是一種時尚。在地中海東部挖掘出來的這個時期的薰香爐，樣式皆具有十分典型的阿拉伯風格。真正讓葉門快速繁榮的是羅馬。隨著羅馬帝國的擴張，羅馬人對於東方及東方事物的迷戀也蔚為風氣。

除了乳香脂及沒藥，其他如肉桂之類的香料也自印度引入，雖然阿拉伯南部的商人極力不讓商品來源曝光，藉以壟斷市場，但最大的外銷產品仍屬乳香脂，聰明的阿拉伯人更不斷地發出正確、甚至不正確的資訊，以增加其神祕感，增加客戶對這項商品的占有慾。羅馬人相信阿拉伯的「資訊」，咸信乳香林為邪惡的巨大飛蛇所看守，只有燃燒某種稀有植物所產生的煙能將它們制伏。這可算是古代的促銷伎倆。

地中海地區的人面對香料的製造者，就像現代西方人面對生產原油的阿拉伯酋長一樣，充滿畏懼、羨慕和不解。當時的南阿拉伯地區每年外銷大約三千噸的乳香和六百噸的沒藥。相對地，羅馬每年大約花五十五噸的銀幣購買乳香，對於更昂貴的沒藥，就更所費不貲了。加上由阿拉伯轉賣出去的香料及其他奢侈品，使得沙巴人民與鄰近地區的收入，財富足堪比擬現代的石油輸出國家[20]。

羅馬人持續向阿拉伯採購乳香脂的風氣，要到基督教在羅馬盛行，教宗禁止人們持續這些異教的行為才告低迷。西元二世紀末，早期教會的神職人員成功地阻止人們燃香的行為。只是一段時間後，又有死灰復燃的跡象，甚至部分被用在基督教儀式上，但已不再像過去的異教徒那樣執迷。此外，羅馬人也逐漸發展出航海技術，能夠由地中海航行到紅海，繞過阿拉伯南部到達更遠的地方。陸路的香料生意開始沒落，轉而載運一些較不值錢的貨物及皮革等利潤較低的商品。

在鼎盛時期，這些薰香類的貨品都經由東部的產地哈卓，利用船筏運送到現代哈卓瑪岸邊，古名「卡那」（Qana）的畢阿里（Bir Ali）。一位不知名的希臘裔埃及作家在西元一世紀撰寫的航海導覽中曾提到，這些皮筏「是以當時的習尚，靠下方充氣的皮革浮在水面」。十九世紀初，這類皮筏仍存在阿拉伯半島南岸，當時英屬印度的海軍軍官威爾斯德（Wellsted）曾見到庫里穆里島（Kuria Muria Islands）的漁民使用這種皮筏。薰香貨品到達卡那後，接著轉運到哈卓的首府夏巴瓦（Shabwah）。貨物的管理法令極為嚴格，在夏巴瓦一面長達一百八十呎的牆上，仍依稀可見當時的情景。所有商隊由商路進來後，皆需通過一條窄巷，從唯一的大門進入。而商路沿途也設有不少哨站，古羅馬歷史學家蒲林尼（Pliny）曾說：「在商路上的越軌行為皆被判以死刑。」他也提到，夏巴瓦的商人必須奉獻十分之一的薰香給哈卓守護神，做為非本城居民暫時住居的各項費用。除此之外，商人還需另付稅金、秣料費和水費，並付款給執法人員，「一頭駱駝到達『地中海岸』之前，即需付出六百八十八第納爾（dinaru）[21]。」

前進羅馬人的「我們的海域」（mare nostrum）[22]，路程無比遙遠，根據蒲林尼的說法，約有兩百四十三萬七千五百步（paces）[23]，同時商隊行經各國時必須再繳稅金。由數千壯漢組成數里長的商隊從夏巴瓦出發，經過馬利柏和佳甫谷地，到達那吉蘭（Najran）。商路在此分歧，一條穿越半島到達海灣，另一條到達七百五十哩外的麥地那，然後前往佩特拉（Petra）[24]的加薩（Gaza）[25]等待船運，或繼續前往大馬士革。

當時在薰香的商貿上，加薩的地位重要，而且極為活躍，普魯塔奇（Plutarch）[26]在描寫亞歷山大大帝的軼事中，曾經提到加薩的情景。亞歷山大大帝年輕時，因為在神殿燃燒太多薰香，而被老師列歐尼達斯（Leonidas）趕出去。數年後，他攻占加薩，差信使傳送一封信給他的老師，「你再也不必對神那麼吝嗇了。」隨信送到的是十三噸燃香和兩噸沒藥。

當時的商貿是雙向的。隨著金錢一併進入南阿拉伯的，還有地中海東部的觀念、貨物、神，以及人。在嘎納祭祀腓尼基女神阿思塔（Athtar）的同名神殿裡，刻於西元前三世紀的銘文至少有二十八處提到外國女性歸化的細節。這些女性部分為腓尼基人、部分為埃及人或阿拉伯人，皆以瑪因男子的妻子或妾的身分進入。《舊約》[27]中耶和華曾據此威脅，「我必將你們的兒女賣至猶大人的手中，他們必賣給遠方示巴（希巴）國的人。」

要個別描寫古代的南阿拉伯人很難，但一些獨特的線索和想像，對於勾勒像札伊德二世（Zayd II ibn Zayd）這樣──在西元前三世紀中期出口乳香脂和沒藥到埃及的富賈，卻大有助益。在那段時期，希臘控制了地中海的船運，札伊德二世由埃及亞歷山大港乘坐希臘船隻，旅行到地中海東端。這次旅行讓他有機會造訪大都會迪洛斯（Delos）[28]。一名南阿拉伯人後來在一座以阿拉伯及希臘文雙語鐫刻銘文的祭壇，奉獻給島上的馬尼安主神瓦德（Wadd）。札伊德二世在離開迪洛斯前往加薩之前，即已看出乳香脂在加薩的潛在市場；而且，他還從加薩帶了一名腓尼基女人回家為妾。就在一次埃及之旅中，他因忙於國際貿易事業勞累致死。人們便用他的沒藥為他防腐，並用一具刻上他名字和職業的大理石棺安葬他。

崛起與淪亡

當代的古典派作家留下不少有關古代阿拉伯人的資料，有些不但符合事實，同時富精湛文采。希羅多德是其中先驅，他的作品也最具趣味性。他曾寫道，肉桂是由鳥巢中收集而來，而勞丹脂（ladanum）[29]則來自雄山羊的鬍子；他還說阿拉伯羊因為尾巴太肥厚，人們只好將牠們放在木製小拖車來移動[30]。希羅多德之後的作家顯然較為可信。例如在托勒密（Ptolemy）[31]所繪的地圖上，大致都可與現在的地名相串連。只有少數內陸地區如「Marib」（馬利柏）寫成「Mara」、「Najran」（那吉蘭）寫成「Nagara」，至於緯度，也只有百分之十五的誤差。這份地圖直到一七六〇年代才由德國人尼柏赫（Castern Niebuhr）實地考察後加以更新。

一則連結了南阿拉伯、拜占庭及北歐的有趣傳說，也許可以說明地中海一帶的人民對於葉門早期宗教的神質特性：矢志尋找耶穌受難十字架（True Cross）而聞名的海倫娜女王（Empress Helena）[32]，曾派人前往哈卓瑪探尋。在阿都魯美托魯（Sessania Adrumetorum）找到東方三博士之一的骨骸，經君士坦丁堡和米蘭，於一一六四年運回科隆（Cologne）[33]。

地中海沿岸的居民認為，古代葉門人只是一群經營芳香料及奢侈品的商人，但對於葉門人而言，種植糧食才是生活的基本。馬利柏附近的兩處農地，至少綿延十五哩以上，灌溉系統更是堪稱傲世之作。其他地方為了取得寶貴的水資源，也一樣投入無限的人力和物力。在哈卓人的首都夏巴瓦附近沙漠邊的空白之地上，曾經開發了一萬兩千畝[34]的耕地；當馬利柏水壩建造完成，則建立了中央高地倍南（Baynun）的灌溉系統。這個系統深切入兩座小山之間的岩石，將洪水導引進水壩。其中一條一百五十碼長的隧道仍保持原狀，足供一輛車子通行。直到今天，葉門高地許多村莊仍舊依賴兩千多年前所建的儲水槽蓄集雨水。

隨著葉門在基督教初期長達幾世紀的對外開放，阿拉伯的神祕也逐漸消失。埃及托勒密王朝的航海家已懂得如何航行於紅海的淺水海域，橫越陸地的貿易方式因而消退。遊牧民族轉行以守衛維生，而趕駝人的生意也一落千丈，轉而回到老本行，在葉門的各個聚落掠奪。希米亞的統治者於是乘機在中央高地運用他們的地位，增強權力，防禦遊牧民族，並自稱為「沙巴及雷丹王朝諸王」（Kings of Saba and Dhu Raydan）。雷丹位於當時首府札發（Zafar）附近。而根據系譜學者的研究，希米亞的統治者為「沙巴王朝之希米亞族」。西元三世紀末期，希米亞君主夏瑪爾．育哈理胥（Shammar Yuharish）統治了現代葉門的大部分地區，並自封為「沙巴、雷丹、哈卓瑪王及葉瑪納」國王，當時的葉瑪納（Yamanat）可能位於現今的南部海岸。葉門自此落入隱含帝國主義的武力強權紛爭之中。

第三世紀起，衣索匹亞的阿克蘇姆（Axum）[35]在葉門的勢力不斷增長，許多人因受到阿克蘇姆的影響而改信基督教。後來，一位名叫育瑟夫．阿塞爾（Yusuf As'ar）的猶太教貴族，推翻了希米亞王，隨即發起反基督教行動，並在那吉蘭焚燒基督徒。葉門所受的衝擊不可謂不大。阿克蘇姆的統治者於是以此當藉口，出兵遠征南阿拉伯[36]。西元五二五年，葉門前伊斯蘭文明終告結束。

被歷史學者稱為「努瓦斯——紮馬尾辮的男人」（Dhu Nuwas, He of the Ponytail）的育瑟夫，以謀殺手段登上王座。百科全書編纂者納許旺提到，有人警告希米亞國王，他將會被希米亞最標緻的青年所殺，國王對這個預言一笑置之，不過仍對那些前來拜會的青年一一搜身。渴望權力、長相出眾的育瑟夫，令國王不禁心動。於是育瑟夫克服困難，製作了一雙雙層的拖鞋。他獲准入宮，將年老的國王灌醉，並像○○七龐德的敵人羅莎．克莉柏（Rosa Klebb）[37]一樣，從雙層拖鞋中抽出短劍，成功刺殺了準備誘姦他的國王，然後自立為王。

不論納許旺的故事真實性有多高，所有的證據皆顯示育瑟夫篡位。他的崛起、焚燒基督徒，以及其後與衣索匹亞鏖戰多年，一生事蹟平凡無奇。最後在紅海沿岸戰敗，他策馬躍入海中，從此失去蹤影，結束了沙巴、雷丹、哈卓瑪王、葉瑪納等王國，和一般通稱的高地阿拉伯人（Arabs of the Highlands）和低地阿拉伯人（Arabs of the Lowlands）的分野。記述這段歷史的磅礴史詩出自以「希米亞哀悼者」（Mourner of Himyar）外號聞名的盲詩人賈丹（Alqamah ibn Dhi Jadan）之手。他的詩句中，描述有關杜蘭（Duran）

遭阿克蘇姆夷為平地的雄偉的希米亞城堡，令人想起巴比倫的淪亡：

希米亞及諸王已歿，為時光所毀蝕；
大勒唯樂城邊的杜蘭荒煙蔓草
狐狼竄嚎於皇城
鴞梟安居，猶似無人之境

大勒唯樂城（Great Leveller）和最著名的阿克蘇姆統治者阿布拉哈（Abrahah）終於又產生了緊密錯綜的關聯。西元六世紀中葉，阿布拉哈宣布脫離阿克蘇姆王朝獨立，僭取老希米亞國王的名號，自立為王。當時，伊斯蘭教尚未興起，但麥加已是聖城。他旋即試圖以薩那取代麥加，並將前往麥加的朝聖客導引至薩那，藉以圖利。西元五七〇年，看守天房[38]的麥加家族對此發出惡劣攻詰。於是阿布拉哈往北出發，打算占領麥加。他帶著祕密武器——大象群一同前往，因此後世稱此最後一役為「大象之日」。看來天房之都就要毀於一旦，沒想到城裡突然飛出大批的鷓鴣，射石砲射出的石頭消滅了大部分的衣索匹亞士兵。這次勝利在《可蘭經》有所記載，而在民謠中，由薩那通往麥加的道路仍被稱為「象群人民之路」（Way of the People of the Elephant）。現今薩那郊外的哈沙巴（Al-Hasabah），據說是以當時射石砲裡射出殲滅阿克蘇姆士兵的石子（hasab）

命名。薩那北邊阿姆蘭（Amran）的村民說，在村落附近找到的石彈化石就是當時的石子。也有人說，由於射出來的石子力道極強，有些人被射中腦殼後，石子竟再度由肛門彈出。

葉門抵抗阿布拉哈的後繼勢力，後來統歸希米亞王子薩耶夫・雅占（Sayf ibn Dhi Yazan）領導，無奈他的能力薄弱，無法將所有勢力維持在同一陣線，只好請求波斯軍隊協助。為此，葉門反而落入薩珊王朝（Sasanian）[39]的轄治。不過這股新勢力沒有維持多久，另一股新的強悍勢力已在北方快速崛起。

探尋古國軌跡

在「大象之日」那年出生於麥加的伊斯蘭先知穆罕默德，此時正被新的伊斯蘭邦國瑪地那（al-Madinah）指派為使節，前往阿拉伯半島各個角落。被派遣到薩那的法瓦・穆塞克（Farwah ibn Musayk）便是親炙先知的門徒。穆罕默德授命穆塞克出發宣揚新宗教，並殺死那些不接受的人。幸好，大天使加百利（Gabriel）適時出現，要求穆罕默德「對沙巴孩子寬厚以待」，因而阻止了一場屠殺。葉門人對於伊斯蘭教欣然接受，而先知也對他們展開柔性引導。他說：「葉門的子民，最具有仁慈而溫和的心。葉門人最是忠貞，葉門人最是聰穎。」

不過，反對者大有人在。第二年[40]，即回曆二年，一位名叫阿斯瓦．安夕（al-Aswad as-Ansi）的預言者宣稱自己是先知，並在薩那和那吉蘭集結部落軍隊，後來為穆塞克擊潰，安夕也被殺。伊斯蘭教的歷史學家痛斥安夕是個外形如豬、內在具有邪惡力量的人，不過在近代，安夕卻被南葉門馬克思主義擁護者奉為革命先驅。繼安夕之後，一名漢姆丹族（Hamdan）的假先知也宣稱大天使加百利向他揭示《可蘭經》。他隨身在驢背上放置基督教的約櫃（Ark of the Covenant）[41]，以顯示他的先知地位。

伊斯蘭教清除了大多數的異教標誌，其中，破除偶像是最大的活動，幾乎全阿拉伯的宗教偶像皆被毀壞。一名詩人甚至寫道，「如果狐狸皆能在其上小便，如何被稱為『真神』。」隨著伊斯蘭教勢力壯大，葉門在政治上的地位相對地日漸低微。葉門曾是伊斯蘭初期擴張的灘頭堡，然而截至西元七五〇年之前，烏瑪雅王朝（Umayyad）[42]長達一世紀的統治期，以及阿巴希德王朝（Abbasid）[43]統治期間，葉門人意識到自己的重要性已被北方的阿拉伯人所取代。北方氏族與他們所征服的拜占庭及波斯人的根源，要比和阿拉伯人來得深。葉門知識分子對此發出反擊，期間產生不少優良的詩作和歷史紀錄。更重要的是，葉門人藉此開啟了自己的歷史觀。西元十世紀，被尊稱為「葉門喉舌」（Tongue of Yemen）的歷史學家暨地理學家漢姆達尼，開始著手整理先祖歷史，加上自己的研究，撰寫成厚達十冊的宗譜及歷史概要《伊克里爾》（*al-Iklil*）。他不但是記錄巴拉奇胥及其他地方各種銘文的古籍先驅，更是一位時時緬懷往昔榮耀、為各個遺址發出喟嘆的感性人士。

《伊克里爾》第八冊的大部分章節皆和古老墓葬有關。漢姆達尼所提到的先人中，凡是「因年邁而死於床上者」，陪葬中必然揭示「阿拉為唯一的真神，而穆罕默德則為阿拉的使者」的伊斯蘭前期教義。因此可斷言，某段時期的墓葬必定可以發現完整教義。漢姆達尼所揭露的墓葬年代顯示，伊斯蘭教存在於葉門的時間，應該早於穆罕默德。以伊斯蘭的悠遠歷史[44]、亞伯拉罕（Abraham）的信仰，加上前伊斯蘭時期的眾多先知，這說法並非全然不可信。

漢姆達尼和納許旺一樣，在著作中皆涵蓋往昔前伊斯蘭時期諸王的遠征故事，其中最為活躍的瑪力克（Malik）曾到達法蘭克人（Franks）及撒克遜人（Saxons）所居住的索迪亞（Soghdia），他甚至在大西洋岸樹立了一座警示碑，「凡越界者必遭誅殺。」在納許旺的傳奇故事裡，西藏殖民地的領主希米亞君王夏瑪爾・育哈理胥，將殖民命名為「薩瑪爾干」（Samarqand）。漢姆達尼認為此名即源自被夏瑪爾・育哈理胥消滅的波斯「夏瑪爾干」（Shammar kand）。

這是唯心、而非唯物的歷史。但不論在各環節如何呈現豐富想像力的一面，漢姆達尼堅持將這些故事記載流傳，為的是要讓後人知道，伊斯蘭軍隊到過的地方，都有葉門軍隊的足跡。不論是實際的地理或精神教條，先知胡德之子卡譚的後代，都必須一路領先。

古風今俗相輝映

不同的專業研究和民間習俗，呈現出葉門不同的傳奇歷史背景。考古學家和碑文學家的研究結果，與漢姆達尼文采華麗的記載，頗多雷同，其中更有多處相互輝映和印證。由民間習俗觀點來看，承襲前伊斯蘭時期至今的有趣風俗，正漸漸受到注意。例如薩那的孩子將乳牙擲向太陽，並請求神讓他們長出有如瞪羚般健康的牙齒；有些地區的農民種植高粱後，便用牛油塗抹耕牛的角，希望求得豐收；哈卓人一年一度外出獵捕野山羊，將羊隻的腿側及身體的前四分之一獻給宗教執事人員，此舉不僅和南阿拉伯古銘文上所記載的吻合，同時和《聖經．舊約．利未記》（*Book of Leviticus*），以及在馬賽發現的迦太基（Carthaginian）稅一致，應不是巧合[45]。

另一項歷史背景則和語言學相關。源自北阿拉伯方言，同時在某段時間成為詩文及商貿通用語（lingua franca）的阿拉伯語，其語言學架構似乎來自第三世紀末伊斯蘭國家的古老語言。葉門的語言仍然具有極明顯的南阿拉伯語特色。有些字彙經過希米利、葉門阿拉伯方言及標準阿拉伯文之間的模糊字義地帶後，在語義上已產生一定的變形。例如「wathan」這個字，在希米利方言中意謂「界標」，但在現代一些方言中，此字特指「誓約」，而詞典的解釋則為「石製或木製的偶像」。

有天黃昏，我獨自行經高地前往卡米爾（Khamir），這個字的語義突然和實景有了連結。這裡是哈希德氏族的區域，他們世代居此至少已有兩千多年，界石、誓約和偶像都是生活中的一部分。我記得《舊約》中提到，移走鄰人界標者將受到嚴厲詛咒，然而眼前這片不毛的石灰岩上，拖著長影的成排小型石標卻流露出了古代的況味，一點也沒有令人心驚的詛咒和邪惡感。進入「字典國度」的通道，經常是開啟於過去和現在交集的地方。

唯心的往事

部分阿拉伯氏族的歷史僅短暫地存在於海岸線和沙漠的邊緣；有些則因應埃及法老王，或腓尼基地中海，以及古典時期而衍生。但葉門不同：它是極少數歷史立基於本土，而非海外的國家。我在國家博物館（National Musuem）裡，聽到一些來此參觀的部落民族談話，目睹他們對眼前所見不斷發出驚嘆；他們並非見到什麼不可思議的事物，而是被其根源、文化緊密相連的近似性所震懾。當我向人詢問如何前往亞伯拉罕的古教堂遺址卡利斯（al-Qalis）時，人們引用《可蘭經》上有關「大象之日」阿布拉哈兵敗的故事，那口氣彷彿是昨日才發生的事。在葉門，常有一種感覺，過去似乎即是永恆的現在。

葉門的近代歷史記載了各種事蹟：革命、戰爭、統一，我強烈地感覺到，這是一個想要重新畫分古老內部邊界的宿命和奇特企圖。這段時期，前景飄搖，人們有著一種心懷激情、回顧過去的心態，甚至是一種懷鄉症。這樣的心境其實適時適地。阿拉伯人極重視這種由葉門詩人伊姆魯（Imru al-Qays）營造出來的懷鄉情懷。伊姆魯是遷居到高地後、又輾轉移到半島北部的金達氏族（Kindah）貴族的後代，因此，他詩歌裡的空間踰越葉門。他是第一位在連結了愛情韻事的牧區遺址發表演講的人。

停下來。讓我們
哭泣
緬懷
這一度為愛所棲息
卻讓沙丘沉落
隔開達庫爾（al-Dakhul）和赫瑪爾（Hawmal）的地方……

燒黑了的細枝、乾燥的畜糞、隱約的記憶，這些最微細的痕跡，皆足以喚起最深的情愫。布朗特（Wilfrid Scawen Blunt）在〈阿拉伯異教的七首最佳歌賦〉（The Seven Golden Odes of Pagan Arabia）中寫道，「在那片平凡無奇的開闊平原上，每株灌木、每塊石頭、每隻瓢蟲和蜥蜴及每隻跳鼠、瞪羚或駝鳥留在沙上的足跡，都是無價之寶，並為人所記憶。也許數年之後，這些焦黑、被遺留在荒茫之中的營火石堆，將見證著一段短暫的情愛。」

伊姆魯出生於古代南阿拉伯文明的衰退期，他是一個撰寫前伊斯蘭時期葉門結尾故事的最佳人選，一生充滿了不羈的浪漫，同時具有與葉門人同樣的流浪與思鄉情結。就像其他源自葉門的作品，他的詩作已經成為阿拉伯人共同的文化傳承的一部分。他那普魯斯特式（Proustian）[46]的執著和迷戀，以及對細微事物的感知能力，剛好是葉門人對於本身歷史的激情。但那並非真正的歷史，而是一段經由細微史實而重新架構、詮釋的唯心往事。

❄

我們正穿越沙巴塔因沙漠（Ramlat al-Sab'atayn）前往哈卓瑪。這正是薰香自夏巴瓦運至馬利柏，以及阿拉伯聯合大公國的札伊德總統和那位阿曼計程車司機的祖先們一度經過的道路。左邊的沙非亞（Safir）油田設備在旭日背光下，顯現出黑色巨影。單管煙囪上的火焰不斷往上冒。唯一的聲音來自車胎；沙漠嚮導阿布都卡林姆（Abdulkarim）在車胎上捆了細枝，藉以增加抓力。他說，秋雨後沙子變得結實多了，穿越這片沙漠應該不難。

我們駛離柏油碎石路面，跨越第一座沙丘。一會兒之後，我們偶爾見到人類走過的痕跡、油罐，礦泉水瓶……都是二十世紀「最細微的痕跡」。沙漠看來依然如此美麗和令人畏懼。我們前行了數個小時，先是穿越有如巨大冰淇淋勺倒蓋其上的渾圓沙地，然後，沙丘越來越低，某些地方零星點綴草木，綠中帶藍延伸，消失在遠方。

隨著車子在和緩的沙丘上平順地晃動，我開始打起盹。柱城——那座遭天譴而毀圮的阿迪特人之都——的影像，在我雙眼闔啟之間忽隱忽現，然後突然闖入視界。傳說中，它就在薩那和哈卓瑪之間這片不見人跡的地帶。

突然，我們面前出現了一片建築群。

我坐挺身子，揉了揉眼睛。那片建築仍在那兒。阿布都卡林姆打破沉寂，「那是古老的邊界哨站。」

他停下車子，我們一起往前走。

《可蘭經》裡的柱城，被徹底由地表掃除；傳說中的伊蘭姆只是海市蜃樓，一個沙和歷史的倒影。而眼前這些建築才是真實的城堡，沙漠中的界碑；做為帝國主義的紀念物，它們有著相襯的醜陋。和那些沙漠中的油罐和營火灰燼不同的是，這些水泥塊將需要漫長的歲月，才會消失在人們的視線中。

我們在這片沙丘沉落遠方的地方站了一會兒；我們緬懷，但沒有哭泣。

【註釋】

1 魯米（一二〇七～一二七三）為伊斯蘭教蘇非派的神祕主義者及波斯語詩人。
2 傳說中沉沒於大西洋的島嶼。
3 距首都薩那約僅一百八十多公里，據說為古沙巴王國首都。
4 有關沙巴王國簡介，詳見附錄。
5 阿達利蘇丹國屬於半獨立體，其領域位於今日的亞丁城以北，為極重要的亞丁攝政領主，建都拉希吉（Lahj，即 Lahj），也是後來葉門獨立的先驅。
6 亦譯「教長」，為伊斯蘭教宗教領袖或學者的尊稱，此地指領袖。
7 伊斯蘭教國家王公和貴族的稱號。
8 剎目人（Thamud），傳說中在西元前四世紀至西七世紀中葉，興盛於阿拉伯半島的民族，後因不從阿拉，遭雷擊和地震滅亡。
9 葉門阿拉伯共和國於一九一八年奧圖曼帝國勢力撤出時獨立，建都薩那，俗稱北葉門；葉門人民民主共和國在一九六七年英國撤出後獨立，建都亞丁，俗稱南葉門，以馬克思主義為政治導向。
10 約為西元前一一五年至五二五年，西南阿拉伯沙巴王國的重要古民族之一，見附錄詞彙表之：Hymyar。
11 西元二五〇年至五〇〇年之間，一支崛起尼羅河東岸的民族，希臘人稱之為Blemmyes，阿拉伯人則稱之為Bedja。
12 為葉門西部的綠洲區，水源主要來自高地。
13 位於薩那東北約一百公里處，為瑪因王國的首都，在西元前四世紀時曾是繁榮的城市，現仍留有部分刻有銘文的城牆及瞭望塔。

14 拉丁文，克里斯多弗·瑞恩爵士（Sir Christopher Wren）的墓誌銘，位於他所建的倫敦聖保羅大教堂（St. Paul）內。

15 伊斯蘭遜尼派王朝，為薩拉定所建，在十二世紀末到十三世紀初，一度統治埃及，以及後來成為上伊拉克的地區、大部分敘利亞及葉門。

16 震盪教派為十八世紀時美國基督教的一派，在祭神時顫抖狂舞。他們的家具設計簡單，而且忠於原材質，充分反映共有制生活和苦行生活的風格。

17 在一九六〇年代之前，藉地下隧道和井相接，是薩那典型的供水系統，稱為「ghayls」（應是西亞及新疆盛行的坎兒井）。

18 產自沒藥樹，為製作香料或藥品的一種樹脂。

19 即美索不達米亞的「肥沃月彎」，位在今天伊拉克境內，由底格里斯河、幼發拉底河沖積而成。

20 現代石油出產地正好是過去薰香商貿的集中地，包括馬利柏、夏巴瓦和哈卓瑪。

21 貨幣單位。

22 拉丁文，指「我們的海」，或兩國以上共有的海域。

23 一步約二點五呎。

24 為希臘、羅馬時期的某阿拉伯王國中心，遺址位於現今約旦西南。該城沿摩西谷（Wadi Musa）而建，此谷即相傳摩西擊石湧泉的地方。

25 巴勒斯坦西南部。

26 出生於西元四十六年的希臘傳記作家，對於歐洲十六世紀至十九世紀的散文、傳說及歷史寫作革命，有極大的影響。

27《舊約．聖經．約珥書》（Joel）第三章第八節。

28 希臘基克拉底斯群島（Cyclades）中最小的島嶼，為古代愛琴海的宗教、政治和商業中心，現在少有人居住。

29 亦做 labdanum，一種天然樹脂。

30 這個充滿想像力的描寫也出現在後來的一些文學作品裡。霍柏遜—約伯遜（Hobson -Jobson）的編撰者引用《孟加拉亞洲協會期刊》（Journal of the Asiatic Society of Bengal）一名撰稿人有關杜柏爾（doombur）種印度肥尾羊的文字，「一名擁有大量家禽、又看不出有理由騙我的人告訴我，有些時候，杜伯爾羊的尾巴會大到需要小推車或帶輪子的手推車來承載牠們的重量，不然，這些牲畜根本不可能走動。此人還宣稱，他已經成功地在家禽上改良出重達十二 Tabreezi munds，或四十八 seers puckah，即九十六磅重的尾巴。」

31 古天文、地理學及算學家，他認為地球為宇宙中心，即「托勒密理論」。他的生平不詳。

32 羅馬君士坦丁大帝（Constantine the Great）之母，以三百二十六次的朝聖之旅找到耶穌受難十字架，而得以在耶路撒冷建立聖墓教堂等著名宗教場所。

33 德國第四大城，凱撒大帝於西元前五十三年征服厄布隆人（Eburones）後，羅馬將領亞格力帕（Agrippa）曾在此區拓殖。

34 約六百萬坪。

35 當時的阿克蘇姆王朝奉行基督教，亦寫為 Aksumites。

36 根據葉門歷史，實際上是倖存的基督徒向拜占庭國王求援，由於育瑟夫也殺了拜占庭的商人，拜占庭因而安排信奉基督教的阿克蘇姆王朝（衣索匹亞）前往懲罰育瑟夫，並反過來屠殺猶太人，占領葉門，隨後指定一名當地人為總督，然後返回衣索匹亞。西元六世紀中葉，原衣索匹亞將軍阿布拉哈占領葉門，自立為王。

37 〇〇七系列中的《第七號情報員續集》（From Russia with Love）情節，一九六三年出品。

38 位於麥加大清真寺的小寺院，是所有伊斯蘭最神聖的地方。不論身在何方，每日必朝此方向朝拜五次，同時一生最大的職志即是親晉天房。

39 波斯即今之伊朗，薩珊王朝（二二四～六五一）代表中東古代的結束、中世紀的開始，不論在宗教、藝術和人文各方面均為重要的里程碑。

40 回曆以穆罕默德於西元六二二年七月，由麥加遷徙至麥地那開始算起。

41 藏在古猶太聖殿至聖所內，內裝有刻著十誡的兩塊石板。

42 烏瑪雅王朝（六六一～七五〇），為第一個由伊斯蘭君主（哈里發）所領導的伊斯蘭王朝，也被稱為阿拉伯王國。烏瑪雅家族原為住在麥加的固來氏族（Quraysh）商賈。

43 崛起於伊朗東北部，以黑旗及先知氏族「阿巴希德」為名，於西元七四七年推翻烏瑪雅王朝。

44 近代曾在離薩那約五分鐘車程處，挖掘出以皮革和亞麻包裹的完整屍體，墓葬中也有如漢姆達尼所描述的木刻銘文陪葬。根據碳十四檢測，這些銘文已有兩千三百年之久，遠早於穆罕默德時代。

45 詳見Jacques Ryckmans及Walter Dostal合著的《阿拉伯與伊斯蘭研究》（*Arabian and Islamic Studies*），有關公牛及山羊部分。

46 馬賽·普魯斯特（Marcel Proust，一九一三～一九二七），法國作家，著有《追憶逝水年華》（*A la recherche du temps perdu*），為七冊以心理學及寓意式講述其一生的小說。

第三章 翻越崇山峻嶺

葉門之旅，
艱困的程度遠超過我曾到過的任何地方……
我的軟骨自膝蓋移位；
很顯然我已將它們磨損。

——威福瑞·塞西格[1]，《沙漠、沼澤與山》（*Desert, Marsh and Mountain*）

伊斯蘭的第一個一百年，一位叫做雅濟德・歇伊朋（Yazid ibn Shayban）的年輕人，在前往麥加朝聖的路上，遇到一名老人。雅濟德和他打招呼，並問他打哪兒來。老人回答他是葉門東部的瑪哈拉（al-Mahrah）人氏。一陣寒暄後，正當雅濟德要繼續朝聖之路時，老人突然把他叫住，並說：「慢著！以我的經驗，如果你是阿拉伯人，我一定會認識你。阿拉伯人只來自穆達爾（Mudar）、拉比阿（Rabi’ah）、南方和庫達（Quda’ah）這四個氏族。你屬於哪支？」雅濟德回答他是穆達爾氏族。老人接著說道：「那你是屬於卡末利（Camelry）或卡瓦利（Cavalry）？」雅濟德一聽，知道老人指的是穆達爾的兩個兒子，坎達夫（Khandaf）及凱以斯（Qays），於是回答「源自卡末利」，老人又問：「屬於雌兔（She-Hare）或骷髏（Skull）？」故事尚未結束哩。

詢問祖宗九代以後，老人奇特的記性依然理路清晰。他繼續追問：「歇伊朋氏娶妻三名，分別是為他生育雅濟德的胡姆蘭・畢須爾・阿姆爾・穆塔（Humran ibn Bishr ibn Amr ibn Murthad）之女密達（Mihdad）；為他生育瑪穆爾（al-Ma’mur）的哈賈柏・珠拉拉・阿達斯（Hajib ibn Zurarah ibn Ada）之女阿克拉夏（Akrashah）；以及為他生育瑪卡（Maq’ad）的畢須爾・阿姆爾・阿達斯（Bishr ibn Amr ibn Adas）之女阿姆拉（Amrah）。你又屬於哪名妻室所生？」雅濟德為老人的記性感到無比驚訝，答道：「我是密達所生。」老人於是說：「哪，所以我認識你。」

這個故事亦被卡第（Qadi Muhammad al-Hajari）頗為適切地引用在他的《葉門區域

及族系概要》（*Compendium of the Lands and Tribes of Yemen*）中。阿拉伯的氏族體系是它文化中頗有趣的一部分。有些人的宗譜，可以遠溯回到創世紀亞當的時代，然而具體的世系，還推葉門為首。葉門的傳統觀念是這樣的，他們的古老文明起始於沙漠邊緣，祖先則朝著外圍的濱海地區發展，並以他們的姓氏為山脈、谷地及定居地命名。按《詩篇》作者所說：「他們的內在思路認為他的房子將會永遠存在，而他們的居住地將由子子孫孫所定居，因此以姓氏為他們的土地命名。」

問題是那些以地理為研究基礎的譜系學者，在研究宗族遷徙時，顯然過於急切。以薩那的衣索匹亞卡利斯教堂（al-Qalis）為例，到底是某族系以姓氏為教堂命名，或是以教堂之名為名？引來的爭論很多，明顯地這是個到底先有雞還是先有蛋的問題。不過通常都比較偏向以祖先之名為地方名，即「名祖」（eponym）。前伊斯蘭時期的銘文所提供的部分證據，顯示中世紀的文字記載具有一定的可信度，同時也顯示一地的名稱來自居住其上氏族的事實。但當漢姆達尼與同學派的人士，試著要以這個觀點為基礎，研究各姓氏之間的血緣關係時，卻大多只能憑藉想像。

有時候，我面對著地圖一坐就是數個小時，想像葉門人的祖先如何從古老的原點起始，由沙漠發展到海岸線。地理上，他們應該是以各個谷地連結成一線，由沙漠連結到山間，然後翻山越嶺到達另一邊的濕地，再延伸到濱海地區，形成一道交通線。

這些谷地大多布滿了古老的軌跡，並且一再出現於古籍中。但是其中一個地方，歷史學家和地理學者除了只能假設性地提出居住其上的氏族，「索杜．瑪第卡利柏．夏拉比爾．揚基夫．八代姓氏不詳．希米亞．沙巴」（Surdud ibn Ma'di Karib ibn Sharrahbil ibn Yankif ibn another eight generations ibn Himyar ibn Saba）外，也無法提出更明確的定論。索杜谷地（Wadi Surdud）位於薩那西北約二十五哩，呈一直線陡降到海邊，這裡應該也是過去最主要的交通線。由索杜首府到海岸的主要道路，往下直衝約三千呎後，直線攀升到同樣的高度，長度幾乎是索杜谷地的兩倍，這條道路蜿蜒穿過哈拉茲山脈（Haraz Mountains），沿途風景壯麗，但許多轉折處驚險無比。要找出索杜谷地不再受到重視的原因，就得實地走下谷地和汽車道在卡密斯（Khamis Bani Sa'd）的交會點。根據我那位膽大心細的健行夥伴黛比（Debbie）擬定的計畫，徒步走下谷底，證明索杜是一個具有急流的深谷，也就是說，理論上，我們下到山谷後似乎可以不必再向上攀爬。

谷地怪獸

我們約在早上九點多離開薩那，在齋月（Ramadan）[2]裡，這算夠早了。我們所攜帶裝備很少：手杖、手電筒、蠟燭、「公雞牌」蚊香、小刀。另外還有甜點、三角型乳酪片、兩小罐鮭魚罐頭，這已經是當地人所稱的絕佳配備[3]，以及一塊為齋月期滿所製的節日蛋糕。我那把小刀是一把日製瑞士刀，原本屬於革命前，阿赫瑪伊瑪目（Imam

Ahmad）的司機所有，上面有一般長度的叉子和湯匙。

也許是齋月期間的移情作用，前往希邦姆（Shibam）的共乘計程車比我們想像的還要快速，彷彿我們一坐上車就到達了。希邦姆市集裡到處都有好貨色，罐子、菸草盒、無袖的細直條紋外套等。我們由人群中擠到軍用烘烤坊補充耐久的麵包捲（kidam）。這種麵包源自奧圖曼，專供安納托利亞高原（Anatolia）的士兵行軍食用。

我們很快又找到一輛可以載我們到阿赫吉（Ahjir）的卡車。阿赫吉就位於索杜谷地的入口處。卡車往上爬時，黛比把她那不及三吋寬的（長形）巴基斯坦鏽金線內褲給那些同車的老族人看。他們的齋戒疲倦瞬間消失。

「你們要去哪兒？」他們問。

「提哈瑪（Tihamah）？那方向可錯了。你應該先回薩那，改搭計程車。」

「我們要去健行。」

「你們會迷路的。」他們說。

「我們怎麼會迷路？」黛比問。「我們沿著索杜不就得了。」

老族人迷惑地互望。「那兒沒有下到索杜的路。」

我們一聽，心裡倒有些緊張了。這些人都是這片土地的後代，他們的祖先在這兒生存了無數個世代：這些老葉門怎麼可能會說錯？不過有些人住在山區，對於谷地並不了解，只是偶爾得到一些不完整的資訊。

「哪，」我還想試試。「我們聽說索杜有許多美景，我們想親自去看看。」

這下得了。這些氏族人民熱愛他們的土地，深知景物之美，所以外國觀光客願意捨棄當地人夢寐以求的舒適交通工具，打算步行觀光時，就打動他們的心了。他們也同意我們並沒有弄錯，只是腦筋不太清楚。

但其中有一個仍不以為然。卡車跳動了一下，他抓住了我的膝蓋，一半是為了穩住，一半是為了強調，「你聽說過塔伊希（tahish）嗎？」

這話倒是引起了注意。

「塔伊希——怪獸。」他解釋。

「哪種怪獸？」黛比好奇地問。

「身體像牛，但頭像土狼，下顎像這樣……」他張開嘴，頭像潛望鏡一樣轉來轉去。所有人都跟著大笑。

我記得那個字。文化部在幾年前曾經製作了一齣戲劇，戲名就叫「塔伊希」。出於好奇，我試著找些相關資料，但只在哈卓瑪找到「塔希夏」（tahishah）這個字。這個字的解釋奇特而語意不明，「一種你不知道的鳥。」不管它是什麼，這種怪獸從沒有在戲劇舞台上出現，這必然讓道具組人員鬆了一口氣。上演時，只聽見它像一個歇斯底里的虛構人物在風中怒吼，或是一個在革命之前受到暴君阿赫瑪伊瑪目驚嚇而想像出來的嘲諷象徵。塔伊希只是一個鬼怪、一個神話傳說、一個葉門版的雪人。

他的頭突然停止不轉了，眼睛直瞪著我。「去年有一個人在索杜被塔伊希吃掉。吃得乾乾淨淨，只剩拖鞋。」

葉門確實有不少足以令人困擾的生物。先說蛇。有些是友善的，例如在前伊斯蘭時期，防守固丹皇宮的蛇。許多住屋的牆上仍可看到蜷得像彈簧的守衛巨蟒浮雕，它們就像古希臘地理學家口中看守薰香林的飛蛇一樣。有些蛇尾被用來當作眼圈塗抹器，據說可以預防眼疾。處理那些邪惡的蛇是專業捕蛇人的工作，他們叫做「hannash」。我曾在薩那西部的山區遇到一名捕蛇人，他說他只要唸誦《可蘭經》，即可由一棟房子引出成打的蛇；牠們會自己溫馴地爬入一個袋子，並在裡面蠕動。我在薩那，一個捕蛇人也不認識，有一次在家裡發現一條蛇，只好用烘培咖啡的大匙子將它斬首。

然後是蠍子。偶爾在阿拉伯茶葉束中可以發現它們。曾經有一隻小蠍子鑽出阿拉伯茶葉束，爬過我膝部，然後消失在房間裡。難怪那些嚼阿拉伯茶葉的同好在室內移動時總是那麼緩慢。另一種會出現在阿拉伯茶葉裡的是「fukhakh」，意謂「發出嘶嘶聲的東西」，這是葉門人給變色龍取的名字。牠的血是治療禿頭的敷劑，但是牠呼出來的氣，簡直令人作嘔。壁虎因為會在人睡覺時，爬到嘴巴邊覓食、小便，並使人長紅斑，也是經常遭到撲殺的對象。儘管如此，我的房子裡倒有幾隻就地長大的壁虎，牠們抓起蒼蠅來，一點也不含糊，就像南非的何騰托人（Hottentots），「啪」就是一隻。比較大型的動物中，土狼頗常見，豹子則僅偶爾可見。十三世紀的旅行家穆佳威曾經提到哈佳

（Hajjah）西邊的山區裡有獅子，只是現在看來已經絕跡。但誰又真的知道，索杜谷地中到底還有些什麼？

杳無人煙的荒谷

我們和這些共乘的人在阿赫吉道別。我將一隻腳踩在後擋板上，協助黛比下車，她則恢復端莊淑女的形象。卡車轉眼開走了，只留下我們兩人在那兒眺望著山谷。阿赫吉如同冰河窪地，經過長久的磨蝕，看來像個巨大的碗，和常見的鋸齒狀年輕山峰相比，它並不怎麼有葉門的風貌。我們的背面，聳立著考卡班（Kawkaban）城堡鎮的壁壘，雄踞於大自然劇場的頂端。向前遠望阿赫吉那端，切穿谷地的缺口看來有如這個大碗的碗口。更遠處，雖然因為距離有點遙遠，看不清楚，但我們知道那就是陡塊陡降到紅海岸的地方。站在這樣的山頂，被眾多山嶺包圍，很容易就令人忘卻實際的高度，但往下看連續八千呎的降坡，就知道要費上多少體力才能下到谷底。一個短暫的影像出現我腦中：將這個大碗傾斜，將可看到葉門被倒了出去。八百年前一次山崩，曾將整座村子往下方的阿赫吉移動一哩，並吞沒了下方的小村莊。結果第二座村莊的村民向法官申訴，法官判決滑落到他們門口的表土都屬於他們。第一座村莊的人則獲准取回他們的房子。

下到谷地的小徑路況頗佳，我們幾乎一路跳著下山。所經之處都是明顯經過細心開發的農地。阿赫吉（al-Ahjir）這個字，源自古老的南阿拉伯字彙「hajar」，意謂「城鎮」，這個名稱也為許多古老的居住區所共用。這個山谷的灌溉用水來自過去提供磨坊動力的溪流。除了黍類等傳統穀物，另外還有小部分的大麥、杏、桃、杏仁及阿拉伯茶葉。

車道在不遠處即轉折，開始在阿赫吉內側蜿蜒，為村民提供運輸。我們離開車道，走向底下空曠的洪道，並轉身往上再看一次考卡班。我們正逐漸離開我們熟悉和安心的一切，將自己交給未知，就像那一下雨時溪水會漫過石頭，不知流往何處的溪水。太陽下山後，我們通常就地找個平坦的地方，點起「公雞牌」蚊香睡覺。

幾隻沒有受到良好照顧的羊前來尋找草料，其中一隻的後腿立在長刺的灌木叢，伸長了身體咬食葉子，看來像《聖經》中那頭陷在雜林裡的山羊。另一頭似乎已瞄準坡上一棵長著細枝的樹，正逐步向前。

我們靜靜地走近阿赫吉，努力憋住心中的驚嘆，期待欣賞將在我們眼前展開的壯麗全景。

但事與願違。我們眼前只呈現了狹窄而陰鬱的峽谷。

「我懷疑我們是否走對路？」黛比說著，伸手到我帆布背包裡拿地圖，然後比對地圖上斷斷續續的山徑。我們已由下車後的地點，經過珠哈（al-Zuhar）和夕爾雅（Silyah）的村落，進入洪道。這裡的等高線，看來像平版印刷中的顫抖線條。此地非但沒有聚落，整個谷地甚至看不出有人煙的樣子。我核對著地圖上每一個像蕈類孢子般大小的刻度，檢查方圓六哩平方的地方。我們沒走錯路，這正是索杜谷地。

峽谷瞬間又在眼前開展，但卻只有一個方向——朝下陡降。而後上方的懸崖，也跟著呈封閉狀。令人心驚！腳下的石頭體積變大了，谷中唯一的聲音是我們努力在平滑巨石上煞住腳的摩擦聲。遮天的懸崖終於完全隔絕幾分鐘前我們所擁有的空間。現在必須隨著蜿蜒回疊的小徑往上走，並通過一處隧道的邊緣。這一帶的谷地已經崩陷，大部分地方都被堵住。

峽谷間的缺口比原來大了一些。我們就地坐下來休息。黛比指著一棵長在大石上的樹要我看，它的根盤結在石頭上，有如蜘蛛蟹的長腳。一個貧瘠的地方，只靠空氣和露水竟能長成如此繁茂的樹。微微的天光以熱帶地區的速度，一點一點消失。懸在我們上方的斷崖，快速地成為一塊巨大的黑影。

「我們是否該趁著微弱的天光，先找個睡覺的地方？」黛比問。

我記得塔伊希。眼前這個地方看來令人恐懼。「當然，但不是這裡。」

大約還有十分鐘的天光。峽口間的缺口又較前寬大了一些，也不再呈垂直狀。我們站在一塊平頂巨石下的白沙地上。

「這是個好地點。」黛比說著，開始將帆布背包卸到沙地。

我嚇壞了。「喂，妳瘋了不成？這地方一會兒就會到處都是蛇！」在半黑暗中，每根樹枝看來都像爬蟲的樣子。「我們到巨石上去。」

「你上得去就去。我要留在這裡。」她說，開始將鋁箔蓆鋪到地上。「這裡的沙地這麼舒服，我才不要睡到石頭上。」

「我可是那個得將妳的屍體帶回去給妳悲傷父母的人。」

「好吧，既然你那麼擔心……但明天該我挑。」

巨石上頗平坦，但有點傾斜。我們追著滾動的鮭魚罐頭和蠟燭。蠟燭老是熄掉，我們索性在黑暗中吃著麵包和鮭魚。飯後，我走到巨石邊緣，用光腳抓穩地面，就地小便；好一會兒之後才聽到小便落地的聲音。我即興搖擻。實在無事可做，於是用伊瑪目司機的小刀和空鮭魚罐當支撐，點了蚊香，然後躺了下來。黛比也躺下來，鋁箔蓆上發出細微的聲音。

實在還太早，於是我們玩起了紙牌。

一陣寂靜後，「你有高貴的皇后？」我問。但黛比只有黑桃七、梅花三和鑽石五。

「不，我沒有……皇……皇——」她開始打起呵欠。

幾分鐘以後，我聽到她均勻的呼吸聲。看了看表，七點三十分就睡了？我看著星空。谷地邊緣像一個框，星星的亮度似乎增強了些，看來有點假，像星象儀。六、七顆流星閃過，我記起一三八五年，曾經有一塊直徑約三呎多的隕石掉落這個谷地。此外，索杜谷地的歷史一片沉寂。我想著被隕石擊中的機率有多高，不知不覺地睡著了。

天還沒亮我就醒了，心裡想著若要早點出發，最好起來弄早餐，於是取出麵包，並將三角乳酪片夾在麵包中。我瞄了一下手表，竟然才半夜十一點。

我往黛比睡覺的地方走去，她不在那兒！我心中一陣緊抽。塔伊希竟然把她吃得連鋁箔蓆都不剩。或者說不定她移到下方的沙地上睡覺，遭到毒蛇咬噬，正在死亡邊緣痛苦地掙扎。我丟下手上的鮭魚罐頭，下方傳來呻吟和窸窣的回應聲。

「黛比！妳到下面幹嘛？」

「什麼下面？」

我到處找手電筒，手電筒也不見了。突然我知道怎麼回事了。因為巨石的傾斜度，我們邊睡邊順著平滑的表面往下溜。熟睡的黛比連人帶蓆已經溜到另一頭。用這樣的速度看來，太陽升起時，她大概也要溜到巨石邊上了。我們換到另一處較不傾斜的巨石，但都無法再真正入睡。

狒狒與老婦

一夜就這樣過了。我在慌亂之中睡睡醒醒。天空逐漸轉紫，星星也跟著黯淡。我們周圍傳來鳥兒的啁啾，先是此起彼落，跟著群起合鳴。然後我聽到了真正讓我醒來的聲音。那個急促銳利的尖叫在上方的斷崖上迴盪，接著是狂亂的叫聲。黛比跟著醒來，我們四目相視，並看著聲音傳來的方向。先是小石頭嘩嘩滾落的聲音，接著吱喳叫聲，我瞥見半人半狗的東西。

「狒狒。」黛比小聲地說。那些聲音持續著，我們對著高崖搜尋，但看不到任何東西。不久，周圍再度沉寂。

這裡離阿赫吉並不遠，然而我們卻身在一個隱密而人跡罕至的地方。在許多地方，狒狒皆遭到捕殺，但這裡是牠們的領域，而我們則是入侵者。太陽已漸漸升起，鳥兒們合作無間地大合鳴，但我們仍覺得斷崖上有著阿拉伯狒狒（Papiohamadryas arabious）監視著我們。

我還記得，有一次我在薩那街上碰到一隻狒狒。牠獰著牙，擋在路上。我撿起一塊石頭，牠也撿起一塊石頭。我們對峙站在原地盯著對方，一直到一群男人走過來對牠喊著「Sa'id!Sa'id!」，牠才蹦跳著消失在一條橫巷裡。家裡養的狒狒都被叫做「Sa'id」，意思是「快樂」。但牠們通常不是一副憂鬱的樣子，就是一臉的憤怒。

吃完早餐後，我們離開了巨石，睡眠不足令我頭重腳輕。我需要一點咖啡醒醒腦，但總得要有水。環顧四周，看不出來那兒有水，也不知道什麼時候能弄到水，只好忍耐。出乎意料，耳邊又傳來機械化而帶有節奏的聲音，抽水幫浦！然而一走近，卻又不是那回事了。峽谷缺口變窄後，將聲音放大，產生類似老式留聲機的喇叭聲。雖然沒有幫浦，但千真萬確是溪水細流的汩汩聲。轉過角落，一條小溪進入視線。這樣一條由谷地涓涓滴流的小溪，竟在谷底水道處成為急流。它源自何處？唯一的可能是地底。我們驅開了小魚，洗去了惺忪的睡意，並將水壺灌滿。

這條溪流沿著峽谷和我們做伴，有時我們還得跨溪而行。這真是美好的感覺，冷水大量地灌入靴子，在踏入更深的水中前，沙子就在靴中輕輕摩擦。後來的好幾個小時，一路上頗為舒坦，走一陣，脫一次鞋，將沙子倒出，然後休息一陣後，繼續上路。在中午之前，我們若不是為了清靴子，就是為了卸下背包休息而停下來。卸背包的人大半是我。我那個高齡背包沒有肩墊。每次健行，我都想要換一個新背包，但在那些高科技的華麗產品中，我找不到任何樣式可以取代這個已經發白且長著霉斑的背包。

突然，小溪消失了。

「這就是索杜。」黛比說。

我們一直高興著不必再扛著沉重的水壺，但這下也只好再度控制自己，背起水壺，改用吸啜，一路到卡密斯。太陽越來越烈，我們汗流浹背地沿著峽谷走下去。再度清理靴中的沙子時，我們重新查看地圖，發現自從下車到現在，我們已經往下走了三千呎，也就是說，還得繼續再往下走九千呎。

繞行在崎嶇的峽谷中，由於面對太陽，一直到極近的距離才發現那名婦女。她蹣跚地跨越石堆，朝著我們走來。

「妳好！」黛比愉悅地說。

這位沒有蒙面紗的老婦，緊閉著雙唇打量我們。她臉上有部分因為缺乏色素，看來像長了白斑[4]。她絲毫不回應我們的招呼。

我有點擔心，在這樣一個孤寂的地方，出現一個不理會別人招呼的婦人，說不定是巫婆。我想著該不該大叫：「神予我庇護，擊退邪惡力量！」如果她真是巫婆，接下來就該在一股煙中消失。如果不是，不理會別人的問候是一件很粗魯的行為。

「你們好！」她總算及時回應。「你們從哪兒來？」

「不列顛。」

「那你們又打算上哪兒去呢？」她又問，語氣中突然顯現了莫名的怒氣。我們指了指谷地。「哈，原來你們是要到不列顛去過節！」她將手臂交疊在胸前，一副我們似乎瘋了的樣子。「那你們可得快一點，否則就來不及了。」

「事實上……我們是要去提哈瑪。」

「我知道，你最好快點。節日是在今天。或是明天？你知道嗎？」

「呃，薩那的人說是明天。」

「哈，所以你不知道！」她搖頭，一副憐憫的樣子。「不過我也不知道。嗯……你是要去你妻子的村落過節……叫什麼來著？不列顛？」

實在沒有什麼理由再解釋下去。

「小鬼，你是怎麼了？怎不坐車？」

我無力地聳聳肩，指指巨石，又指指高聳的斷崖和烈陽。

老婦人突然對我集中火力。「你真丟臉。」她大叫，「把你的妻子餓成那樣！」說著大步離去，拐過彎兒不見了。

我和黛比面面相覷，心想這老婦到底往哪兒去了。過了好一會兒，黛比問：「她說你對我幹了什麼事了？」

「她說我餓著你了。『Tija'ja』是方言。在正統的阿拉伯文中，我想它的意思是『使一頭駱駝跪下來，好任人割開牠的喉嚨』。」

在地圖之外

峽谷不斷開展和連結，活像痙攣的腸子。偶爾，遠方高處的海伊瑪山（al-Haymah）山脊出現在左邊，泰伊拉（Tawilah）的山脊則出現在右邊，它們的山肩和山頂剪影看來有如史前怪獸。除了更高的山峰上擱著幾道雲，天空頗為晴朗；遠方看來不可攀及的山脊上，房屋的窗戶反射出陽光。此時，就像我常在葉門高地常有的懷想一樣，面對這些高山峻嶺，難怪人類會自我幻想成遨翔的老鷹。

沿途走著，眼前的山景突然不再。山谷似乎緊閉，阻隔了陽光，將我們限制在一個隱密的世界裡，縱使這些濕氣，少得有如壁上一小塊污漬，外來的羊齒仍繁茂地生長在崖壁上任何有水滴流的地方。真是奇妙的景致。周圍到處有侵蝕的痕跡：基底被切蝕的高崖、漩渦造成的岩龕，有些溪水流過又緩慢蒸發後的白色礦物沉澱，一切就像老舊教堂中的空聖水器和門廊。陰暗、潮濕及寂靜增添了教會的氣氛。它是哥德式的，但不是中世紀嚴謹的哥德風格，也不是草莓山（Strawberry Hill）[5]高聳入雲的哥德宅邸，而是高第（Gaudi）[6]充滿有機質的組合，緩慢在地面成長。但這是何時？這裡的侵蝕並非一個緩慢的過程，這些岩石看來是經過突然而巨大的水力和重力沖刷而成；同樣的重力也將我們不斷地拉下山谷。除了清理靴中的沙子、卸下背包休息，查看地圖則是第三種停下來的原因。我們知道要去哪裡，卻不知道走了多遠；時間和距離沒有多大的關係。以太陽、等高線方向和排除掉的可能性，至少可以由地圖上斷定哪些不是我們現在站立或走過的地點。但要找出我們確實的地點，就只好用推測的。例如地圖上標示出那區散置的房屋大約只在半哩外，但一加上等高線，半哩兼具了垂直和水平的距離，實際上，這些房屋的真正地點是在前不久瞧見的那些看來不可攀的山脊上，窗戶反射陽光的房屋所在地。

有次停下來查看地圖時，我們聽到了轟然巨響。它的回音大約震盪了七秒，等於巴黎聖母院的全音域回音。奇怪的是，那個聲音似乎有種特別的力量把我自老遠吸引過去。

不久，一名男人出現在峽谷的轉折處。他和我們打了招呼，並在離我們不遠處蹲下來，他那滿是裂縫的光腳丫緊勾住下面的岩石。他的臉看來奇老，但是由頭巾中露出的頭髮卻不見一絲灰白。我看著他的槍，心裡想著這麼清瘦的一個人，怎麼禁得起開槍時的反作用力，然後想起以前在學校軍訓課開「三〇三S」型槍時，也不過才十五歲。

「可以借看一下嗎？」

他把自動步槍遞給我。平滑的槍托上了漆，上面還有標誌。

「你知道這把槍的年代？」我問。

「很老了。」他開了個玩笑，「和你一樣老。」

我搖搖了頭，「和我父親一樣老。」我指著標誌，GR兩字上加上個皇冠，並有一九一六的字樣。「七十六年。這是我們女皇的祖父，喬治・愛德華（George Edward）。」

「喬治・布希？」

「不，還更老。但它們仍是最好的槍，比阿里還好。」

他點點頭。阿里（ali）指的是AK四七，也是現在葉門的制式武器，但像這麼簡單的自動步槍，受到稱讚的程度一如他們的彎刀。

「剛剛錯過了一隻『窪柏』（wabr），牠們跑起來快得像魔鬼。」

「你幹嘛要獵殺牠？」

「節口要用。」

「『窪柏』是合格的食用肉？」

「對。牠們的肉好吃，但一定要打在頭上，如果打在其他地方，牠的尿會跑進體內，就不能吃。」

黛比問我「窐柏」是什麼。我說那是一種岩石蹄兔（hyrax），一種像巨鼠的動物，在生物學上和犀牛、大象有所關聯。我從來沒聽說過有人吃蹄兔，倒是聽說牠們的糞便摻上溫水可以減緩風濕症。牠們是膽小的動物，但據說被逼到絕境時，會跳起來咬攻擊者的生殖器官。

我把槍還給他。除了ＡＫ四七自動步槍，偶爾也可以見到美製的自動步槍，或貴族化的獵槍。即使在薩那市區，多數人家也會在貯藏室備枝滿是塵埃的英國步槍，以防萬一。有個故事說，七〇年代月蝕時，許多薩那居民都拿出槍來，到街上射擊，好讓月亮歸正，槍枝就是在那時候多起來的。我猜測著這些槍枝到底是怎麼進來的，也許是勞倫斯及阿拉伯革命時期，經由桑姆山（Somme）或維米山（VimyRidge）進來，或是由精明的亞丁商人以廉價購入販售。那個男人扛起了槍，說他得去準備節日的用品，打了招呼離開，又去獵蹄兔了。

我們又往前走了一會兒，決定停下來，在金合歡樹下吃中飯，其實說是吃飯，不如說是想坐下來休息。麵包已快耗盡，於是我們無奈地吃起節日蛋糕。這些蛋糕都已碎成小塊，袋子裡也進了螞蟻。我們挑出一些比較完整的蛋糕塊，把螞蟻撣掉。蛋糕吃起來像是熟石膏，味道令人發膩。布丁則是熟食甜點。我讀了幾章隨身攜帶的維多利亞・薩克維爾・衛斯特（Victoria Sackville-West）的作品[7]，然後躺下來休息。

黛比急著想繼續上路。在先進的功能上，我羨慕她的背包，但絕非由美學觀點。我的背包硬背帶老是深陷入肩膀，我像裝載過多貨物的駱駝一樣發著牢騷。我試著用多餘的襪子當墊布，但沒走幾百碼就又掉出來。我右腳的靴子，跟部有根釘子已經露頭。走在這片既乾又多石的地方，簡直苦不堪言，我看看樹蔭，多想鑽進去，抱著維多利亞・薩克維爾・衛斯特的書不放。然而黛比簡直就像帶著弓箭的月神戴安娜，一會兒拐個彎就不見人影。不久，我聽到她的喊叫聲，太遠了，聽不清是興奮還是沮喪。背包在我背上撞擊，還得一瘸一拐地走路，避免被釘子刺到。我快步蹣跚前進，終於趕上她的速度。水又出現了，黛比正在溪裡撥水玩。

一會兒，我們又見到了被使用過的農地。這是離開阿赫吉之後，第一次看到耕地。幾小塊梯狀耕地挨在谷地的邊上，洪水再急促也淹不到；但這些地看來已經廢棄很久，有點像蘇格蘭高地那些充滿清空事件[8]記憶的棄置田園，氣氛帶著些許感傷。緊接著，我們到達了第一個有人煙的地方。對於那些拍攝我們手上航空地圖的攝影師來說，他們在空中見到的村落絕對不是我們所見到的這樣。這個像牛欄似的房屋，其實只是在大如農舍的巨石下，一處凹陷進去的地方，不但被煙燻得黝黑，即使人站在遠遠的溪流那端，仍可聞到濃濃的牛隻味道。一名女人和小孩站在那兒看著我們。女人回應了黛比的問候，但因為家裡沒有男人在，揮手趕我們離去。

攀瀑探險

潺潺流水、黃昏後下降的氣溫、心裡想著已經遠離美麗而空無一物的谷地上半部，再度走進人的世界，都讓我心中頓感活力繼續前行。這樣的健行，只能稱作疲累，還不至於到艱困的程度。我心裡想著，從現在開始，我們就要進入平坦地區那些通常會相隔一段距離的村子。好奇而友善的村人將會邀請我們一起共進美好的一餐。

「喂——！」聲音來自我們左上方。「喂——！你們上哪去？」一名男子由山邊朝我們的方向跳躍著下來。他和那名獵蹄兔的男人一樣，身體清瘦，手上拿了一把斧刃很小、把柄粗糙的斧頭。

「下到谷地去。」我們說。

「過不去的，到我家過夜，然後穿過海伊瑪山到車道。」

「你家是那邊，有牛隻的那間？」我問。

「對，但我們不住那兒。我家在上頭。」

「離這兒多遠？」

「兩個小時。」他看看我們的手杖，改口說，「三個小時。太陽下山時就可以走到。」

「謝謝你的好意，但我們要往前走。我們要走路到提哈瑪。」

那名男人微笑著。「你們到不了的。」

健行時，我總是遇到那些在汽車進來幾年後、徹底依賴機械運輸的人。他們父母那一代，過去不惜趕三天的路，為的是去買一磅蔗糖。現在瞧瞧這些脂粉氣的男人，這些性格軟弱的人（Namby-pambies）。威福瑞．塞西格說的沒錯：汽車已經磨光了阿拉伯人的男子氣概。我倔強地說：「但是，我們已經由阿赫吉上頭一路走到這裡。」

他揚起了眉毛，加強語氣，「我說你們絕對到不了的。聽！」他朝著溪水下游圈起耳朵。流水愉悅地流動，微風一路自提哈瑪拂來，吹皺了溪水。但細聽，卻不止這些；有個低沉的聲音夾雜其中，微風加強時，聲音更大。

那男人說，「你瞧，瀑布。到我家過夜，然後穿過海伊瑪山到車道。」

黛比和我快速地討論了一下。我們用英文交談，但是那個男人，像雞一樣歪著頭聽著，並在我觸及他的眼光時，同意似地點點頭。我們已經走這麼遠，沒有理由放棄。我推測他一定認為我們這些外來者都很虛弱。

「沒辦法穿越瀑布嗎？」我問。

「沒有。沒有辦法過得去。是有一條路，但不是你們能走的。到我家過夜。」

「真的很感謝，但我們還是要去試試看。」

在他看來，我們必然是著魔了。「哪……我渡過去一次……你……這樣……」他站直了身體，兩臂平放，「挺直身體走下去。水位最低時，最深的地方水到這裡。」他比了比他的下巴。

「現在是低水位嗎？」黛比問。

「也許。但，到我家過夜吧。」

「願真主為你的慷慨賜福予你。」我說，「但我們還是要試。我們夠強壯——我們是優秀的登山者和泳者。」我加了一句，但連自己都沒什麼信心。

「那，願阿拉與你們同在。」他說，邊搖著頭，然後朝著牛欄的方向離去。

五分鐘後，我們來到瀑布邊的水塘。現在，水聲轟然如雷，但我們仍見不到源頭在哪裡。我們放下背包，走進水裡。水很冷，一下就深及腰部。水流不急，但可以感覺水表下的力道。到達較遠那端後，我在小支瀑口站穩馬步。它看來只有表層的水在流動，然後像暗灰色的絲束一樣滑過邊緣，下衝到二十呎深的瀉槽。

我探看著下方像汽鍋翻騰的瀑塘。流水從那裡分成幾個支瀑繼續流動。「你看，我們甚至不知道水面下有些什麼。也許是石頭——我的意思是說，我們可能腳踝脫臼、摔跤。還有，背包怎麼辦呢？」

「那你說呢？」

我看了看峽谷的遠端，「也許我們可以下到那個裂縫，然後……」

「裂縫在哪？」

我指著一塊平滑石頭上極窄的斷層。黛比好久都不出聲。

我們就在那兒磨蹭了將近半個小時，想著各種可能的辦法。黛比不敢冒險攀爬，而我則怕水深。天很快黑了，我們決定先睡一覺再說。

於是我們又涉水穿過瀑塘，背起背包，找了一處乾淨的白沙地。我沒有和黛比爭辯，心裡其實滿高興能躺下來，補充前一夜在巨石上飽受折騰後的疲憊。我們吃掉了最後剩下的麵包和一些乳酪片。紙牌第一回合結束前，黛比就已經睡著了。我摺疊睡蓆，弄成像睡袋的樣子，然後如同中世紀棺木上的浮雕像，雙手交疊胸前地躺下，保持對爬蟲類的警戒。當夜，我睡得很甜。

翌晨再度到瀑布一看，才發現不管繞道或涉水，都是愚蠢的想法。於是我們決定爬過山頭。

我們一路攀上像節日蛋糕碎塊般的岩石，緊抓著可以搆得到的樹根，鬆散的小石子不斷地滾到崖下。每一步上去，幾乎都不可能後退。終於，我們見到一條山羊往下走出來的小徑，這似乎也意謂著最危險的地方已經過去。然而天不從人願，山羊小徑變成蹄兔小徑，然後接到斷崖邊緣，後面則是六十呎深的山溝。我們又爬回去，到達另一座山肩上令人驚心動魄的陡坡。說是山肩，還不如說是連接到一處深淵的凸肩。我們心中充滿懊惱，兩人決定不再往上爬，反過來沿這這個凸肩往下走。山壁上盡是沙漠玫瑰和帶刺的灌木，那些岩石則鬆散不堪，有如屍體上的脊椎骨。我們一路無言下到底部，汗濕的手掌到處是傷痕，然後才發現最可怕的事實：艱苦出發六小時後，我們又回到瀑塘。

不過，似乎有些不同……。我沒聽見轟然巨響，只有左邊傳來微微的水聲。

「我們成功了！」黛比大叫，指著上游約五百碼處的瀑布。那真是壯觀極了，像一道抹過岩壁往下流沖的乳白色巨流。

我們脫下被汗水濕透的衣服，掛到樹上，然後躺到清涼的水裡，任由水中的氣泡和小石子沖刷，那種超脫肉體的感覺有如身歷仙境。我們可以確定，過去沒有，未來也不會有人再由高地如此穿越這條路，我們倒是解決了一個小小的歷史謎團。

在「剎伊」的威脅中前進

我讀了一會兒維多利亞．薩克維爾．衛斯特。黛比則繼續她的刺繡。她繡的是一幅屬她個人的非傳統地圖，上面的每一個三角型或Z字型代表谷地或山區的停留點，或是留待探索的地方。她緩慢的進度，令我懷疑她和「潘娜洛普」（Penelope）[9]一樣，在夜裡偷偷拆掉已經繡好的部分。我們再度出發時已是黃昏，陽光正斜斜地由水面反射到我們眼裡。回頭眺望，群山的頂峰一片光燦蔚藍，就像克勞德．洛倫（Claude Lorrain）[10]風景畫作中，人馬（centaurs）居住的透視消失點（vanishing point）。

我們到達一個地圖上沒有標示的村落。那些房子大多為兩層式，底下那層用來養動物，上面一層住人。要不是塗上了好笑的藍、黃和紅色的菱形圖案，這些房子看來倒像是那些圍在高牆裡的花園式莊園。耳畔傳來狗吠、驢叫和黍株搖曳的聲音。一名女人自黍叢中探頭出來，祝我們節日愉快，然後馬上責備我讓我的妻子忍受飢餓。我給了他一個勞萊（Stan Laurel）[11]式的白痴表情後走開，任由她繼續喋喋不休。「小心路上的『剎伊（sayi）』！」她好心地在我背後叫著。「剎伊」即突發的山洪。

我回頭看剛走過的路。索杜谷地正安詳地沉浸在黃昏的溫暖光暉裡，但那抹藍色已經光燦不再。雲層在我們來處的山頂上堆疊。我們正涉水走過一條寬僅幾碼的淺溪。這條溪雖小，卻是方圓幾千哩土地的排水口，不難想像在暴雨時，溪水的水勢會有多猛烈。我還記得有次去索杜谷地和卡密斯交接點上的薩拉谷地（Wadi Sara'）途中，我坐在載滿燃木的卡車後車廂，一邊咀嚼著阿拉伯茶葉，一邊看著雲層在前面的山頂上盤繞不去。卡車突然急速衝到谷地邊上，幸好我的腳牢牢絆在捆索上，沒有摔出去。但那瞬間，巨大的聲響伴隨著高及胸部的水牆傾注而下，只差幾吋就沖到卡車後輪。那就是稱為「剎伊」的急洪，而且還算是小的。

黛比漫不經心地走在溪流中，我則心懷戒惕的走在邊上。沿途偶見地圖上沒有標示的房舍，全都建築在洪道上方的安全地帶。洪道則在前方不遠處形成一個窄口。在微暗的天光中，高崖和飽受侵蝕的山壁顯露出詭譎的氣氛。大自然的侵蝕力量在此顯露無遺。就像古老的航海者（Ancient Mariner）[12]一樣，不敢回頭觀望。

在天色全黑之前，我們在地形豁然開朗的谷地一處較高的地上露宿。這個地點有點像被削去大半的蛋糕，我們認為倒不失為一處安全的營地。我躺下來，心裡不再像前幾天那樣擔心蟲蛇，反而擔心起遠處峰頭上如巨蟒舌頭般的閃電。

隔天，山頂上那方天空依然顯得厚重而充滿脅迫感。我們走了三十分鐘，才發現已經走上了車道。這條道路很不明顯，像已經模糊的壁雕，只有偶爾出現汽車輾過而凸起的兩道碎石痕跡時，才比較看得出來是道路。此路數度穿過小溪，並延伸到發出強烈公貓尿騷味的鼠尾草叢裡。高高的蘆葦及金合歡樹叢中，包圍著一些寶貴的小面積田地。後方全是光禿禿的山，但比先前看到的要矮些，也沒有那麼崎嶇。路上偶爾可以看到挾著呼嘯聲掠過的槌頭鸛，或在路上盤旋的湛藍色蜻蜓。溪裡的蒼鷺直挺挺地站在水中，各據一方覓食小魚。牠們看來有如花園裡的雕像，連我們靠近都不會構成驚擾。

眼前的景色有如世外桃源，但是背包肩帶及水泡帶來的痛楚卻有如牙疾般擾人。我可以了解古代暴君在地獄中面對撩人的美女，一面接受無止境審判的滋味。氣溫正不斷升高。我們要不是走在溪流裡，便是嘎吱嘎吱地走在溪岸，已經像玉米片一樣乾掉蜷曲的淤泥上。村落出現在上方岩石支脈的頻率更高了，不過每個村子大都只是五、六座房子。越是接近卡密斯，這些村落的樣子就越顯繁華，但汽車道路仍是那麼不明顯，像是谷底自然形成的線條。狗群躺在乾泥坑裡，其中一條發狂似地吠著，打算咬我們的腿，我趕緊轉身，忍著肩上背包扯動肩帶引起的劇痛，向牠丟塊石塊。那條狗齜著牙，悻悻地走開了。

我們坐在金合歡樹下吃中飯。由樹枝上垂下來的織巢鳥鳥巢，看來像顆毛茸茸的水果。岩石蹄兔倒是可以拿它來當攻擊訓練的目標，以利在險境逃生。我們勉強吃了剩下的節日蛋糕碎塊。食物已經成為我們時常掛在心上的問題。我們很清楚每向前走一步，就越接近胡戴達港（al-Hudaydah）及烤魚。這種烤魚表皮黝黑，肉質成片狀，配上番茄、辣椒和羊奶酪，味道極美。我們也知道，再往前走就有沾上煉乳和氣味強烈的深色金合歡蜂蜜，也會更接近加上天然草藥用土灶悶烤出來，柔軟如牛油的羊肉，再配上加拿大低糖可樂，還有來自瑪哈比夏（al-Mahabishah）山頂，在粗如蘆荀的枝幹上還沾著露水的阿拉伯茶葉，堪供咀嚼冥思……。

有人在喊我們。我們對他揮揮手，繼續前行，但他一下子就跟上來了。「你不停下來，太不應該了！留下來和我們一起吃中飯。」

我們試圖用最不傷他感情的藉口婉拒，但最後還是隨他順著那條不平的小徑，回到一處山間村落。我聞到了燻烤和羊肉的味道。他家的內部就只有一個房間，妻子、父母和年幼的兒子全住在一起。我們在這裡享用了四天來最美味的一餐：葫蘆巴湯、白煮羊肉，還有沾了牛奶或辣醬，樣子像大煎餅的麵包。

海灣戰爭之前，這位叫拉夏（Rashad）的男主人一直在沙烏地阿拉伯利雅德（Riyadh）的洗衣坊工作。他有三年的時間沒有和家人見面。這是多數到外國工作的葉門鄉下男人常有的事。對於連他在內的一百來萬葉門人被沙烏地趕出來，他少有憎恨，反而還希望回去工作。但就看真主安排了。

他們留我們過夜，但是我們不顧山洪可能爆發的危險，決意繼續前進。拉夏認為，如果我們走快一點，也許當天可以到達卡密斯，但那可是另外四個小時的急行軍。一年之中，這裡也許只有一、兩輛汽車行經此地，想在小徑上遇到汽車，機會微乎其微。在這裡，很難和利雅德那種八線道公路聯想在一起，但看了我們這兩名老外的狼狽相後，拉夏的樣子似乎也隨之泰然很多。

一整個下午，雲層不斷地在山頂加厚，在路上見到的人總是對著我們喊：「注意山洪！」黛比說她已經飽餐一頓，現在淹死也不怕，一副豁出去的樣子，由原先小心翼翼地走在河岸上，一下不管三七二十一地走在洪道中間。興致一來，我也跟著她走下去。開始下雨了，大顆大顆的雨滴落下來，但我們毫不理會。其實在山區，最危險的便是下雨。

已經五點。根據拉夏告訴我們的時間，山洪的威脅應該已經過去。真正令我們擔心的是，卡密斯還在數小時的路程之外，看來我們必須在夜間趕路。即使吃過豐盛的中餐，疲憊之餘，我們仍然期盼能搭到便車去胡戴達港，享受那兒的美味烤魚。

拐過一個彎後，我們見到一名用棍子和線垂釣的男人。這真是料想不到。我們走近時，發現魚餌竟然是玉米粒[13]。他估計我們到達卡密斯的時間，和拉夏所講的幾乎一樣。

「你一定沒見過老外走這條路下去吧？」黛比說。

他想了一下：「老外？那可多了。有個人上次由薩那來這裡哩！噢，大概是五年前吧。」

母駝之門

黛比開了手電筒走在前面，我則墊後，不斷踢到石頭，腳趾甲傳來陣陣劇痛。向來喜愛威福瑞・塞西格事蹟的黛比，早年都在英國駐衣索匹亞首都阿迪斯阿貝巴的大使館工作。她似乎有著無窮的精力，相反地，我則陷在自憐中，無法自拔。突然的狗叫嚇得我跳了起來。我想起一個薩那的朋友曾經告訴我，一個像現在這樣沒有月亮的晚上，曾有一個男人在這樣的谷地獨行，結果一腳踩到一團柔軟、沒有固定形狀的東西。突然，所有的狗都叫了起來。不久，他的腿上長了腫瘤，原來他踩到的是伊斯蘭教神話中的精靈（jinni）[14]。我向黛比借了她嫌麻煩不再使用的手電筒，隨著光線心驚膽顫地走著。

我見到了前方的熟悉景象。我大叫：「我們就快到了！看到那些山沒有？它們就在卡密斯的對面。索杜谷地和薩拉谷地就在那兒接頭。我記得很清楚。」

再瞇著眼看著那個黝暗的方向，我馬上領悟到其實我一點也不記得，所有的山在無月無星的晚上看來都差不多。我又看到更多類似的山形，但再也不敢聲張。也許卡密斯根本不存在；說不定我一覺醒來，才發現身在薩那。走出夢魘之中，被狒狒盤據的索杜谷地也將隨之消失。就像在入眠那瞬間，由失足跌倒的幻覺中驚醒一樣。

但是我們卻到達了。狗叫聲和人的氣味千真萬確地告訴我們已經抵達卡密斯。我們掙扎過索杜和薩拉的交會點，繼續提心吊膽地避免踩到那些柔軟無形的精靈，以及狂吠的狗群，二十多分鐘後，終於讓那些精靈下煉獄去了。

我們順著連接胡戴達港的陡徑往上走，不久就見到了一個裝了霓虹燈的商店。店門還開著，一台冰箱嗡嗡響著，傳來陣陣呼喚。旁邊是一箱箱的加拿大低糖可樂。「黛比！」我啞著嗓門，「我們來慶祝吧。」隨即蹣跚地衝入店裡。

我正要用開瓶器打開可樂時，一輛前往胡戴達港的卡車適時出現。黛比把它攔下來，並對我喊著「快來吧！否則就要在這裡過夜了」。

我把尚未打開的可樂又還回去，手掌上還留著舒服的冰涼感。拎起背包，我快速走向卡車。我疲憊地把身體拖上後擋板，然後幫助黛比上車。她仍是那副端莊的淑女樣，只是比在希邦姆時僵硬多了。車上已有五、六名乘客。我們機械化地回答他們，我們是哪國人，打哪兒來，往何處去。

「希邦姆。步行。」

對方停頓了一下。「為什麼？」

「我們，呃，想省錢！」我說。其實我們真的省了些錢，一英磅多一點。他們倒不說話了。呼嘯而過的風，吹掠著我的頭巾。

往駕駛座的車頂看過去，山間那道裂縫看來像槍眼。我們正要通過其間的道路，前往濱海的提哈瑪。這道山間裂口被稱為「Bab al-Naqah」，意謂「母駝之門」。也許是太沒想像力，也許是想像力太豐富，人們把葉門高地邊上這些露頭的岩石，化成一群石頭守護者：單峰駝、雙峰駝、長著一身棘毛的食蟻獸、乳齒象、劍龍、半人馬、半獅半鷲怪獸、人頭獅身龍尾怪獸、吐火獸等。甚至英國第一位女首相的側臉都在其中。

過了「母駝之門」後，一路平坦。在黑暗中，我們看不到提哈瑪，但是我們已經嗅到它。暖和與濕氣讓我們下意識地聞到燻烤、畜糞、路邊死狗和茉莉的味道，甚至在浮動的意識裡，有著海洋的味道。自古以來，無數的商人、冒險家、外交官、軍人，以及阿育畢德王朝、瑪路克王朝（Mamluks）[15]和奧圖曼帝國皆曾出現在這片水氣蒸騰的平原。這是進入葉門最佳的地點，大部分現代人乘飛機抵達薩那時，也剛好可以清楚地看到這片平原。當然不是所有的外來者都是這樣進入葉門。葉門的第一位伊瑪目哈第（al-Hadi）就來自北方。他在沙達（Sa'dah）培養了一群文武全才的人，世代相傳，統治葉門長達一千多年，直到上一個世代才結束。

【註釋】

1　Sir Wilfred Thesiger（一九一〇～二〇〇三），英籍軍人、探險家，曾於一九四七年藉由貝都部落引領，跨越世界最大的沙漠無人區。一九九四年之前的二十年都住在肯亞北部，後則定居倫敦。

2　伊斯蘭曆的九月。

3　一位十六世紀的葉門旅行家認為有二十樣東西是旅行不可少的。他的清單裡包括：阿拉伯婦女塗黑眼圈的塗抹器、塗抹罐、剪刀、牙線、鏡子、梳子、墨水瓶架、書寫架、小刀、筆盒、外套、拔毛鉗、《可蘭經》、祈禱氈、淨身盆、腰帶、食品、紙捲和針盒。

4　穆佳威曾在見聞中提過同樣的情形。一般稱此為「白痲瘋」（white leprosy），原因可能有幾種：被一種黃色的飛蠅咬到；皮膚經常呈潮濕狀者食用過量的魚和牛奶；壁虎唾液感染。

5　位於倫敦，其哥德式豪宅的名稱即為「草莓山」，為英國作家Horace Walpole的宅邸。

6　高第（Antonio Gaudi Y Cornet，一八五二～一九二六），以自由式風格建築著稱，極為重視色彩、質感及有機組合。

7　維多利亞．薩克維爾．衛斯特（一八九二～一九六二），為英國小說家及詩人，寫作的主題多以她幾乎終身定居的肯特郡為題材。

8　十九世紀初，蘇格蘭高地人口比率高過生產率，許多地主改飼羊隻，於是強行趕走佃農，實施「高地清空」（Highland Clearances）。

9　希臘神話中奧狄賽之妻，在特洛伊之戰後，奧狄賽長期未歸，面對眾多追求者，她說除非織完奧狄賽之父的壽衣，否則絕不談再婚之事。三年之中，她每夜皆拆去所織的布，直到奧狄賽返回家鄉……。

10　克勞德．洛倫（一六〇〇～一六八二），法國藝術家，以呈現比大自然實景更美、更和諧的畫風聞名，傳世名作之一為風景畫〈艾沙克與蕾貝卡的婚禮〉。

11 即〈勞萊與哈台〉劇中的人物。

12 語出英國詩人Samuel Taylor Coleridge的詩作〈Rime of the Ancient Mariner〉。

13 哈蘇胥（Habshush）提到那種魚稱為「awshaj」，屬於一種有觸鬚的魚類。人們用dafar種子將牠們毒死後，撈去賣給猶太人。山區居民向來將魚類視為不可食用的蟲。

14 據說為火焰或空氣化成，能喬裝人形或動物，具有傳播疾病的功力，經常處罰不論有意或無意傷害到牠們的人類。在早期神話中具有重要地位，即使穆罕默德第一次受到真主啟發時，都擔心可能是精靈故意捉弄他。

15 瑪路克王朝曾於一二五〇至一五一七年統治過埃及和敘利亞。

第四章 華美與失序

從來沒有一個民族在造就自己之前，
即被自己的惡運打敗……

——瓦柏·穆納畢（Wahb ibn Munabbih），逝於西元七三二年一個正午在沙達阿拉伯茶葉市場。我正要走進市場，一個男人抓住我的膀子，指了指一排製賣拔塞鑽的小販，他們正捶製著拔塞鑽的螺旋型鑽頭，鑽頭隨著鐵槌敲打而跳動。「這些人都是猶太人。」他說，聲音裡帶著驕傲。這種情形有如一個英國村民指出某個池塘裡僅存著幾隻公認即將瀕臨絕種的蠑螈。葉門的猶太人的確面臨凋零的困境。過去，葉門境內約有七萬五千名猶太人，經過五十年的播遷，現在最多僅剩數千人，大多住在沙達和瑞戴（Rayday）的猶太社區。薩那最後一名猶太居民於一九九二年過世。這位行為古怪的人，生命中最後幾年都住在一個大型的包裝箱裡。

先知後代

在擁擠的阿拉伯茶葉市場內，我蹲在一堆綠色的阿拉伯茶葉束前翻挑著。一名猶太人在我旁邊蹲下來。若非他的雙鬢各留一個螺旋形的長捲髮，和其他來逛市集的人幾乎沒什麼兩樣。過一會兒，我，基督徒；販子，伊斯蘭教徒，和猶太人，各自展開古老的本領討價還價，都想以最好的價格成交。

我把阿拉伯茶葉挾在腋下，到處逛著。視線所及，讓人不得不承認沙達真是個具有建築風格的城市。許多建築上尖下寬，令人想起路提彥（Lutyens）[1]白廳紀念碑。此地的氣派不在於美感，而是材質。這裡許多房子的建築外貌，有如大型捲紋罐子（coil pots）。它的建築方法是，先做第一圈，放置等它乾燥，再以同法一圈圈蓋上去，但每圈的直徑皆隨高度而縮小。每一圈都是沒有接縫的土牆，這種技術能在建築外觀上造成彎曲與柔和的質感。小型塔樓上的環式小洞及凸出物，具有復活島（Easter Island）風貌。沙達的建築風格以泥塑建法最為顯著。

在沙達的南城附近，我被眼前的奇特景觀迷住。外觀樸素無華的大清真寺建築的南邊，矗立了數座外表突兀的圓頂墳廳。有些具有三葉紋胸牆，有些則有著檸檬擠汁器的稜瓣或果凍模子式的外觀。那些尖端較細的長方體中的一座，即是入侵者雅哈雅（Yahya ibn al-Husayn）的陵寢所在。他的後代雖然統治葉門大多數地區長達一千多年，但仍然被視為異族。

雅哈雅因女兒法提瑪（Fatimah）嫁給先知穆罕默德的表親阿里（Ali ibn Abi Tahb），而成為先知的姻親。因此他並不是源自卡譚的純正阿拉伯人，而是源自傳統中界定為北阿拉伯遠祖的外族阿南（Adnan）[2]。雅哈雅出生於麥地那，西元八九七年接受徵召，前進調停沙達地區三百多年來一直紛擾不斷的氏族問題。最後氏族和伊瑪目這兩個社會和政治全然不同的角色，成為對等關係，各取所需。雅哈雅調停有功，於是被封為「al-Hadi ila al-Haqq」，意謂「走向真理的領導者」，同時引用《可蘭經》的句子，鑄幣紀念，「真理降臨，謬誤消散，真正的謬誤必不長久！」葉門第一位札伊德王朝的伊瑪目哈第，此時毫無疑問已經信仰伊斯蘭教甚深。

哈第到達沙達時，年近四十，十三年後即英年早逝。由於財力不足，他的統治區僅限於北部都市，統治薩那的時期也很短。但個人魅力使他擁有大批忠貞的追隨者。傳記學者曾描寫他的力氣，其中一例是當駱駝正在往前奔馳時，他可以踩住駱駝尾巴，另一則是他可以用指頭將硬幣上的銘文磨掉，並「宛如以細枝叉起蝗蟲般」用矛將敵人刺起。他同時還具有治病的神力，他的信件封印曾治癒過聾啞、扁桃腺和久治不癒的腹瀉。據傳哈第的寶劍[3]來自祖先阿里，他和阿里一樣，既是學者，又是戰士，為擔任伊瑪目的不二人選。

哈第所領導的札伊德派，是以西元七四〇年在伊拉克被殺的札伊德・阿里・胡塞因・阿里・阿比・塔利柏（Zayd ibn Ali ibn al-Husayn ibn Ali ibn Abi Talib）[4]之名命名。札伊德派就像其他什葉派（Shi'ah）群體一樣，源於八世紀反對伊斯蘭教國王（caliphate）而崛起的派別。西元八六四年他們在裡海（Caspian Sea）南岸的塔巴利斯坦（Tabaristan）建立政權。雖然裡海和葉門之間有著實際的距離，札伊德主義仍擁護單一伊瑪目制度。理論上，任何先知的後代（sayyids），只要具有正義感、勇氣和健全的身心，都有資格擔任伊瑪目。伊瑪目並非世襲制，亦非選舉制。符合資格者需在宣告大會（da'wah）上宣告自我，然後尋求其他先知後代的認可。近代雅哈雅及阿赫瑪父子能當上伊瑪目，主要來自強制同僚擁護，並沒有經過宣告過程，這也是後來同儕制度崩潰的主因之一。

沙達憶昔

札伊德王朝的老沙達城，就像葉門大多數城鎮一樣，為新的建設所圍繞。第一眼，沙達似乎是由各種修車廠、換機油廠、補胎廠等組成。一切都和運輸相關，儼然一個大型的卡車站。

持續不斷的移動是阿拉伯人的歷史特色之一。已經定居下來的葉門人有時候依然存著沙漠遊牧民族的特性。在前伊斯蘭時代，遷移者大多是伊斯蘭征服者及工人。葉門人不斷在遷移。以整體的阿拉伯和中世紀歐洲相比，從羅馬帝國末期到十五世紀末之間，阿拉伯人遷徙頻繁，而西方人則幾乎已經停止移動。

也因此，道路在阿拉伯人心目中，幾同神聖。在阿拉伯最重要的權利之一即是通行權。伊斯蘭世紀始於一次旅程——先知穆罕默德由麥加旅行到麥地那，而最後終於成功；朝聖意謂接近真主之路（sabil Allah），是伊斯蘭教的「五大信條」（Pillars of Islam）之一，也是成為一名受尊敬的伊斯蘭教徒最快的方法。英語中，「旅行」的反義字是「家」，像是帶殼的藤壺，和阿拉伯人的屬地在意義上相去不遠，一個不可褻瀆的寶地，不同的是，阿拉伯人的家是可移動的。

更特別的是，不論葉門人怎麼遷移，他們幾百年前、甚至千年前的身影總是無處不在。以哈第這個氏族為例，他們仍存在於一千一百年前率兵到達的地方。反過來，自撤克遜時代之後，幾乎沒有一個英國人能一直擁有所占領的土地。

在補胎廠最多的那個地方，從大油桶旁拐彎往北走，就是前往希濟茲（Hijaz）[5]之路，以及哈第出生的地方。在這趟想像的旅行中，我們將順著公路往南，到達山脊。那是葉門的中心路線，不論往哪裡走，都要行經這條路線。在時間上，我們則由沙達伊瑪目的出現開始，結束於泰茲（Ta'izz）[6]的沒落。

沙達做為一個統治中心，權力經常時斷時續，同時也僅限於較小的區域。沙達飽受王朝更迭和外來勢力的壓力。不過這樣的壓力也促使產生了幾位傑出的領袖；其中的阿不都拉．杭姆札（Abdullah ibn Hamzah），曾和庫德族的阿育畢德王朝對抗；而卡希姆伊瑪目（Imam al-Qasim）則以抛石器擊敗了奧圖曼帝國的毛瑟槍（muskets），建立重新統一葉門的王朝。在十八世紀及十九世紀，伊瑪目制度崩潰，一七六三年德國旅行家尼柏赫到葉門時，形容阿巴斯伊瑪目（Imam al-Mahdi Abbas）的加冕典禮是華美與失序。其後，以奢華皇宮著稱的阿里（al-Mansur Ali）則慣常地使用春藥縱慾。根據哈蘇胥[7]的記載，這種春藥是以純種公驢的生殖器官所製成，能使阿里「比尼羅河的鱷魚還強壯」[8]。許多伊瑪目都是主子和女奴所生，逐漸地，伊瑪目制度陷入混亂，曾經有一位伊瑪目前後在四個地方分別設立辦公處，每一處各有不同的頭銜。到了後來，花五百利雅即可買到一夜的伊瑪目尊榮，而薩那一些先知的後代甚至在街上被刺殺，有一次為了舉行星期五的禮拜，只好找來暫時的伊瑪目主持。一八五九年的一篇文章上寫道，「現在的葉門，政府已形同虛設。」最後站上舞台的是聰明而充滿缺失的哈密德（Hamid al-Din）家族中雅哈雅及阿赫瑪伊瑪目父子，兼具學者和戰士的伊瑪目時代，就此結束。伊瑪目伴隨著裝飾古代權力流蘇華蓋，以及名為「純潔」（Purity）的劊子手利劍，行使神聖的權力統治葉門，但即使光燦如卡紐特（Canute）[9]，伊瑪目們也不免為二十世紀的潮水所淹沒。

夏哈拉寨

沙達南部，葡萄園區綠意盎然，殘破的瞭望塔仍眺視著夯泥城牆外的遠方。前伊斯蘭時期的詩人曾經提到此區種植葡萄的情景[10]，此地古代的沉寂況味，一如被亞哈（Ahab）[11]占奪前的拿伯（Naboth）[12]葡萄園[13]。

蘇夫揚城（Harf Sufyan）大約位於沙達南方六十哩，為蘇夫揚巴奇爾（Bakil）氏族的市集及首府。在這個外觀簡陋的城鎮，看到風滾草一路隨風滾動，不足為奇。由此順著拐往東北方的路，即到達巴拉（Barat）斷層。此區為蘇夫揚氏族嘉蘭王朝（Dhu Ghaylan）的所在地。嘉蘭王朝的兩個支系穆罕默德（Dhu Muhammad）和胡塞因（Dhu Husayn）堪稱為氏族關係複雜的最好說明，瑪卡非（Maqhafi）之《葉門土地及氏族詞典》（*Gazetteer of the Land and Tribes of Yemen*）對於此二者的分支有詳盡的解說。也許是因為伊瑪目們經常請穆罕默德和胡塞因出面調停葉門南部的事端，雙方的較勁，加上能力的不足，使他們兩人的名字後來成了「畏縮、遲疑、落後」的代名詞。歷史學者瓦夕曾在一九二〇年代撰文指責他們「忽視、無情、暴力和放肆」，並認為他們無知到把肥皂當食物，卻把至今仍可在薩那市集買到的糖塊當作砲彈[14]。另一位作家曾說這兩人錯將白米當成蛆，也從來不攬鏡自省。

不論這些人過去如何粗糙，巴拉人現在所住的房子卻極為出色。他們的建築技術和沙達人相仿，但大門兩邊多了拱壁，整座房屋也飾有赭土色、橘色和乳白色的橫飾。這樣的裝飾，看來有如美味的卡拉梅爾奶糖（caramel）及乳脂軟糖（fudge）。我在巴拉聽來的一則故事，可以說明用夯土建屋的特殊好處。有一次在穆罕默德及胡塞因作戰時，使用一門老舊大砲。大砲發出轟然巨響時，告訴我這個故事的人和他的朋友正咀嚼著阿拉伯茶葉，享受那份超凡的感覺。他們見到一顆砲彈像鄉間屋宅裡的鬼魂般，穿過一堵堵牆壁，自他們頭頂的高度飛過。牆只留下窟窿，沒有粉碎。他說，那可不是什麼美好的經驗。

出了蘇夫揚城，道路開始爬升到景象光禿的高原。由此一路到達胡塞城（Huth），即可轉到高聳的北部學術名城夏哈拉寨（Shaharah）。這座堡壘城鎮可視為傳統札伊德派能文尚武風格的象徵。

第一次到夏哈拉寨那天，我在午餐時間離開薩那，兩個多小時後即到了胡塞城。根據地圖上的距離，若由胡塞城前往夏哈拉塞西北的市集瑪丹（al-Madan），還得再走四十多哩。前面四分之三的行程，道路都是「鬆軟的柏油路面」，在等級上，要比「汽車亦可通行道路」及「其他徑道」要好得多。其餘的四分之一路程，則是一路通到海邊的碎石子路。心裡盤算，照這樣的行程，時間上不超過一個小時，我可以在瑪丹過一夜，並趕早起床，輕快地走上六哩路，就到達夏哈拉塞。

出了加油站後，我開始找地圖上標示的道路。然而，除了一條狹窄的土巷，什麼也沒找到，於是詛咒計程車司機走錯了路。我問了加油站的人，沒錯，那是往夏哈拉塞的路。但要到前方的山腳，好歹要三個小時。

「三個小時？但地圖上明明說有條柏油路……」

他搖搖頭。我有上當的感覺。沒有地圖也就罷了，沒想到竟然是一份充滿誤導的地圖。而且這份顏色高雅的地圖還是出自英國軍械署測量所（British Ordnance Survey）。上面還註明請使用者將更正做記號，寄回瑟畢頓（Surbiton）[15]，即可更換新地圖。多久？十年後等那些裝懂的人拿納稅人的錢再用咒語變出另一條六十哩的道路？看到那行小字寫著「此路建設中」，我的心情至少和緩多了。然而這條想像的紅線在畫下十八年後，卻仍舊只是現實中的一條虛線。

前往夏哈拉塞城下的瑪丹市集，大部分都是摸黑趕路。是夜，我借了焊接工廠的工作檯過夜。隔天清晨，撐著淤青的臀部，搭上了一輛卡車，坐在貨廂上了山。那道路再陡峭不過了，到了最後一段，道路成了大階梯狀。這就是胡塞因的擁護者看到胡塞因——在他死於西元二〇一三年的戰役後——與耶穌一同降下的階梯。

夏哈拉寨的空氣稀薄而銳利，讓自低地來的人鼻腔發疼。這是一個進修的好地方；發白的象牙色高塔，透露著苦行生活的氣息。夏哈拉寨發展出自我風格的純文學（belles letters）傳統，文言一點，堪稱精神信仰的中流柢柱。這個峭壁上的城堡更讓下方的敵人無可躲藏。

夏哈拉寨雖然堅如磐石，仍曾於一五八七年遭土耳其人占領。後由卡希姆伊瑪目（Imam al-Qasim）攻擊奪回，做為總部。卡希姆後於一六二〇年在此辭世。此後，夏哈拉寨不曾再落入外來勢力，雖然埃及在一九六〇年代一度打算攻下，但也僅能仰望高高在上的堡壘，對著空氣放砲[16]。一九〇五年，葉門和奧圖曼帝國在堡壘大門展開了肉搏戰，更是夏哈拉寨最光榮的一役。

現代，雖然圍繞著夏哈拉寨的山區是葉門阿拉伯茶葉的最主要產地，老城卻已伏櫪。不論如何，它的未來將完全視觀光而定。觀光事業在一九八二年才開始萌芽，一座華美的房子，也被改成簡單但不失壯觀的旅館。我到裡面暫存行囊，打算在那兒吃中飯，裡頭一位婦女叫我自己去買材料。十分鐘後，我回來時，手上拎著一隻瘦弱而且呈半昏睡的雞，把牠交給了那名婦女，動身出去散步。

往外一走，情不自禁地來到大橋（The Bridge）。

夏哈拉山和瑪赫路克山（Jabal Maghluq）都是屬於半邊山。連結二者的大橋，書寫時得用大寫字母開頭，因為它是葉門的國家形象之一。這座雄偉的拱橋建於一百年前，蜂蜜色的大橋下方則是令人暈眩的深色岩石峽谷，橋的正下方仍可見到老橋遺跡。

後來我又和一群穿便裝的警察朝岩壁射擊，並去附近的監獄探訪，和上了腳鐐的犯人一起用裝豆子的空鐵皮罐喝茶。回到旅館時已經下午兩點多。一對德國夫婦也到了旅館，臉上顯現一副舒適觀光後常見的倦容。他們的沙漠探險裝一看就是高科技產品，那種擠一擠就可以塞到可樂罐裡的柔軟材質。我身上穿的則是由某個在北愛爾蘭被射殺之人遺留下來的襯衫，一條香港製、右邊臀部快磨光的棉褲，以及一雙用輪胎補過的靴子。

打了個牽強有如北美印第安人「好」的國際招呼後，德國夫婦回去享用他們的盛餐。他們似乎吃得很快樂，而我則開始等待我的中餐。一位女孩幫我端了食物過來。有什麼不見了……雞！我問她雞到哪去了，她於是喊著她母親。「雞呢？」我又問了一次，瞄著那對德國人。

那名婦女理直氣壯地看著我：「給貓偷吃了。」這真是阿拉的旨意，想都別想把錢要回來，但我正用叉子挖著冷飯和蔬菜時，似乎聽到那兩個德國人發出了奇怪的聲音——貓滿足的呼嚕聲。不過那只是照相機捲片的聲音而已。

觀光在夏哈拉寨是熱門營生。本地人獨占了載運外國人上山的生意，而且生意還做得滿好。不過事情都有正反兩面：婦女們自水槽汲水的畫面美到非文字所能形容，但是當觀光客忙著用相機對著她們猛拍時，所呈現的魯莽則不在話下。當地也傳言，有一名前法國大使曾在夜間帶了二夸脫（magnum）[17]的香檳酒，坐在大橋上痛飲。在這種足以產生文化難堪的行為中，但願他所選的牌子能抵擋得住舟車勞頓[18]。

氏族與榮譽

我第一次見到「巴拉」（bara'）活動，就是在夏哈拉寨。當時正值伊斯蘭節日，到處一片歡騰。持續的擊鼓聲開始時，男人和男孩穿著鮮明的彩衣上來圍了個圈，不一會兒，就形成了一個四、五十人的大圈子。當急切如槍聲的高音節奏開始後，這個圈子也跟著開始旋轉。他們時而轉身，時而反向繞走，並急速地遽蹲又站起。繫在他們腹部的彎刀一致閃著光。旋轉突然停止，兩名老人走入圈子中間。兩人開始相互走近，接著後退，在大圈子的中心形成更複雜的小圈子。樂器節奏加速，有人用步槍朝空連著發射。儘管槍聲帶著戰氣，卻包含著一種異國的優雅。這個活動看來驚心動魄，但迷人至極。

我刻意地不稱之為舞蹈。對於當地人來說，舞蹈一詞帶有輕薄，同時也僅在一定的時間和場合舉行。民族學者稱之「巴拉」，意謂氏族團結。當然，每個氏族皆有其固定的「步子」，以及不同的方法來展現武器及象徵榮譽。它看來也許有如歐洲中世紀的馬上比武，但絕不是舞蹈。

在我真正領悟這些之前，曾在遠方山區一個婚禮中的咀嚼阿拉伯茶葉宴會上失禮。其中一名與會者是非常傳統的氏族長老，當我問他為什麼還不參加場上的「舞蹈」時，突然所有的人鴉雀無聲。然後有人在我耳邊小聲地說：「長者不跳舞……」長老見到我的驚愕，發出笑聲說道：「我們不跳舞，但我們舉行巴拉！」他對擊鼓手們示意，並跟著站了起來，在房間的中間開始旋轉。

夏哈拉寨附近的氏族屬於巴奇爾（Bakil）同盟。巴奇爾氏族和北部另一支主要的哈希德氏族（Hashid）可以追溯同樣的遠祖。這兩支兄弟氏族，皆為漢姆丹的後代。漢姆丹則為沙巴之子，希米亞之兄卡蘭（Kahlan）的第八代子孫。在伊斯蘭教起始之前，哈希德、巴奇爾及漢姆丹三個氏族即已是北葉門最大的氏族。但即使最早的銘文，也無法明確說明其中的關係。在近代，某些研究也顯示，曾有氏族因為不同意哈希德的世系秩序，而集體投靠巴奇爾；反之亦然。事實上，查閱字典後不難發現巴奇爾和哈希德兩個名詞具有相同的語源，皆謂「結盟」或「混合」。以氏族學的觀點，這和地理、政治、時間及後裔皆有所關聯，同時一個氏族的成員關係也經常意謂「公民」（citizenship），而非「宗屬」（kinship）。

第十世紀的歷史學家暨地理學家漢姆達尼曾提到，卡譚氏族「根源極深，因此分支亦廣」。若非後代氏族學者抽絲剝繭，這樣的氏族盤根錯結，極難有清楚的分野。很顯然地，由於氏族體系所呈現的關係，遠比血統複雜，因而能維持久遠。當盧安達因為胡圖族及圖西族（Hutu-Tutsi）的種族問題引發內戰時，崇高的哈希德統領阿瑪爾（Abdullah ibn Husayn al-Ahmar，Paramount Shaykh of Hashid）對我說：「告訴人們，我們和非洲的部落截然不同！」如果他們也像盧安達的氏族一樣，也許在古代就已將自己由歷史之中抹去。

葉門純正的氏族人都具有一種矛盾的形象，那些住在城區的氏族人更結合了高貴及粗蠻的特性。粗蠻意謂鄉下佬（yokel）、鄉下人（hick）、鄉巴佬（hayseed），這似乎很難避免。有個諺語說，一個氏族人，即使他出身高貴，靛青色頭巾永遠會在他的額頭上留下印記。他們的高貴顯現於永遠帶著驕傲的口氣，說明自己的出身，「我們是氏族人士！」[19]驕傲來自榮譽，而榮譽等於外衣，具有保護和裝飾的作用。榮譽感在日常生活中隨時可見。坐計程車時，你若以一張百元利雅鈔票付費，然後像一般氏族的人說：「和其他氏族人士一樣。（Give me qabyalah.）」你就給予榮譽感，並意謂你接受任何找回的金額。但他絕不會多收一分錢。「qabyalah」也許正是相互公平對待的第一要素，一種重要的教養。

許多故事都和氏族的英勇及高尚相關。歷史學者瓦夕寫過這麼一則故事，「某人殺人後逃逸，並尋求庇護，但最不聰明的是，庇護者竟是死者的家人。一群人前來尋仇，其中一名為死者的兄弟。身為當地長老及判決者的死者之父得知此人即是殺子之人，仍然提供慰藉及保護。這名殺人者此時仍不知他所殺之人和這家人的關係。死者的兄弟要求其父公開審判此人。最後，長老判決殺人者必須付償金。殺人者要求回到自己家裡籌錢，然後回來將錢交給死者的兄弟。此時，長老開口了，『我已經告訴你，你必須依法律付償金。我是死者之父，我可以免除你的償金。這是因為你前來尋求庇護，我有義務保護你，並免除你的恐懼。走吧，回到你的人身邊安心度日。我會自阿拉那兒得到我的回報。』此人一聽，痛哭流涕，幾近昏厥。但老人仍努力安慰他，『孩子，沒有人責怪你，振作起來，回家去吧。』殺人者回答，『我哭泣是因為像您這麼尊貴的人為何不能永生不死。』」[20]

自一九六二年革命後，每個人，不論先知後代、屠夫，甚至其他非氏族群體，在精神上都成了氏族人士，或氏族人士那把高舉的彎刀。自由、平等、博愛，亦可成為氏族的戰爭口號。在葉門南部這個氏族名稱被執政黨宣布為不合法的地方，氏族制度（Tribalism）正暗中復興。

某些市區的知識分子及政治論者（technocrats）認為氏族制度是一股危險及潛在的無政府勢力。許多薩那居民仍記得一九四八年，城區遭到氏族勢力圍攻的事件，過去一個氏族口號是「我們是賊，我們是劫匪，我們穿的裙子高過膝蓋」[21]。

城鄉和部落之間的差異並不大，然而「巴拉」活動卻被降級成為民俗學標本。鼓聲將不斷，彎刀仍將續續閃亮，「巴拉」圈子亦將持續轉動和上下躍動。那些知識分子及政治論者在努力想要執行他們的理論，然而自己跟上似是而非的時代潮流之前，依然還有漫長的路程要走。

卡米爾與達爾谷地

卡米爾位於夏哈拉塞歧路以南約十八公里處，為哈希德氏族的中心樞紐。此鎮頗為繁榮，但因大量使用石材而顯得陰鬱。在鎮上，入目的建築皆具有硬挺的角度，和薩那圓角、奔放的灰泥建築有著極大的差別。此鎮看來不像社區，倒像是一落蒼白的塔樓。然而穿過此鎮，經過固拉隘口（Ghulat Ajib），在一座廢棄的儲油槽後面，地形突然陡降至下方寬廣而肥沃的卡朋平原（Qa'al-Bawn），翠綠和暗褐交雜的區域，如地毯般展開到遠方的地平線，其上並散置著農莊及村落。平原上的第一個小鎮為雷丹（Raydan）。我曾由薩那坐叫客計程車來這裡。那時剛過晌午，正是嚼阿拉伯茶葉的時間，其他乘客正談得起勁。坐我旁邊的男人來自夏拉夫氏族（Sharaf al-Din family）。其氏族祖先為十六世紀移居到阿赫吉城堡鎮考卡班的伊斯蘭伊瑪目。我和黛比到索杜谷地時曾行經該地。我們聊著，很快地聊到了大家嚼食阿拉伯茶葉時的最共通話題：阿拉伯茶葉。

「我們的祖先雅哈雅伊瑪目曾試過要禁食阿拉伯茶葉，」他說，給了我一根阿拉伯茶枝。「但是麥加的學者和醫生不支持他。他們說阿拉伯茶葉不是藥物。但現在沙烏地一看是我們賣到他們國家，賺了錢，便說它是藥物。」

我說他的祖先當初一定為了這個禁令，把自己弄得很不受歡迎。

「噢，除了阿拉伯茶葉這樁事，他可是個了不起的人。他曾突擊反叛的塔希里（Tahirid）蘇丹。他的兒子還擄獲了兩千名敵軍，砍了半數人的頭，並要另一半的人將那些人頭帶回薩那。真是可怕……一千個頭顱……他們可真是一對了不起的父子。」

密集的戰事很難持續。夏拉夫氏族由於經常和奧圖曼侵略者作戰而元氣大傷，最後撤退到考卡班的據點，接下來四個半世紀，他們大多將時間花在寫詩及文雅地繁衍子孫。

我們行經薩那北邊阿姆蘭（Amran），到達卡朋平原的另一端。當地那座水泥工廠，不斷地像靠岸的汽輪噴出煙氣。道路開始往上爬升時，我旁邊那個來自夏拉夫氏族的男人朝西邊看去。那正是他的氏族統治的地方。考卡班，意謂「被星星照亮的地方」。當地建築因大量使用灰泥及白石，沿著斷崖的房子有如一排閃亮的門牙而得名。在那兒，經常可見烏鴉和鳶自窗外掠過，到下方一千呎處的希邦姆覓食腐肉。

計程車行經極為明顯的火山錐地形後，開始下坡往薩那平原駛去。這條沿著山脊往下走的路，有趣的特徵之一是，往南走的時候，道路呈大型的階梯狀，高度反而變得不明顯。它的視覺效果很像錯視畫（trompe-l'oeil），視線沿著畫上的階梯，結果不但沒有往下走，反而又回到起點。

路上的某一段，是巴奇爾氏族阿爾哈（Arhab）人的聚居區。阿爾哈人大概是伊斯蘭世界中最奇特的移居者。猶太裔的英國聖公會（Anglican）牧師渥爾夫（Joseph Wolff）認為阿爾哈人是古代遊牧猶太人中的絕對禁酒派（Rechabites）[22]。一八三六年，他沿途散發阿拉伯文版的《新約聖經》、《天路歷程》和《魯濱遜漂流記》，最後抵達薩那，並試圖要阿爾哈人改信英格蘭教會（Church of England）[23]。阿爾哈人的反應極為冷漠，但好歹沒有發生嚴重事故。八年後，渥爾夫以美國麻州助理牧師的身分到烏茲別克的波卡拉（Bokhara），宣稱自己為大英帝國的「大遊方僧」（Grand Dervish）時，運氣就沒那麼好了。這次他幾乎重蹈史托達（Stoddart）和康諾利（Conolly）這兩名被伊斯蘭納蘇魯拉汗王公（Amir Nasrullah Khan）囚禁者的覆轍。在波卡拉，他發現他的同胞已被斬首。該王公認為穿著大禮服的他長相有趣，饒他一命。經過這番歷險，渥爾夫隱休到英國西南部索美塞特郡（Somerset）教區，再也不敢離開英國一步。

幾十年後，哈蘇胥在那吉蘭的猶太人家中，見到一本似乎就是當年渥爾夫散發的《新約聖經》。當然，物主一直妥善收藏著是意料中的事。不過這也讓人不禁懷疑，在某個牛欄或柴房裡是否也藏著本被蟲蛀過的班楊（Bunyan）[24]或狄福（Defoe）[25]。狄福的魯濱遜對於基督教傳教士而言，是個反諷的選擇，因為這本書的靈感，很可能是來自於十二世紀安達魯西亞的傳說——一個荒島上的棄嬰，如何從無知的嬰兒期（enfant sauvage），在柏拉圖和亞里斯多德的思想調教之下，卻皈依了伊斯蘭教而非基督教。

往西，我們轉道前往圖占（Tuzan）及瑪達姆（Madam）。這些地區受惠於肥沃的火山土壤，種植了不少品質極佳的葡萄和阿拉伯茶葉。由此，我們繼續前往薩那西北方十哩外達爾谷地的東端。

達爾谷地堪稱世界奇景之一。我第一次到這裡是一九八二年底一個星期四的九點四十七分。我們在一個哨站邊駛離道路，然後吃力地開上一處紅碎石坡。車子的引擎罩不停拍動，有如大口吐納一般。我根本不知道我們要去哪裡。接待的主人踩著煞車，車子於是在濃密的飛塵中停下來。等到塵埃落定，眼前出現了令人不可置信的美景：數哩平方的翠綠農地取代了黃褐色岩區，一路綿延到地平線外的盡頭。

數千年前，一位旅行到達爾谷地的人曾經讚嘆，「我遊遍埃及、伊拉克和敘利亞，但從來沒有見過這樣的景象。」這個世紀初期，雅哈雅伊瑪目之子在此地有個裝了玻璃的山洞，專供嚼食阿拉伯茶葉時賞景之用。現在的人們仍然一樣，只不過是坐在停在崖邊的車上，而非洞內。葉門人對於風景及顏色有極佳的鑑賞力。有位薩那的友人離開英國柏克夏郡（Royal County of Berkshire）時說：「綠色太多了。」此地谷底的距離適切，令人可以像面對一幅透視畫般一覽無遺。這種景物不屬於這個世界，也不屬於下一個世界，而是另一個伊甸園。

谷地的清晨，我們置身在一個祕密的世界。迷宮似的小徑，穿行在藩籬環繞的葡萄園和阿拉伯茶樹園之間。由細枝編成的門後，還可以看見果園裡種了石榴、桃和杏。有些門小到似乎要使用《愛麗絲夢遊仙境》裡的縮小藥丸才進得去。濃密的枝葉更令人無法一窺全貌，氣氛有如杭特（Holman Hunt）[26]的〈世界之光〉（The Light of the World）。

在這個奇特的下陷地景中，那座垂直挺立的宮殿，看起來沒有突兀的感覺。意謂「岩宮」的達哈佳（Dar al-Hajar）聳立在谷底一座巨大的天然石柱上，樣子有如魔術箱（jack-in-the-box）。這座舒適華美的宮殿是雅哈雅伊瑪目在一九二〇年代所建，氣象宏偉、樣式奇特，但不唐突。

達爾谷地曾發生過不少特異事蹟，其中之一仍深深刻在老一輩居民的心中。大約在五十年前，有個人在達哈佳西邊的小市集附近買了一棟房子。搬進去後，發現屋裡鬧鬼，不但在屋子裡弄出嘩然響聲，還會弄翻鍋子。試過多種驅鬼方法無效後，此人向他的鄰居雅哈雅伊瑪目求助。伊瑪目於是寫了一封信，要鬼魂離去，但依然失敗。他在絕望之餘，向鬼魂建議和平共處，並答應不再找人驅鬼，結果人鬼皆歡。有幾年的時間，這個鬼魂不僅會幫他打雜、尋回失物，甚至還到市場跑腿。但近年來，此鬼以乎沒什麼動靜。所以鄰里們說：「即使鬼怪也會變老。」

葉門的鬼魂（idar al-dar）在某個故事中，被描寫為「葉門的一種野獸，會與人交配，精液中有蛆」[27]。我以前曾住過一間鬧鬼的房子，但它除了每天凌晨一點左右，在我睡房門外抽水菸外，沒幹過別的事。有些人則說他們家的鬼會發出吸鼻子的聲音。

中世紀的統治水準

說起鬧鬼，以及寫信驅鬼的雅哈雅伊瑪目，不得不提到一樁重大的歷史事件。一九四八年二月十七日早上，一名頭銜冗長的驅魔師：擊敗土耳其者、驅鬼高手、卡希姆（Qasim）後人、先知後代、宗教最高統帥、葉門穆塔瓦奇王統治者、本世紀最著名君主之雅哈雅伊瑪目（al-Imam al-Mutawakkil ala Allah Yahya ibn al-Mansur bi Allah Muhammad Hamid al-Din），前往檢查薩那南邊一座農場中的新井。

按雅哈雅一向節儉的習慣，他會把陪同的人留在薩那南城，好減少交通開支。僅以一輛汽車，載著他、一名年幼的孫子，以及首相阿穆里（Prime Minister Qadi Abdullah ibn Husayn al-Amri）和兩名士兵，前往目的地。當汽車行經沙瓦希茲雅茲（Sawad Hizyaz）最窄的地方時，卻沒想到一陣槍林彈雨，車上所有人都被殺。伊瑪目時年八十歲，最遠只到過海邊。

根據一篇記載，開第一槍的人是胡夏希（Bani Hushaysh）的統治者胡珊尼（Muhammad Qa'id al-Husayni）。他是親自檢查雅哈雅伊瑪目屍體的人。當他發現雅哈雅還沒斷氣時，說了一句「你簡直像九命怪貓！」，然後又補了一槍，將他殺死。

這次伏擊是由卡載伊（Ali Nasir al-Qarda'i）所領導。他不但是穆拉氏族（Murad）的統治者，同時也充滿正義感。身兼詩人和戰士的他，和雅哈雅伊瑪目在一九二〇年代即已結仇。當時他被關進薩那的監獄，但最後藉由藏在奶油罐中送入牢房的手槍和短刀逃脫。雅哈雅伊瑪目後來寬恕他，並派他前往收復被亞丁英國殖民政府所占領的夏巴瓦，英國則命令貝爾哈文的指揮官（Master of Belhaven）率兵迎敵。短兵相接後，卡載伊敗戰。根據君子協定，卡載伊投降後可獲准攜帶自動步槍登上飛機，讓英國空軍將他載回倍漢（Bayhan）老家。但他隨即發現飛機實際上是朝著亞丁而去，於是強迫機員轉向。這堪稱史上第一次劫機。飛機降落後，他帶了一隻羊請機員當中飯。他很自然地將這次的事件，歸罪於雅哈雅伊瑪目和英國串通，他說：

陰謀來自薩那和倫敦
先知後代與基督徒兩相串通

但貝爾哈文方面的版本則宣稱，「皇家空軍氣派地將他載回倍漢，免去他在沙漠長時行軍之苦」。

雅哈雅伊瑪目事件，到底是弒君還是個人嫌隙，或者如卡載伊的支持者所說的，純粹只是追求真正的政改，看來永遠會是一個問號。卡載伊原本對於要消滅雅哈雅伊瑪目，心裡充滿不安，後經雅哈雅敵對的先知後代，正式法律認定（fatwa）[28]允許行刺才行動；挑剔的都市宗教精英，會和在槍托上刻畫山羊鬍子，同時在年輕時因為和花豹戰鬥而失去一隻眼睛及鼻子的氏族領導人卡載伊結盟，的確是一個奇異的組合。

雅哈雅伊瑪目出生於一八六九年，年輕時就像其他先知後代，致力於學習《可蘭經》、法律學及文法等知識。他的父親在一八八九年被認定為伊瑪目，並開始加入反奧圖曼統治的革命。此後十五年間，身為獨子的雅哈雅，跟著他父親由北方一個碉堡移軍到另一個碉堡，四處張羅經費替氏族人民加強軍備，並協助游擊隊進行反擊。一九〇四年他的父親過世後，他也被任命為伊瑪目，開始了伊瑪目制度復興運動。

他宣稱要以伊斯蘭基本教義（shari'ah）取代腐敗和以世俗統治的奧圖曼帝國。憑藉出色的領導力和資金，他圍攻薩那城幾乎長達一年。一九〇五年的圍城不過是城區居民忍受長久痛苦後，再一次忍受非人的試煉。在這次慘烈圍城中，城內居民被迫以草料做麵包，甚至還吃貓、狗和老鼠；一匹被買去當食物的馬可以賣到四百個銀幣，據說甚至還有吃人肉的。在土耳其人開始自海岸線加強反圍城時，城內的居民已泰半死於飢餓。

雅哈雅撤回夏哈拉寨，但反抗活動仍然持續。奧圖曼帝國皇宮（Sublime Porte）派遣了多位總督到葉門，然而土耳其人也明白他們已逐漸失去優勢，必須和葉門的伊瑪目們協議共享權力。第一次世界大戰後，土耳其人的勢力永久離開了葉門。

雅哈雅統治的那三十年間大致一切太平，但同時也意謂著停滯不前。雅哈雅沒有設任何權力機構，所有的大權全抓在他一人手中。由某個角度看，他為國家帶來前所未有的穩定。一九三〇年代住在薩那的伊拉克軍事顧問穆罕默德·哈山（Muhammad Hasan），曾說當時只要一名警察即可管理全城的秩序。鄉間的違法者皆由當地的駐軍先列冊管理，在犯人移交法辦之前，犯人還得供應軍人各種需求，其中還包括阿拉伯茶葉和菸草等。哈山也證實了人質系統。雅哈雅曾經在薩那扣留了四百多名氏族領導者家中的年輕男子，而「帶來了連憲法都比不上的利益」。不過他也為葉門的婦女感到悲傷，認為她們外表美麗，內心並不快樂，一如伊拉克的婦女一般。在二十世紀到來前的五十年，葉門在外國人，特別是其他阿拉伯人的眼中，只有落後兩字能形容，在伊瑪目制度接近終結之前，更只能用「中世紀」一詞方足以形容。

另外一些外來者，看法和哈山大同小異。一位名叫札卡里亞（Ahmad Wasfi Zakariyya）的敘利亞農業顧問曾說，雅哈雅伊瑪目將年輕的人質，拘留在「充滿邪惡和不幸的學校裡」，然而後來一名前來參訪的「露絲夫人」（Lady Luce）竟說這種人質系統不過「像伊頓（Eton）[29]的強制性」。然而最令人不適的則是幽閉恐懼症的感覺。英籍昆蟲學家史考特（Scott）因為經常被限制旅行而抱怨，而札卡里亞更令人印象深刻地說：「任何人進入葉門便迷失了，離開葉門等於重生。」

雖然雅哈雅強調「寧願百姓吃草，也不願葉門有些微的外國勢力」，但在對外關係上卻也沒有到全面閉關的地步。一九二五年，他由各王公手中奪回海岸地帶的提哈瑪平原，即受助於義大利武器和技師。同時在他與其子阿赫瑪統治期間，和義大利的關係一度頗佳。英國人在一九四〇年曾試圖反攻，祕密武器則為芙瑞亞・史塔克女士（Freya Stark）[30]。她一度被派到皇宮裡播放帕西（Pathe）[31]的新聞影片給宮中貴婦們觀看。對於探油公司的甜言蜜語，雅哈雅更是無動於衷。曾有一家美國的石油公司提出以美金兩百萬的代價購買探油權，他以極為尖酸的口氣回答，「我們又得花多少錢才能把你請出去？」

在政治上，外國勢力無時不敲著雅哈雅的大門；經濟上，葉門根本無法自足，透過開放外商進入亞丁港，才有較為充足的貨物，其中除了石蠟之類的必需品，更有「阿華田」（Ovaltine）[32]這類穆塔瓦奇王公們極為喜歡的英國奢侈飲品。

雅哈雅曾精選幾名他認為對王室不會構成威脅的葉門人到海外，然而這些人中卻包括了後來成為葉門共和國第一任總統的薩拉爾（al-Sallal），以及在一九六七至六八年間的薩那「圍城七十日」（Seventy-day Siege）中，保護薩那，抵抗保王派的阿穆里（Hasan al-Amri）。

另一方面，雅哈雅則致力於削減各氏族的獨立勢力，以致得罪那些當初擁護他登上寶座的人。同時他因為強迫先知後代接受他的兒子阿赫瑪成為伊瑪目繼承人，也引起眾怒。在規避宣告大會的過程中，他已經顯示出王位繼承制度的企圖。宣告和繼承這兩種制度水火不容。

對於大多數人來說，數千年來生活沒有太大的改變。極力支持維持現狀之一者為歷史學家瓦夕。他在一九二八年撰寫的《自葉門大事與歷史之憂慮及苦難解脫》（*The Relief from Care and Tribulation in the Events and History of Yemen*），是探討伊瑪目制度最後一批書籍中深入分析的佳作之一。在這本書中，難以駕馭的氏族分別被那些正直而勇敢、手中握著充滿尊榮的「伊斯蘭之劍」、同時在凡俗生活中充滿驚奇的王公們貶損為：一群邪惡的羊、巨大的冰雹、假先知，以及具有揭露一處寶藏的超能力的瘋子。瓦夕甚至超越時代提出警告，認為吸菸危害健康，會「致使腦部長出蠕蟲」。

比他稍晚的瓦夏利（al-Washali）也寫了分析歷史的書籍，詳細記錄了許多本土事件。例如米爾漢（Milhan）地方有隻坐在鼓上的貓被閃電擊中，然而鼓皮下卻毫無損傷。在他所撰寫的歷史記載方面，亦包含了已經開始產生衝擊的外界。他住在提哈瑪，親眼見到土耳其、伊德利西部族（Idrisis）、義大利人及英國人勢力在此起落。在提哈瑪的歷史故事中，有不少有趣的地方，但更有趣的則是他對未來的預測，特別是新發明。部分發明在他去世之前已經問世，例如電報。但他對電報的描述是「將可以傳來彗星落到印度兩個沒有宗教信仰都市的消息。這兩座城遠在法蘭克人領土（Land of the Franks）上的阿姆利卡（Amrika）城」。同時他也認為電報是由鏡子傳遞訊息。隨後不久，電報及電影就在一九一七年登陸葉門。其他發明則是聽來的二手資料，例如在漢志鐵路（Hajez Railway）上的「陸上汽輪」，他寫道：「可能是運用磁鐵而能在空中飛行的陸上汽輪。」他指的是德國人所造的飛船。飛船和飛機皆在葉門和奧圖曼作戰，以及和英國人在亞丁的戰役中派上用場。他在一九三七年去世之前，曾記載外國人來到葉門的事情。他所指的可能是昆蟲學家史考特及其人手，前來蒐集昆蟲及寄生蟲。不過，「法蘭克人領土上的阿姆利卡城」至今仍令人不解。

和二十世紀那些隨著政權鞏固而加強形象的阿拉伯領導人不同的是，雅哈雅伊瑪目一貫禁止他的肖像流傳。除了伊斯蘭教對於繪像的禁忌外，有傳言指出，在他和敵人作戰那段時間，曾說過只有在死亡時才會畫像或拍照。他曾對一九二〇年代一位前來拜訪的敘利亞人說：「你想拍什麼人或什麼東西都可以，就是不能拍我。」這位拜訪者如此描寫，「他的神情凝重而聰穎，外表勻稱，黃褐色的臉上有少數天花的疤痕。他頭大、額頭凸出、嘴巴小，眼睛則黑亮有神。他的鼻子短而寬，並蓄黑鬍。手腳亦小。」根據見過他的人說，拜訪過他的人之後憑記憶畫下的肖像，和他本人相去甚遠。

雅哈雅遭到譴責的地方不少，其中最主要的是孤立主義及極端吝嗇。在他死後，反叛者找到一處藏有千萬金幣地方。雖然他的官員大多專橫腐敗，但和他兒子阿赫瑪伊瑪目不同的是，他從來不曾以暴政統治過葉門。同時，也沒有任何人會否認他是一名具有學識的先知後代。他偶爾會在國際性的伊斯蘭刊物上發表文章，黎巴嫩的伊斯蘭改革者里塔（Muhammad Rashid Rida）曾暗示，雅哈雅在擊退奧圖曼帝國後，早已符合伊斯蘭教國王（caliphate）的資格。雖然早期的伊斯蘭預言指出薩那將會成為某位國王的寶座，雅哈雅仍斷然拒絕。

在私人生活方面，雅哈雅算得上是個禁慾主義者。他唯一的嗜好是嚼食阿拉伯茶葉，但後來也因為健康原因而放棄。他一生最大的失敗也許是，他總是期望別人也能做到他對自我的要求。他禁絕音樂，並將一名騎摩托車的兒子關到監獄。星期五的禮拜結束時，群集的群眾如此唱著葉門國歌：

任何反抗伊瑪目，違背命令者
報應之日終會到來
那時節，兒童黑髮轉灰
飛鳥在空中頓止、死亡

史考特對於雅哈雅做了這樣的總結，「如果世界有哪個人能說『朕即國家』，那人必是葉門的伊瑪目。」

在雅哈雅統治期間，葉門時間夜間三點，即日落後三小時，總是小號齊鳴，發出宵禁訊號，要所有人回到住所睡覺。在象徵意義上，這是他們大家長對他的子民、孩子顯現的慈愛，將他們一一送上床；但最後終於把他們悶死。

一九四八年，最大的衝擊莫過於企圖將伊瑪目置入憲政體制之下，提出此案者為瓦濟爾（Abdullah al-Wazir）。不少為源出卡譚氏族、具有學識的階層，對於先知後代大都持著怨恨的態度，因此極力反對。有些人到了此時仍視一千多年前第一位札伊德王朝伊瑪目哈第的後代為入侵者。

此舉無疑同時要將當時任泰茲總督的阿赫瑪及其父一起消除。然而由於發動革命者之間傳遞訊息的系統極差，甚至經常還得用口耳相傳的土方法，整合速度極慢。更糟的是，起義的消息，包括所有革命者的名單，在起義日前一個月即落入外國媒體手中。此時，雅哈雅伊瑪目已先設法廢除了許多官員。在阿赫瑪自泰茲策馬回頭保衛薩那及其父時，王室的貴族們亦召集了大量的軍力奪回控制此城咽喉的希拉堡（Qasr al-Silah）。有則故事說，阿赫瑪當著氏族領導者面前，奇怪地屠殺犬隻，取代求援儀式（aqurah）中殺牛宰羊的活動。隨後，氏族人士衝入城中，為阿赫瑪執行報復。

薩那圍城持續了七天。根據歷史學家夏瑪希的說法，參加革命的氏族人氏共有二十五萬人。他們在城內到處破壞、任意掠奪，有些掠奪者甚至又遭到後來進入者的掠奪。阿赫瑪終於以超越正義的復仇手段贏得勝利。他懷疑薩那的居民一開始就支持企圖立憲的共和黨人，這也說明了何以他此後不曾在薩那居住。

阿赫瑪被宣告為新的伊瑪目後一個月內，瓦濟爾和其他領導者一一被處決。劊子手的鈍刀至少猛力砍了十次，才砍下槍殺雅哈雅的敵人胡珊尼的頭。領導伏擊雅哈雅的卡載伊在努干姆山躲了二十天，企圖逃走，但被抓回，並處決示眾。有兩個月的時間，他的頭——活著的時候那顆頭的樣貌即被貝爾哈文形容為有如已經死亡足月——被掛在南城門上，盯著下方的人群。他的最後一首詩，讀來不似出自其口，而是那顆瞠視的獨目。

雅哈雅聽仔細：
我們將會重逢——在最後的審判日

雅哈雅在城南被刺殺的地點那一帶，道路穿過肥沃的平原。平原下降到另一個陡坡之前，盡是和南瓜田相互點綴的狹窄大麥梯田。由陡坡上方的伊斯拉隘口（Yislah Pass）往卡佳蘭（Qa'Jahran）望去，景色壯麗無比。紅翅椋鳥滑翔，在上空呼嘯而過；下方的灌溉幫浦則不斷發出軋軋聲。平原雖然位於下方，但海平面仍高於薩那。一直到本世紀，測高儀的引進才發現這個令人迷惑的事實。

達瑪

卡佳蘭的道路筆直前進。在這裡，塵土翻滾，急轉到五千年前曾是沼澤和湖泊的那片大地。人們說，這些地方的天空是破碎的，風就從裂洞那頭吹進來。平原上的達瑪鎮（Dhamar）一派繁榮。站在街上張望，仍是一貫的飯館、商店和加油站的混合體。英國人班傑明．格林（Benjamin Green）十七世紀來此時，看到的是「一個混雜或散置的城鎮」；但是此城源自古代，而且不尋常地清楚標示出和建城者相關的連結。大清真寺內撰於前伊斯蘭時期的銘文提到塔蘭．達瑪．阿里（Tha'ran ibn Dhamar Ali）。此人為希米亞族的領導者，他和他父親的銅像仍矗立於薩那國家博物館的入口。這兩座雕像是由一名有希臘名字的雕刻家及另一名葉門本土雕刻家合作的作品，在外觀上呈現了希臘運動員的樣子，甚至包括希臘男性裸像慣有的包皮。

達瑪氏族人是全葉門最精明的人，人們常說起這個故事：一個達瑪人勝過兩個薩那人。這個說法是：很多年前，兩名薩那人和一名達瑪人一起旅行。當時，人們都會帶睡袋防寒及跳蚤上身。夜裡，兩個薩那人決定要捉弄那名達瑪人。他們趁他睡覺時，用水菸中的碳在他的睡袋上燒了幾個洞。達瑪人老神在在，毫無發火的跡象。等兩個薩那人睡了後，他起來用彎刀割掉他們驢子的嘴巴。隔天，薩那人故作驚駭地喊：「你看！你看！星星掉下來，在你的睡袋上燒了好幾個洞！」他帶著睡意說：「我知道。」然後指著薩那人的驢子，「你看，驢子們都還笑得合不攏嘴呢！」

一般來說，十三世紀的旅行家穆佳威大多著重描寫此地的女孩子，敘述她們是男人最合適的結婚對象，以及雙方如何在市集裡為聘禮及嫁妝討價還價。中世紀的敘利亞地理學家亞固（Yagut）也寫到這個地區的女性。他認為達瑪鎮南邊兩個村子的女孩子是「葉門女子之中最可愛的。通姦如此盛行，男人們打老遠前來這裡尋找他們的溫柔鄉」。

另一個故事，如果是真實的話，倒是可以佐證亞固的說法。曾有一位叫瓦特瑪

（Ludovico di Varthema）的義大利波隆那（Bologna）的旅行家，於十六世紀初期到達亞丁時被虜獲。由於葡萄牙人一直想染指亞丁，因此塔希里人對於瓦特瑪產生懷疑並不為過。瓦特瑪被帶到位於達瑪南邊的首都拉達（Rada），並被監禁。沒過多久，蘇丹的妻子之一便對這位膚色姣好的犯人產生強烈愛慕（幸好當時她的丈夫出遠門）。她不時來探監，苦思如何得到他。「我彷彿成了被人仰慕的林中仙子，」他寫道。後來，她甚至帶了蛋、母雞、鴿子、胡椒、肉桂、丁香和荳蔻來給他吃。為了逃脫，瓦特瑪開始裝瘋。他先是把自己裝成獻給伊斯蘭教的「一頭肥羊」，但沒想到幾個俘虜他的人懷疑他是聖者，而使得他裝瘋的計策失敗。不過後來他在幾個前來鑑定他的學者身上小便時，事情也跟著解決了。他寫道「反正，他們同意我不是聖者，而是個瘋子」。他說服蘇丹讓他去亞丁見一位真正的聖者，好替他治瘋病，然後由當地脫逃。不久前，我才在英國博物館撞見一個「瓦特瑪」。他在版畫廳，一副機伶的樣子，和他一起的還有他的同伴，看樣子還在繼續旅行，並精力充沛地大步沿著小霍賓（Holbein the Younger）[33]的世界地圖下方走過。

瓦特瑪之後的兩個半世紀，到葉門內地旅行的西方人極少。第一個有組織的歐洲探險隊是由丹麥國王所組，於一七六三年自哥本哈根起程。這是繼西元前二十四年羅馬帝國的埃及總督耶流士・賈魯斯駐軍於巴拉奇胥之後，第一支有組織的隊伍。不過這次的目的純屬科學研究，成員包括著名的瑞典植物學家彼得・弗斯卡爾（Peter Forskaal），他曾於林奈（Linnaeus）[34]門下研習。然而，遠征隊出師不利，在提哈密（Tihami）感染了霍亂，隊員們到達達瑪南方路上的較大城鎮雅利姆（Yarim）時，弗斯卡爾已經奄奄一息，不久即告去世。

在此事件的七年後，遠征隊回到丹麥。由哥本哈根出發的五名隊員中，只有弗利斯蘭德．卡斯騰．尼柏赫（Frieslander Carsten Nichuhr）[35]生還。他所帶回去的集體成果和知識，價值難以估計，同時有關此次探險的書籍也成了暢銷書。他們對歐洲人地圖製作的貢獻是繼托勒密之後最有成就者。尼柏赫畫在羊皮紙捲的地圖剛好包含了阿拉伯茶葉最佳的一個種系產地。說不定其品質已經由這位生物學家親身品嘗，加以證明。

病重的弗斯卡爾被綁在驢背上，下山到雅利姆所經過的蘇瑪拉隘口（Sumarah Pass），即位於雅利姆南邊。此處為沙達往泰茲之間的最高點，也是葉門北部高地（Upper Yemen）和葉門南部沿海（Lower Yemen）的分界線，同時更是札伊德和伊德利西兩個氏族勢力的中界線。西方的作家對於這條分界線有著太多假設性的著墨。事實上，這兩派伊斯蘭思潮，在教義和其他方面從來沒有產生過矛盾。蘇瑪拉南方最大特色是雨量比北部多，根據漢姆達尼的說法，當地人「和天空的乳房住在一起」。雨量多也代表作物多，使得徵稅者對於此區經常虎視眈眈。同時，北部不論在中世紀或近代勢力，總是保留給各氏族較為獨立的部族體系。但在南部，氏族系統很顯然地早已被層層掩埋在中央官僚作風之下。

雅夫魯斯

蘇瑪拉南邊的茂密農地和亞丁正前方的港埠，在過去是著名的拉蘇利王朝（Rasulid Dynasty）[36]最大的財源。在十三世紀至十五世紀之間，拉蘇利王朝統治了葉門南部，將泰茲建設成一個富裕而都市化的首府，並在此區發掘出不少文學人物及學者。不過在發掘其中一位人物時，曾發生頗為尷尬的情形。此人即是詩人阿赫瑪．阿魯旺（Ahmad ibn Alwan）。阿魯旺的故鄉位於哈巴胥山（Jabal Habashi）山腳下一帶的雅夫魯斯（Yafrus）。此城堪稱為奉獻給蘇非派大師及詩人阿魯旺的城鎮。由達瑪出發，掠過泰茲，繼續往南經過肥沃的谷地即達。他的天性熱情，有一次，因為一隻綠色的鳥停在他的肩上，更加深他在人們印象中的神聖地位。拉蘇利王朝以珍惜「死亡的記憶」（memento mori）[37]式諫言及坦白的心情，對他頗多容忍，即使阿魯旺部分詩作直批拉蘇利，例如：

當你的臣民仍在糞堆中求生
擴建高聳宮庭何其可恥

阿魯旺於一二六七年去世，但他受到喜愛的程度至今不減。精神錯亂的人常被帶到雅夫魯斯的清真寺，希望阿魯旺大師的神力能夠治癒這些病人。班傑明．格林曾提到每年一度向阿魯旺的墳墓致敬的禮儀，他寫道，「人們認為阿魯旺的靈魂會復甦，告訴他們許多奇特的事情，人們視之為真理，徹底執行，類似這些錯誤的事一直被奉行不悖」。

不可否認地，這個地方的氣氛對於阿赫瑪伊瑪目來說是太奇特了一點。一九三九年，他身為泰茲的總督，對於這些情形要比拉蘇利王朝來得沒有耐性，於是拆除了阿魯旺大師的墓室[38]。現在的墓室是後來重建的，但清真寺則是原來的建築，其兩座圓頂高出一群較小的圓頂甚多，在背後綠色山坡的映照下極為壯觀。

許多來此旅行的人，皆對葉門南部的富饒感到驚訝，其中一人即是曾在阿魯旺時代行經此地的穆佳威。他說，這個區域某條小徑上有兩座像女性陰戶的石頭，據說有月經來潮的現象。「我倒是真的在上面看到像血液之類的東西，但無法確定到底是血液還是別的。」他一位研究科學的朋友認為這些液體可能是木乃伊，因為「人類的木乃伊是在石頭中濃縮，並由石頭中流出來。有人說那兩塊石頭有臭味，我聞了聞，反而覺得味道頗佳」。

雅夫魯斯以南的植被要比其他地方茂盛。柏油路面在距離沙達南邊三百四十公里的吐巴（al-Turbah）即告消失。由泰茲開始，道路高度在等高線上已下降五千呎，但由這裡開始，道路又開始爬升。這是高地在緩降到南部海岸平原前，最後的起伏。

阿魯旺並沒有接納拉蘇利王朝蘇丹們的斥責，同時在他去世後不久，穆雅蘇丹（Sultan al-Mu'ayyad）還忙不迭地為自己在泰茲以西建了一座豪華的瑪濟皇宮（al-

Ma'qih）。這座皇宮不但以金箔和大理石雕飾，內部還有許多精美的花園、水池，以及可以和伊斯蘭世界另一端的阿罕布拉宮（Alhambra）[39]水舞池（jeux d'eau）比美的噴泉。只是隨著歲月，現在也只剩下一些水池殘跡。

拉蘇利王朝的蘇丹們是不折不扣的文藝復興式貴族，對於多種自然科學均有涉獵。一套在穆雅蘇丹統治期間所製作的編年紀事表，堪稱中世紀伊斯蘭世界最為詳盡的史書。另一位蘇丹，阿胥拉夫（al-Ashraf）則自己造了星盤，現存紐約大都會博物館。他也製造了已知最早使用阿拉伯文字的磁石羅盤。在那個時期，另有多人撰寫了農業專論。在那段因為蒙古人西征，大多數伊斯蘭地區破敗不堪的情形下，泰茲卻相反地擁有許多地方早已失去的東西。

在北方人眼中，拉蘇利王朝卓越的建築看來必然極為奇特。阿胥拉菲亞清真寺（al-Ashrafiyyah）聳立的雙尖塔就是個例子。由象徵信仰寄託的清真寺學校加蓋的露台，往閃閃發亮的首都看去，不難理解對於拉蘇利王朝的人，永恆的精神之美及現世的短暫之美如何緊緊相連。

雅夫魯斯面向亞丁及大海而建，而非朝著山脈，這象徵了它的開放。居住其中的拉蘇利王室不斷地和埃及、地中海東部、波斯及印度的統治者，交流科學和建築的新觀念，以及貴重的禮物。考古學者曾在中國發現一個搪瓷花瓶，上有拉蘇利紋章和五個玫瑰花形飾瓣，據說這可能是穆札法蘇丹（al-Muzaffar）[40]送給中國皇帝的禮物之一，藉以請求允許中國境內的伊斯蘭教徒行割禮。外國送給葉門的禮物則包括了一籠籠的動物，例如花豹、大象及「會學人說話的母鸚鵡」。札伊德伊瑪目穆塔法（Zayid Imam al-Mutahhar）為穆札法蘇丹所立的墓誌銘，大約可以做為拉蘇利王朝整體的寫照，「以其筆粉碎吾人長矛者已歿。」一二九五年穆札法去世時，不但統治了哈卓瑪，同時完成了許多學術作品，其中一部作品為寶石特性專述。

玩具老虎

在這個世紀，阿赫瑪伊瑪目對於那個光輝的王朝似乎不怎麼有好感，甚至把穆雅蘇丹（Sultan al-Mu'ayyad）的墳墓做為汽油行。

大致上，阿赫瑪沿襲了他父親的孤立政策。不過他曾讓一家美國企業進入葉門做地質探測。一九六二年革命後，人們在他的無線電收音機找出這份測量地圖。不論如何，泰茲藉由亞丁港埠的先機和財政收入，在他先當總督，後任伊瑪目的統治期間，一日比一日繁榮。他毗鄰土耳其軍營的住所，華美直逼拉蘇利王朝的瑪奇利（al-Ma'qili）皇宮。他那座先得經過狹窄中庭和數個警哨才能進入的豪宅現已改為博物館。不少到訪者批評此地現在破落的樣子，美國作家艾瑞克．韓森（Eric Hansen）曾寫道，「將我帶回我五〇年代的美國童年。」也許，歷經長時間之後，物件皆會成為古董，但是此時，從所有房間內充斥的各式仿製品、香水罐和沾水筆看來，實在沒有太大的意義，倒像是伊美黛・馬可仕（Imelda Marcos）或哈維珊小姐（Miss Havisham）[41]充滿緬懷味道的婦人起居室。

阿赫瑪似乎具有極端的個性。他最後的居所，某種程度上，和沙達的第一座伊瑪目行宮沒什麼不同，但這座皇宮卻顯示了他是名性格內向、不擅交際的積財者[42]，但一九五五年時，他將處決犯人的刑場設在現有皇宮前已成為通衢十字路口的地點，卻也顯示他是一名性好排場和誇耀的人。

阿赫瑪有時看來就像一個體弱多病的人，充滿了多變的個性。一名不滿伊瑪目權威的軍官塔拉雅（al-Thalaya）曾經率軍將他的皇宮團團圍住，要他簽署文件讓位給他的兄弟阿不都拉。他開始拖延時間。當確定非正規部隊及當地氏族頭目的援軍到來時，他手執利劍衝出房間，會合披制服的警衛攻擊叛軍。同時以詩的格式警告阿不都拉，說這些叛軍撩起戰火，「如果那名頭腦清楚的人不將火熄滅，終將被以屍體和頭顱所生的火燒死。」他言出必行，最後果然將兩名兄弟阿不都拉及阿巴斯（Abbas）斬首。其他的元兇中，十三人在泰茲被處決。當伊里亞尼（Qadi Abdulrahman al-Iryani）低下頭準備受死，劊子手舉起血跡斑斑的劍正要砍下時，阿赫瑪突然大喊「住手！」，不久，伊里亞尼被釋放。沒想到他於一九六七年成為葉門阿拉伯共和國（即北葉門）第二任總統。

和他父親不同的是，阿赫瑪並不排斥拍照或畫像。有張照片是他觀看處決的情形，旁邊盡是王室和朝臣。他留著濃密的鬍子，穿著寬大的白朝服，剃了光頭的頭上則戴了頭巾[43]，威風地坐在中間。據說他在和一名看守寶藏的精靈作戰時，鬍子就已「少年白」，後來的黑鬍子是經過染色的。他著名的凸眼盯視著那些脖子上被套上繩索的人，顯現出混合著精明和困惑的神情。在照片中我們看不到的方向，劊子手的大刀必然正要落下。其他的觀看者則緊張地等待，顯出一種懶散的無聊氣氛。前排一名年幼的王子則無視於一切，自顧自地玩著膝蓋上的玩具。

據說阿赫瑪具有一些超出凡人的能力。一九二〇年代一名拜訪過他的人說：「當我和他握手時，彷彿接觸到電流。」在他召集人馬對抗提哈密的札蘭姆（al-Zaramq）氏族時，宣稱自己刀槍不入。同時人們也傳說他像先知所羅門（Prophet Solomon）及第一任札伊德伊瑪目，具有控制精靈的能力。阿赫瑪善用這些謠傳，有些人也說他和所羅門一樣能夠駕馭野獸。他經常出現在皇宮高高在上的窗口，讓人們看到他撫弄著一隻老虎。那隻老虎還端坐在衣櫃上方——一隻令人想要摟緊的玩具老虎。

一九五〇年代的十年間，反對阿赫瑪的勢力急速成長，各種宣傳小冊子紛紛出爐，納瑟（Nasser）[44]統治下的開羅亦頻頻發出廣播攻擊阿赫瑪。阿赫瑪敵不過，索性加入。一九五八年，穆塔瓦奇王國加入後來改名為阿拉伯聯盟（United Arab States）的阿拉伯聯合共和國（United Arab Republic），首都設於胡戴達。埃及和敘利亞兩國向來不甚協調，但納瑟一向致力於阿拉伯世界的團結，也不得不接受敘利亞。在這之間，阿赫瑪已做了巧妙的安排。

阿赫瑪在一九五〇年代對於漢茲俄式沙拉（Heinz Russian Salad）產生了極大的興趣。那幾年，他在訂定藥物管理法後有段時間依賴嗎啡甚深，一九五九年他不得不去義大利戒毒，隨員多達一百四十人。

在經由埃及返回葉門途中，他和納瑟舉行了那場著名的會議。阿赫瑪拒絕由臥榻上起身向埃及總統致意。這樣的疏忽，致使兩人關係產生疙瘩，最後絕裂。葉門在一九六一年撤出阿拉伯聯盟，阿赫瑪並作詩責備納瑟，不符合伊斯蘭教義的社會主義政策。

此時的葉門，民怨持續未平。在阿赫瑪去國時，崇高的哈希德統領阿瑪爾（Hashid paramount shaykh Husayn al-Ahmar）打算立溫馴的王儲巴鐸（Crown Prince al-Badr）取代他的父親。阿赫瑪抵達胡戴達時怒不可遏，再度展現他的表演才華，以「過猶不及」的詩句警告他的敵手，並威脅要砍下他們的頭，「以尖鋤粉碎」；最後並裝腔作勢地揮動他的寶劍，「我的利刃渴望沾染向合法統治者奪權者的血！任何人流著向撒旦諂媚的血液，向前來吧！戰馬在這裡，戰場在這裡，任何敢稱我為說謊者之人，上來挑戰！」要是阿赫瑪不是出身伊瑪目之家，倒是可以在好萊塢飾演惡棍，混得一席之地。

發表這場生動演說的兩年後，同樣在胡戴達，阿赫瑪「上來挑戰」的戲詞成真。三名陸軍官員朝他近距離連續開槍射殺。翻動身體確定他已身亡後，狙擊者隨之逃逸。但是，阿赫瑪竟然沒死，不禁令其對手懷疑他真有超能力。

一九六二年九月十九日，阿赫瑪在泰茲自然死亡。套用一名革命者的話，「大壩已垮。」不禁令人想起遠古馬利柏水壩，兩者皆成歷史。

氏族與王朝的愛恨情結

阿赫瑪的兒子巴鐸被立為新伊瑪目。一星期後，阿赫瑪的親信薩拉爾得到開羅的同意，將坦克車駛入新王的皇宮，諷刺的是，皇宮的名稱卻是佳音皇宮（Dar al-Bashayir）。巴鐸由廁所排水道逃亡，一路到了薩那。當時，有人說，權勢終於回到卡譚的子孫手中。巴鐸及保王黨由沙烏地阿拉伯人那兒找到了支援，開始和納瑟所支持的共和派展開意識形態戰爭。一九六四年底，大約有六萬名埃及軍人進駐葉門。對於出賞金獵取埃及軍士人頭的沙烏地夏拉夫伊瑪目（Imam Sharaf al-Din）及前現代（pre-modern）一些政治人物，應該都清楚記得，他們所使用的凝固汽油彈如何在後來的越戰造成慘烈的傷亡。

保王黨的理念倒是引來不少外來的戰士，其中一名奇特的人即是布魯斯・康德（Bruce Conde）。他是美國人，一九五〇年，由於他和巴鐸王子具有同樣的集郵興趣，而和皇家很熟。透過康德的仲介，穆塔瓦奇王朝出售葉門郵票到外國，為國庫賺進不少外匯。康德並沒有為此受益多少，但卻在戰爭期間又回到葉門。曾和他一起旅行的塞西格，認為在保王派政府任郵政局長的波旁・康德准將親王（Major-General Prince Bourbon Conde）是「一名奇特的人物」。

在外籍軍人中，最特別的要算是大衛・史密利（Colonel David Smiley）。他原為英國特種航空隊（SAS）[45]的成員，曾在阿曼與阿卡達山（Jabal Akhdar）的叛軍作戰。之後，他以蘇格蘭人的身分參與編撰《美食指南》（*The Good Food Guide*），然後才開始領導伊瑪目領軍的五十名英國、法國和比利時混合軍人。史密利的責任之一是負責由沙烏地阿拉伯的一個倉庫，以降落傘空運足夠的啤酒、威士忌和白蘭地補給。他接受這個任命的條件是，當他的孩子學校放暑假期間，能夠返回英國團聚，但他在一九六六年被女皇任命為四十侍衛（Gentleman-at-Arms）[46]之一，這項工作也隨之結束。

開羅方面很快體認到在葉門維持這樣龐大軍力的重大開銷。一九六七年以埃戰爭後，埃及需要大批軍力留駐埃及。

北葉門第一任總統薩拉爾，基本上是在納瑟栽培下成為總統，此時亦被「不流血」的除權。他去世後，《獨立報》（The Independent）上的訃文談到這點時寫道「不流血，因為根本沒有人反擊」。取而代之的第二任總統則是逃過阿赫瑪處刑、心態較為保守的伊里亞尼。對左派勢力深感恐懼的沙烏地阿拉伯此時才稍為放心，逐漸撤回對保王派的支援。革命沒有造成舊有社會政治制度的改造，反而造成憲政改革的大阻礙，在性質上，它像法國大革命，而非俄國大革命。就像葉門所有其他事物一樣，整個來龍去脈仍是葉門式的，不存在於世界其他角落。

在歷史上，葉門的氏族已經證明了在社會結構中的重要性。這些氏族和札伊德王朝的伊瑪目們，永遠存在著愛恨情結，他們有時甚至戲劇性地冒犯他們的統治者。以一七二七年為例，當時的伊瑪目親手處決了哈希德統領，以長矛將他刺穿，由馬拖著朝薩那奔去，向途中曾要追捕他的氏族地區表示，「哈希德人和巴奇爾人，這就是你的榜樣！」直到一九六〇年底，阿赫瑪伊瑪目將胡塞因統領及其子哈密德處決後，這類的暴戾事件才告結束。可憐的哈密德，八歲時就被押為人質，死時還不到三十歲。

哈密德的兄弟阿不都拉（Abdullah Salih）為現任統領，是革命後的「革新派」。阿不都拉也是「伊斯拉黨」（Islah Party）的黨魁，此黨以保守的宗教思潮體系為中心，但並非傳統的葉門式保守主義。他是全葉門權力最大的氏族領導者，擁有大量的軍事調動權，同時也是民主國會的發言人。這種看來有些似是而非的情況，可能會讓向來將氏族視為世襲貴族力量的西方評論家，以及想要民主化的阿拉伯知識分子心頭大喜。然而事實剛好相反，這在葉門並不是頭一遭。

身兼王者之王的角色，他必須「聽取民眾的聲音」；做為一名發言人，他則聽取國會的意見。按其職務應有的品德，以氏族的語詞，稱之為「hijrah」，意謂客觀而堅定，亦即在國會中，他不分黨派，同時以發言人的身分，顯現其公正立場。

阿不都拉統領外貌謙和、頗有魅力，同時語調有一定程度的寬容。他身上穿著宗教學者的長袍，但頭上則包著普通的頭巾；腰上當然不會遺漏氏族人士不可或缺的彎刀。在他薩那住所的一面牆上，掛著葉門過去四十年歷史演變的加註圖片。這些圖片以他父親的照片做為起始年代，一直到他本身在革命政府時期所拍的照片為止。他在隔鄰建了一座新宅，入門處的上方飾有代表武裝氏族的直立彎刀。這座屋內的一面牆上則浮雕了他的氏系，由他的遠祖到他密集有如子彈帶上子彈的兒子們，一如卡譚和漢姆丹綿延的後代。他們的祖先再度活在人們心中，而他們的世系也將因為石雕而永垂不朽。

薩拉爾一度被逐，後來又復權，直到一九九四年去世為止，每逢九月二十六日革命紀念日，他都領導國人進行紀念。市集裡仍然出售錫茶盤，紀念他和埃及納瑟的首次會議。盤子上，納瑟綻放著男孩似的微笑，看來像個二手車的推銷員，而薩拉爾則一臉驚訝，像是沒料到自己會被選來結束一個千年的王朝。不過在出售紀念物的市場，這個茶盤卻被歸到滯銷的商品堆。

葉門一分為二，又再度統一。葉門最後一任的伊瑪目巴鐸於一九九六年八月去世前，一直住在布隆利（Bromley）[47]外圍，矮林叢生的外國移民社區。而他的父親阿赫瑪則連死了都不平靜。據說在阿赫瑪伊瑪目死後，有些氏族人士一度想要闖入他的墓室。他們倒沒有褻瀆的意思，只是要確定他真的已經長眠。

【註釋】

1 路提彥（Sir Edwin Lytyens，一八六九～一九四四），英國建築家，以能不離傳統卻又不失變化的設計聞名。名作之一為印度新德里的都市景觀設計及總督府（現在的印度總統府）。

2 根據阿拉伯的部落傳統，源自南阿拉伯人卡譚的後代為純正的阿拉伯人，而源自北阿拉伯阿南人則為「阿拉伯化」的阿拉伯人。這個傳統似乎來自《聖經》，將阿南視為亞伯拉罕之子以實馬利（Ism'īl，即 Ishmael）的後代。

3 這扇葉門製的古門在十四世紀時，經一名伊瑪目發現嵌在沙達石柱裡。此劍後來落入拉蘇利王朝的阿胥拉夫蘇丹手中（Rasulid sultan al-Ashraf）。阿胥拉夫曾告訴別人，在做愛後，他必須淨身，才有辦法提起這把神聖的寶劍。有一把伊斯蘭神話中的雙劍尖寶劍目前收藏於伊斯坦堡展示，不過宣告擁有權者甚多。

4 札伊德的屍體被赤裸丟在一個垃圾箱中達五年之久，傳說中，他的腹部很神奇地下墜，以遮住他的陰部。

5 即 Jejaz，意謂「障礙」，位於麥加南邊兩百哩。

6 位於葉門東南部，為主要都會人口集中區，以及前首都。

7 哈蘇胥為猶太銅匠，曾於一八七〇年和法國銘文家 Joseph Haley 在葉門各地旅行，尋找南阿拉伯銘文。

8 英國駐印度海軍殖民官克魯騰登（Cruttenden）曾於一八三六年拜訪阿里，事後描寫阿里伊瑪目在大清真寺的排場：他坐在雄壯的坐騎上，手則放在一名「祕密太監」肩上。然而這位伊瑪目的私生活「極為放蕩」，不到一個月，即被廢除和羞辱，同時被關入地牢。

9 卡紐特一世，丹麥君主。於一〇一六至一〇三五年出任英格蘭國王，一〇一九至一九三五年身兼丹麥國王，稱為卡紐特二世，一〇二八至一〇三五年則任挪威國王，為國家及教宗所敬重，榮耀不可一世。

10 沙巴文字中葡萄園為「wyn」，和印歐（Indo-European）之「oinos, vinum, wine」具有極高的相似性，不禁令人好奇葡萄栽培業到底源於何處。

11 撒瑪利亞的以色列王。

12「耶斯列人拿伯在耶斯列有一個葡萄園，靠近撒瑪利亞王亞哈的宮。」《舊約．列王紀．上》第二十章，第一節。

13 見《舊約．列王紀．上》第二十一章，亞哈占奪拿伯之葡萄園的故事。

14 有關吃肥皂的故事在Fynes Moryson之「An Itinerary Containing His Ten Yeeres Travell……」（一六一七年於倫敦出版）中，提到愛爾蘭人「當他們找到我們用來洗衣的肥皂和漿粉時，誤以為是精緻的美食，並貪婪地吃了起來」。

15 位於英國南部的薩里郡（Surrey）。

16 一九六二年，葉門共和黨員群起反抗札伊德，內戰爆發。埃及支持共和黨，而沙烏地則支持札伊德政府。

17 約三公升。

18 阿拉伯半島伊斯蘭國家絕對禁酒，作者意謂：但願酒不會沿途滲洩，造成和伊斯蘭人民的衝突。

19 記者華特．哈里斯（Walter Harris）於一八九二年至葉門旅行後，曾經寫過有關山區部落矛盾天性的文章，「葉門人是伊斯蘭民族中的貴族。外觀粗蠻，教養完美。」他們的教養好到即使華特在宴會上利用藏在袋子中的小型發電機讓人觸電，部落人士也沒有因此對他翻臉。

20　部落觀念有時也過度成為一種迷戀（fetish）。多琳・英格拉姆斯（Doreen Ingrams）曾提過旅行者到達哈卓瑪，但沒停留來拜訪布克里家族（Buqri）而遭到射殺的事件。

21　另一個版本是「我們是賊，我們是劫匪，我們的膝上有指爪！」。膝上有指爪，等於英語的「強壯」，甚至「有能力」。

22　古代禁慾派以色列人的一支。

23　這個有趣民族的故事亦見於另一名聖公會派猶太人迪斯雷利（Disraeli）於一八四七年所寫《*Tancred, or The New Crusade*》小說中。

24　《天路歷程》的作者。

25　狄福（Daniel Defoe，一六六〇～一七三一）為英國小說家，著有《魯濱遜漂流記》。

26　杭特（William Holman Hunt，一八二七～一九一〇）英國藝術家。〈世界之光〉為一幅基督敲開人類靈魂之門的寓言畫。

27　九世紀著名的學者賈西茲（al-Jahiz）的《動物鑑》（*Book of Animals*）曾提到這點。他在他的私人圖書室工作時，因為書籍倒落而被壓死。

28　正式法定主張通常需要具有《可蘭經》的認可及先例。

29　著名的伊頓公立學校，位於倫敦西方。

30　芙瑞亞・史塔克（Freya Stark，一八九三～一九九三），英國旅行作家，其著作皆以旅行地之歷史、文化及生活風貌為題材。她曾至許多歐洲人甚少涉足之地如土耳其及中東旅行。

31　帕西（Charles Pathe，一八六三～一九五七）法國電影先驅，曾在二十世紀初期幾年獨占製作和發行的世界市場。

32　British Ovaltine Company 以蛋為主材料製成的飲品，為當時葉門王公貴族們極為喜受的睡前熱飲。

33 小霍賓（Hans Holbein, The Younger，一四九八～一五四三），德國畫家、工藝家及設計家，以精確的素描及寫實的肖像著稱，其父為Hans Holbein, The Elder。

34 林奈（Carolus Linnaeus，一七〇七～一七七八），瑞典博物學家，以林奈式動植物分類法聞名，被譽為分類學之父。

35 弗蘭斯卡德．卡斯騰．尼柏赫（一七七三～一八一五）德國旅行家及測量家。實際上，這次探險地域極廣，他們先到尼羅河、西奈山、蘇伊士運河、吉達等地。隊員中一名哲學家及自然學家在一七六二年病逝後，其他人才前往葉門首都薩那。他們又到印度孟買，接著隊裡的醫生和藝術家病逝，全隊只剩尼柏赫一人。他在印度待了十四個月後，經由阿曼、美索不達米亞、賽普勒斯、小亞細亞，於一七六七年到達哥本哈根。

36 拉蘇利王朝（一二二九～一四五四），在埃及的阿育畢德放棄阿拉伯半島南部省分後，曾統治葉門和哈卓瑪。

37 〈Memento Mori〉為中古高地德語（十一至十五世紀）詩人Heinrich Von Melk的著名詩作。此詩以諷刺口氣批判新興的封建及朝官文化著稱。詩中曾將武士描寫為通姦者及嗜殺狂、貴婦為傲慢與自負，而低下階層的人則是模仿貴族的猩猩……。

38 札伊德主流派對於蘇非派的反擊向來毫不鬆懈。曾有一位伊瑪目以「智慧」（Al-Fusus）為熱力，烤出麵包，治好一名發瘋的女傭。這是安達魯西亞阿拉伯蘇非派最有名的宣傳之一；同樣的方法也治癒了一名患了十八個月痢疾的人。

39 中古時代西班牙首府格拉那達附近摩爾族諸王的宮殿。

40 若作者指的是「Sultan Al Malik al-Muzaffar Shams al-Din Yusuf I」，年代應為一二五〇～一二九五年，為中國之元朝。

41 狄更斯（Charles Dickens，一八一二～一八七〇）《孤雛淚》（*Great Expectations*）中尖酸的老婦人。

42 阿赫瑪的家族似乎都有積聚物品的傾向。英國摩卡（Mokha）僑民區的助理醫生羅勃特・芬萊（Robert Finlay）曾經在一八二三年治療伊瑪目。他在日記中寫道「在他生病期間，伊瑪目的房間充滿了各種馬飾、寶劍、火繩槍、手槍、風琴、普通的空瓶子、大包的雜貨、大面積的布料、英國絲等，他幾乎連走動的空間都沒有。他的枕頭上縫了六個金和銀質的手表，都是好的」。

43 阿赫瑪的私人理髮師直到不久前還在泰茲開業。我曾請他幫我刮過鬍子，必須承認，當他的剃刀滑過我的喉部時，想到他曾握過阿赫瑪的手，不禁感到戰慄。

44 指一九五二年推翻埃及王室的Gamal Abdel Nasser。

45 指第二次世界大戰中的British Special Air Service，由Sir David Stirling領導。

46 專於重大儀式中陪伴英王的侍衛隊。

47 倫敦東南的自治市鎮。

第五章

翡翠、琥珀和紅玉

他們將挺身保證
凡是知悉的人
看向山崗——吾土無際翠綠
上蒼施雨賜福
療其眾生之渴

——卡拉・希米亞（Dhu al-Kala'al-Himyari, d.），西元一〇一四年

「蘇卡那」（Al-Sukhnah）意思是「炎熱」，這個地方正是以此特性為名。一顆汗水自我的鼻尖滴落茶杯，還發出聲響。我昏昏欲睡，無力擦拭臉上的汗水。但這樣的懶散來自提哈瑪熱力夜晚的成分，還不如院子那頭傳來的埃及連續劇多。它的情節總是離不開「可憐的工廠工人和老闆女兒墮入情網……」，接下來的情節不提也知道。甚至拴在我彈簧床旁邊的小牛似乎也能理解。顏色亮麗的鍍金擺設、一成不變的懸疑情節（攝影機突然來個驚訝的臉面特寫）……早在久遠之前，市集裡說書的就已說過這些故事。百無聊賴，一再重演，在這個平原和山脈交會的暗褐色地帶，似乎一點也不奇怪。

蘇卡那可不是一個普通的提哈瑪小城。它的名稱不是來自氣候，而是來自山脈下汩汩而出的熱泉，而此城的建立也不過是阿赫瑪伊瑪目時代的事。阿赫瑪在政治上走下坡的那些年，在此度過不少時日，熱泉消散心中強烈的不平之火。整個蘇卡那幾乎成了個人的紫禁城，唯有為他宣傳的報界能進來。曾經將嚼食阿拉伯茶葉者描寫成「時時瞌睡，流著綠色唾液，同時眼珠凸出，像患了痴呆症嬰兒」的英國作家大衛．荷頓，如此描寫阿赫瑪，「他講話時，臉部表情誇張，手不時扯著染成黑色的鬍子，而他的眼珠則……像白色大理石球般在他灰黃色的眼窩中轉動。」哈，他又提到眼珠子！

入夜前，我在一座外觀像積木的破舊建築裡，找到了一處公共浴室。浴室內有三個不同水溫的池子；第一池溫度尚可忍受，第二池，我只敢用腳尖試一下，第三池，大概在裡面煮熟龍蝦也不成問題。管理員告訴我，池子裡的溫度，每個季節都不同。現在呢，算是「頗涼的」（quite cool）。

蘇卡那的熱泉據說對風濕症和皮膚病極有功效。別誤會，我沒這些問題，我到瑞瑪山區（Raymah）的熱泉，不過是想舒展一下四肢、平靜一下思緒。

探訪瑞瑪山

任何一個沒有親身到過瑞瑪山的人都會懷疑它的存在。但它的確佇立在那兒，隱藏在午後（post-prandial）的薄霧之中。往山區的轉運點曼蘇里亞市場（Al-Mansuriyyah market）在午後逐漸沉寂，打算前往瑞瑪山的旅客也紛紛離去。那輛用日本豐田「巡洋艦」（Landcuriser）四輪驅動車改成的計程車，要在客滿時才出發；較早時，市集上趕著回瑞瑪山的人似乎不少，人們上車等待又下車離去，始終無法保持固定的人數，而司機則是在開車前三小時，上車又下車，像個憤怒的精靈，尖著嗓門喊叫，試圖要湊齊乘客。

我是人群裡最平靜和最有耐性的乘客。瑞瑪山的居民當我是時間表，前來詢問狀況，又趕著回市集做最後的採購。我當時真該花點時間記錄提哈瑪市集的風土和人情，現在唯一記得的是一名坐在機車後座的老人，揮舞著一把丁形枴杖要民眾讓路。好幾個人因為這樣而摔倒。

有人搖著我的肩膀。看來我必然打了一會兒盹。「來吧！每個人都在等你。」他抓起我的手，拖著我往前走。懷著老式英國的紳士作風耐心等著，早讓我忘記不斷來來往往的人潮。其實也只是一種不願意排兩次隊的心情。

那個人很快地走在我前面。我的腿比他長，但我累得拖著腳走，他則是用那種山區居民的步伐蹦跳前行。他穿了西裝、打了領帶，但是走路的方式仍掩蓋不住山區居民的本質。

計程車好不容易全滿了。我隨著我認識的人到了車頂行李架上。行李架上坐了約十五個人，其中一人被趕了下去，把我硬塞進去。我抗議他們不該把那個人擠出去時，一名婦人不高興地說：「先生，你真可恥。我們這樣的老人才真需要坐車。」她倒真是老到當我祖母都綽綽有餘了。

車子終於開動了。司機挑了一捲錄音帶，把音量放到最大。我只聽到巨大的噪音自單一的喇叭裡撞擊出來，隱約聽得出來那是雙牧笛（mizmar）。我們拐過蘇卡那前的彎路後，入眼皆是經過細心修剪的樹和黍園，部分地區則夾雜著小區域的岩石和大戟科植物。像幽靈般的瑞瑪山出現在前面天空，這座高達七千呎的山，是提哈瑪群山中最巨大的一座。這些連綿的山脈，在托勒密的地圖上被標示為「頂點山脈」（Climax Mountains）[1]。然而在午後蒸騰的水氣中，還沒來得及看它究竟有多巨大，它已經逼近面前。道路開始陡升，沿著巨大的蜂巢狀岩層基部蜿蜒上山。

經過利巴市集（Suq al-Ribat）時，順便買了些阿拉伯茶葉，自此，道路比原來更加陡峭。道路兩邊幾近垂直的山坡被那些垂懸的濃密樹木覆蓋。這是這一帶山區森林最後殘存的部分。樹林上方是綠意較淡的住宅區、金字塔型山峰及雙面陡峭，令人感到暈眩的山脈。由擋風玻璃的框子望出去，眼前的景致猶如中國水墨畫般美麗。

瑞瑪山和葉門大多數地區一樣，是一個「上下顛倒」的地方。在那些山脈眾多的國家，人們大都住在谷地，然而在葉門，人們似乎樂於安居在老鷹才適合居住的崎嶇山脊和峰頂上。為什麼？為了防禦，還是氣候較涼爽？為了宏偉的景觀？或只是矛盾的天性使然，讓他們在看來最不可能到達的山峰上居住。在山上，必須順著山羊走出來的小徑走上數小時才能到達最近的鄰居家裡，甚至安排個阿拉伯茶葉的嚼食聚會，都得先用無線電聯絡。

防禦的成分看來最大。外來強權無時不垂涎葉門的政略性地理位置，只要控制西邊的沿海地區，即控制了紅海的入口。入侵者一再占領可供大量軍備登陸的海岸地帶，然而卻讓背面洞開，任由山區住民自北面的缺口攻擊。即使挾著先進武器的奧圖曼帝國，也只能攻占一些城市，同時忙不迭地應付來自山區持續不斷的挑戰。在險惡的地形和頑強的人民面前，他們的侵占野心能夠實現的部分極為有限。一名十六世紀的土耳其統領曾說：「從來沒有見過我們的軍隊如此不堪，他們在葉門簡直就如鹽溶於水般消失了。」三百年後，另一名土耳其將軍甚至認為海伊瑪山（al-Haymah）部族強悍的程度，只要一千名該部族軍人即可取下全歐洲。一九六〇年代埃及人打算以空戰力量擊潰保王勢力時，情形依舊；埃及的空軍再強，陸軍無法和葉門比擬，一切徒然。

戰爭期間撤退到山區加強攻守頗易於理解，但永久居住在上面，卻有些令人納悶。探索瑞瑪山區，也許可以找到答案。

重複播放三次的雙牧笛錄音帶令人昏昏欲睡，到達山頂時，咀嚼了一陣子的阿拉伯茶葉開始產生一點效果。往山頂的最後一段路，由於過於陡峭，司機不得不啟動四輪驅動裝置上山。在葉門，上山時不使用四輪驅動，似乎是一種榮譽。離開曼蘇里亞後三個小時，我們由堡壘石牆下的大門，進入瑞瑪山區的市鎮佳比（al-Jabi）。如果早起一點，由此往外可眺望到提哈瑪及海岸，有人甚至說可以看到非洲。

我在一間鐵皮楞瓦的簡陋房子裡享受了嚼食阿拉伯茶葉的無上樂趣。電視的沙烏地頻道播放著美國名人摔角賽。電視訊號不久就減弱成點點雪花，於是我信步走到屋外，夜間的氣息竟帶著凜冽。我走入一家商店買香菸，裡面羅列的物品真讓人眼睛一亮。迷你音響的喇叭旁擺著一把氣槍，脫毛劑則和一罐荔枝罐頭擠成一團。

店主原住在吉達，一九九〇年波斯灣危機時離開沙烏地阿拉伯。當時科威特遭侵襲，沙烏地驅逐了不少不幸的阿拉伯同胞，在索杜谷地請我們回家吃飯的拉夏也是其中之一。此事件之前，這些葉門人享有特別簽證，不需要保證人就可在沙烏地工作。沙烏地人認為，科威特危機爆發時，葉門應該盡一切努力尋求阿拉伯人內部的解決之道，而不是召喚非阿拉伯武力進入干預。為了這個原因，許多葉門人被驅逐出境，不少人到達葉門時，身上僅有少許個人物品，其他的一切都還留在沙烏地。一九九一年初，葉門公路上大約有四分之一的車子載著葉門難民，各個難民營不但爆滿，同時極不衛生。葉門突然失去大量外匯及波斯灣諸國的經濟援助，再加上利雅貨幣嚴重貶值，使得經濟急轉直下。其他更窮困的阿拉伯國家因為支持以美國為首的軍隊，外來援助也被一一撤消。葉門在波斯灣戰爭中，毫無疑問地成為宣傳下的犧牲者，同時也是權力政治圈的道德烈士。

再回到那座鐵皮楞瓦的簡陋房子時，大部分客人都蜷縮在格子呢的毯子裡，躺在條狀霓虹照明燈下睡了，看來就像亨利．摩爾（Henry Moore）[2]雕塑裡那些躺在地上的人。我順著樓梯爬到房間後面一塊寬板上，想著明天的健行，逐漸睡著了。

乾涸之地

沿著小徑走著，我心裡想，全世界大概找不到第二個地方，會在清晨六點、七千呎高度上，以一盤熱騰騰的炸肝當早餐，然後開始健行。往左邊看去，小台地上除了那一排房子，別無他物。而右邊更空曠，只有一片陡崖延伸到瀰漫著晨霧的海洋。幾輛載滿人的卡車朝著佳比的方向開去。

一段路程後，車道開始以極大的弧度盤繞山峰而行，於是我放棄狀況不錯的小徑，改抄捷徑。剛開始路不難走，不久路面旋即和岩石交接，並在不遠處形成一個左邊險降的大溝。我步步為營，邊上的碎石隨著我的步伐崩落。幾名小孩由我身邊擠過，蹦蹦跳跳地前往山崖下的村落小學。

路面再度變得平坦時，眼前也出現了不同的景觀。在面海的斜坡上，那些梯田部分已經廢置，部分仍留有作物，但大多發育不良。氣候帶變化所產生的對比如此強烈：若要製作西部山區的詳細天氣圖，可能要藉由每個地區精確地形所形成的小氣候帶拼湊繪製而成。瑞瑪山的氣候極為古怪，我甚至曾在六月見到此地下雪。

一名老人暫時放下手上的農活，正在一片空地上休息，而他的驢子則津津有味地嚼食苜蓿。那捆秣料突現於黃褐的地表上，看來有如一個驚嘆號。老人招手示意我過去，並倒了些葉門薑味咖啡（qishr）[3]到鐵皮罐裡給我。入口刺激的感覺馬上令我精神一振。我像大多數人一樣，向他打聽下雨的事。

他說：「庫斯瑪（Kusmah）下了傾盆大雨，但這裡……哪，一年就只零星下過幾滴雨。我們只好到下方提取泉水。」他指了幾千呎下方的一塊綠地。「連那兒也快乾涸了。這裡有幾個水利人員，但要是老天不下雨，他們也是束手無策。」

我想不出什麼話好說。要是話題轉到這一陣子連接不斷的乾旱已經導致數千人死亡，想必不會是件太愉快的事。至少，不斷進口的麥子，不會讓他們像紅海對岸的人般受到饑饉和死亡的威脅。「有沒有辦法開個井？」

老人大笑。「部落長老說過要籌款，但是怎麼可能……說要超出一百萬？我們還打算把那個男孩由泰茲找來——你知道是哪一個嗎？據說他可以用肉眼看穿岩石，找出水源。他曾說：『在這裡鑽井，就是那塊左岩，底下是黑岩，水層在四百呎處。』讚美阿拉，他每次都很正確。可是還是得有機器才能鑽井。」他揉碎手上的土塊。風一來，土粉沒來得及落地即遠颺而去。

「願真主賜您雨水。」我說，起身準備離去。

「阿門。」他回答。

沿著山徑轉到山的另一面前，我對他揮揮手。他舉起手臂時，太陽將他白色的罩衫照得一片燦爛，我不禁想，要將那樣的白罩衫洗得那麼乾淨，可得花多少時間？

回到車道上，我每走一步就揚起細如滑石粉的塵土。腳下的石頭因為輪胎常年輾過而呈現光滑的表面。我靠在一處凸崖的狹窄陰影下休息。看崖上的鑽孔，不難明白這座崖被人用炸藥炸過。我喉嚨極乾，卻不知道哪兒可以弄到水。拐了個彎後，我見到有人在山肩上停車，於是快步向前。

那輛車是最新款的豐田巡洋艦，葉門人以埃及一位性感女演員之名，將它命名為「萊拉．阿拉威」（Layla Alawi）。這名女演員可為這事光火哩。這型的車子在前座座椅之間，通常有個小型的飲料冷藏箱。車旁站了一個男人，正獨自看著風景。

向他打招呼，他頭也沒回地懶懶回禮。他突然回頭，樣子真讓我愣在那兒好一會兒。他潔淨的罩衫扣得很整齊。即使在烈陽下，罩衫外仍穿了一件黑色鹿皮大衣，那可不是山區居民那種寬大的樣式，而是剪裁合身，看來是白俄王子穿著的筆挺款式。腰帶上插了一把名貴的彎刀，後面則是一把鍍鉻的史密斯—衛森（Smith and Wesson）[4]象牙柄手槍。修剪整齊的八字鬍和臉上的神氣，讓他看來有如在賭桌上大有斬獲的克里夫（Lee Van Cleef）[5]。

「呃……有水嗎？」

他想了一下，「沒有。」

「知道哪兒可以找點水嗎？」

他打量了一下我那個有霉斑的帆布背包，「不知道。」

我四處張望。我在葉門可真沒見過這麼冰冷的招呼。好，讓我來試著讓他說話。

「沒什麼雨水，可不是。」

他僅回答「是」。

一陣沉寂。

「由佳比來的？」

他只回答「不是」。

「庫斯瑪？」

他搖搖頭。

「那……你打哪兒來？」

「阿布載甫（Bani Abu al-Dayf）。」他說，語調裡含著一點感傷。

那是個不尋常的地名，意譯為「賓客之父的兒子們」。我忍不住說：「啊，那必然是因為你們對過路的陌生人極為友善。」

他突然大笑，冷淡的表情也隨之消失。「真抱歉，」他說，「但我實在沒有水。」於是我們道別。過了一會兒，我在路上遇到一個認識他的人，說他在利雅德經營果汁店時，曾涉及一樁謀殺案。

大約是中餐時間。我經過的兩、三個小村子看不出來有什麼動靜。小村子都在凸崖上，崖邊則長滿了霸王樹。當地稱之為「土耳其無花果」，可見這種葉門到處可見的植物並非葉門原產（在希臘，人們則稱之為「法蘭克無花果」〔Frankish figs〕，其學名則為 *Opuntia ficus-indica*，暗示了另一個產地；實際上，它們都來自美洲），不過因為果實具有清新的味道，而成了頗受歡迎的入侵者。

我換了另一條小徑。這個時間，提哈瑪蒸騰的濕氣已經升高到足以遮住熾烈的陽光。在我眼前，又是另一番景象和另一種小氣候帶。這個時節，濕氣濃郁，有些地方甚至長了蕈類。我真想就此躺在百里香的氣息和浮動的白雲間。但是今天的終點庫斯瑪，卻還在遙遠的距離之外。

回到小路上時，一個男孩由後面超越。我快步跟了上去，一起走了段路。突然，他停下來專注地凝視著右邊。我一時看不出他到底在看什麼。他撿起石頭朝前丟去，我彷佛見到有什麼東西應聲滾落田埂。一條細長的尾巴抽搐著。是一隻變色龍。牠想站起來，但他又丟了一塊石頭，正中牠的身體。那隻變色龍已奄奄一息，眼睛無力地轉動。我想著牠如何在垂死前改變顏色，同時動身前行。小男孩大約十歲，我發現我根本跟不上這個男孩的速度，於是要他先走。不久，我又在路上遇到他，他已經去了庫斯瑪下方的市集翻頭回來了。市集在半個小時的腳程外，但他卻已經到了那兒，做了些事，然後準備回家。我開始覺得在前往佳比計程車上那名老婦人的話——「……我們這樣的老人才真的需要坐車」——似乎頗有道理。

在市集上，一名口若懸河、精神看來不太正常的老人逮住了我，滔滔不絕地講著美國選戰，當他講到一些不同候選人的相對重要性時，我已經搞不清楚他要說些什麼。太陽逐漸下山，夜霧升起，我把老人丟在他的愛荷華州政見裡。膝蓋已經無力再爬坡，但我還是決定繼續往上走到庫斯瑪。起先我試著要跟上由市集馱著貨品回去的一群驢子，但是我前面的驢子每往上爬，就開始在距離我鼻子數吋的地方放屁，後來道路較寬，開始和驢子們並行，心裡才鬆了口氣[6]。

庫斯瑪

庫斯瑪建在瑞瑪斷層西南端的山脊上。由下往上，它看來頗為壯觀，但進入其間，卻只見一座極為平凡的村落。鋪石不很整齊的街道上，兩邊都是商店，賣的物品也差不多。由各房屋之間望出去，視線越過茂盛的霸王樹和庫斯瑪貝塚（midden），倒是可以看到遠方的景觀。我在昏禱時找了一間簡便的小吃店，點了些豆子。發電機噗噗地響了一下後開始運轉，小店的條狀霓虹燈也跟著閃動。玻璃茶杯碰撞聲、煤油爐的噓氣聲，以及發電機的轟隆聲在山間的小村裡響起，而外面的空氣中則瀰漫著驢子的氣味。

在庫斯瑪，有兩個人我總是盡量避開。第一個是自封為鎮長的傢伙。我曾在他位於庫斯瑪山頂的家裡做客，待了幾小時，所有的時間幾乎都耗在他的前列腺毛病上，我真希望可以改變話題。就在我啜著熱茶時，又見到另一個我不想見到的人。這個穿著直條長衫的人正高視闊步地經過，我連忙盯著盤子裡的豆子假裝沒看見。上次我離開鎮長家時，這個中年的肥胖埃及人，突然從他的宗教指導教室冒了出來，強行把我拉進去。此人畢業於尼羅河三角洲的某間大學，現任庫斯瑪小學校長。我大概是他實務教學中最合適的教具。

二十幾名學生盯著我。

「請問先生您大名？」這個埃及人以英文問道。

「提姆。」

「不，你應該說『我的名字叫提姆。』」

「噢，是的。對不起，我的名字叫提姆。」

「您府上哪裡，提姆先生？」他的每個「r」的發音聽來都像是車子發出引擎低沉的顫動聲。

這場審判持續以英文進行。孩子們當然一句也沒聽懂。他們不過是小學生，英文教育要到中學才開始。在答完我的國籍、婚姻狀況、宗教等項目後，他才開始改用阿拉伯語。

「阿里，過來這裡。」

前排一名很小的男孩快速地站出來。我想，老師的最愛。這名胖埃及人將手臂分別摟住我們，不過三人高矮不齊，動作有點辛苦。他一臉笑意，全班等著他發言。

「哪，提姆先生有幾顆眼睛呢？」他問學生。

「兩顆！」全班大叫。

「提姆先生有幾只耳朵？」

「兩只！」

「阿里先生呢？」

「兩只！」

「提姆先生有幾個……鼻子？」

「一個！」教室後面有少數人還答「兩個！」。

這樣的問題包含了身體每一個可以公開提及的部分才算結束。然後是個別的宗教探索。「那麼，雖然提姆先生是基督徒，阿里先生是伊斯蘭教徒，但造物者卻將他們造得一模一樣。」

「但他個子比較高！」

「安靜！」埃及人放下了他的手，「這就顯示了造物者造物的一致性。」

下課鐘響，學生全部衝出教室。我對他這種基礎事物的解說能力，真是五體投地，並告訴他我的讚美。他說：「很自然，我們這裡必須用這樣的方法。這裡的人非常地……單純！」

我告訴他，我個人認為這裡的學生其實滿聰明的，學校教育在這裡還很新，他們也比西方學生更能接受這樣的制度。我差點要告訴他，情況也比埃及好。我也許說了，但反正他並沒有在聽。相對地，當他拿坦塔市（Tantah）[7]的快樂時光和庫斯瑪相比，並激烈批評此地的生活時，我也沒多加詳聽。對於一個回歸到自己本源文化中的阿拉伯人，並賺取遠比在其他國家多的錢時，這樣的態度似乎有些不知感恩。

善意的葉門鄉下人總認為我和村子裡的老師有較多的共同點。如果教師是埃及人，相似點並不多；但若教師是蘇丹人，情形又不同了。外貌屬於典型的尼羅河流域居民，穿著一身潔白長袍的埃及人，似乎天生對於山區的適應力要比平原差。但我認識的那些蘇丹人則不同，他們對於葉門及其子民似乎有著天生的喜愛。蘇丹人聚會時，也不像埃及人那樣，充滿了哀傷和鄉愁。

我自盤中的豆子抬起眼，付了帳就離去。走出小店時，我見到那位背部寬厚的埃及老師正走到街底，有那麼一點鬥牛士的寂寞背影。有一小段時間，我竟覺得有些不忍。我迅速找到一家小旅館（funduq），打理了一個房間。除了一名像貓一樣出現在門邊的小女孩，好奇地問我是否為埃及人外，幾乎沒有受到任何打擾。閱讀了一會兒，我便睡著了。

庫斯瑪位於分水嶺及氣候分界上。由這裡到我的旅行終點哈第雅（al-Hadiyah）必須得辛苦地走上一天。兩者之間沒有車道，不過倒是有條還不錯的小徑。

小徑沿著山肩曲折下降。一路上因為露水滋潤，路面濕滑，空氣中也充滿了濃郁的青草氣味。我在途中遇到了一群準備去收集牲口糞便的女人。大部分的山區婦人至少都會單獨養頭牛來補助她們本身的經濟獨立。她們賺來的錢最後大多拿去買金子。這群女人看來相當富有，厚重的領巾和大件的飾物在她們日本合成錦緞做成的喇叭狀長袍外搖曳，並在初升到山頂的陽光下閃爍。這裡的生活看來頗富裕，每個村子也建了不少房子。

小徑越過一道乾溪床，然後沿著和庫斯瑪成直角的山地前行。沿途的村子皆建在陡坡上，小徑的路面也改以石塊仔細拼鋪，路況較之前平順多了。滿地的新鮮驢糞顯示這是一條主要道路。

小徑許多路段都夾在高高的梯田埂牆間，路邊有不少咖啡樹和羊齒類植物，帶著那麼一點教堂墓地的陰鬱。左側空曠的水道區讓人可以看見呈圓錐形的巨大札拉姆拉姆山（Zalamlam）。小徑由此下降到深谷底。谷中散落的房屋窗子上閃爍著秋日乾咖啡豆的顏色。

咖啡在葉門人的心裡有著特殊的地位。咖啡是現代南阿拉伯富饒地區的象徵，它的圖像經常被用在郵票和紙幣上。反阿拉伯茶葉遊說團提出了極不合理的指控，宣稱人們不惜拔除大量的咖啡樹，改種阿拉伯茶葉。然而，其實這兩種作物的最佳生長空間完全不同。咖啡種植的黃金時代已經過去。一七三八年，一名英國旅行家曾在埃及與葉門咖啡中攙雜了東、西印度群島的廉價咖啡豆。葉門人本身則自古就出售咖啡豆，並飲用由麩皮或果皮所製的飲料[8]。

寶石般的作物

咖啡是過去大宗的外銷經濟作物，反過來，由傳統的食物看來，一般家庭最大的開銷則是購買穀物。葉門的麵包種類不少，若不是用在「沙塔」上，即沾高湯、牛奶或精煉奶油食用。粥類，例如玉米粥或麥片粥都是常見的食品。葉門人堪稱美食家，他們願意在經常擁擠的沙塔店忍受高溫烘烤，只為一飽口福，或者在齋月期間，一排數個小時等待購買特製的沙巴雅麵包（sabaya bread）[9]。大約在十四或十五世紀阿拉伯茶葉開始大量上市前，食物幾乎是所有葉門人最為迷戀的東西。中世紀的旅行家穆佳威曾寫道：「食物是他們最主要的話題。人們見面，必然問道：『您早餐吃了些什麼？』而回答若非『玉米麵包，配上兩種牛奶』，就是『多層麵包和油』。如果問：『您晚餐吃些什麼？』回答通常是『一片小麥麵包和值四個硬幣（fils）的甜點，總共得花六個硬幣』。人們偶爾也這樣說：『今天吃的量，足夠我維持三天不吃了！麵包、牛奶和糖塊——我吃到撐不下……』」

自古以來，黍類便是種植最廣的穀類作物，許多不同的種類皆來自古代的南阿拉伯。生活因為豐收季節而啟動，聽聽單身漢的祈禱詞，「噢，命根子，可得耐心點等到豐收季節。否則我就將你割下！」要有足夠的聘金娶老婆，非得等到穀物豐收。

伊斯蘭時期之前，一項來自所謂「無知時代」（Age of Ignorance）的遺產，即是廣為流傳的星象學。農人依此解決伊斯蘭陰曆和農民曆之間的不一致。他們按某些星座出現在天空的時間畫分四季，有些地方則以日晷計算播種時間。另外，阿里・札伊德（Ali ibn Zayid）的詩選中，也有許多關於耕種的資料。星象學還被格式化成詩句，好能琅琅上口，以助記憶。有些甚至包括何時伐林好根絕蟲卵，或跳蚤何時開始繁殖等日常生活常識。

星象學的細節令愛追根究柢的拉蘇利王朝諸統治者頗為著迷。他們身兼科學家和科學贊助者，並引進國際天文知識，以豐富本土星象學。他們的成果至今仍具有影響力，不少星象曆仍流通市面。就多樣性來說，拉蘇利諸統治者在葉門歷史開創了農業黃金時期，並自外國引進果樹、草藥及花卉，進口地遠至信德省（Sind）[10]。當時的產物包括了印度大麻、蘆筍等異國品種。他們對於農業的熱愛，從札比德地區的棗節（Sabt al-Subut）規模相當於德國巴伐利亞啤酒節可見一般。在節日期間，全國各地的人民到此暢飲棗子和麵粉釀的酒，同時在棕櫚樹下觀賞三百頭駱駝和舞蹈女郎的表演。這個狂歡節慶持續兩週，最後在尋歡者騎著寶石裝飾的駱駝走到海水裡沐浴做為結束。一場節慶下來，就像穆佳威所說的，「促使許多人離婚，也促成許多椿婚姻。」

令人清醒的作物咖啡，和蘇非派神祕主義者夏希利（al-Shadhili）有著極深的關聯。夏希利正是現代市鎮瑪卡（al-Makha）的創始者。他於十五世紀初期由衣索匹亞引進咖啡，藉其刺激性延長祈禱和冥思的時間。一九五〇年代倫敦咖啡館或濃咖啡（espresso）小館的道地風味，從來不曾在葉門造成流行；阿拉伯其他地方極端禁慾的瓦哈比派教徒（Wahhabi），甚至排斥咖啡的非正統香味。

谷底人家有幾名婦女從她們的院子裡喊我。雖然之中無一值婚齡者，但因未見到其他男人走動，於是我一本正經地坐在稍遠的牆上。一名婦人走進屋去，另一名則走出來餵牛。

她將一束外包綠葉的乾黍梗塞到牛嘴，「吃啊，親愛的，吃。」

「牠看不出來妳耍詐？」我說。「我是說外面包了綠葉。」

「噢，牠當然知道。但不這樣做，牠根本什麼都不吃。這是遊戲。」那婦女說著，抽出一枝乾梗到牛嘴邊，那頭牛像頑強的小孩搖著頭。

另一個婦女端著一滿錫碗的葉門薑味咖啡出來。放眼看去，許多大金屬盤上盛了咖啡豆在陽光下曝曬。我記得上個世紀中葉曾有一篇文章名為「咖啡和阿拉伯茶葉之論戰」。文章中，咖啡與阿拉伯茶葉爭鋒，各自讚美自己、貶低對方。咖啡樹說：「我的果實剛結出時，綠得有如翡翠或土耳其玉做的寶石；果實初成熟時，顏色則如金黃色的琥珀項鍊；完全成熟時，則轉為紅玉、珊瑚或紅寶石般的鮮紅色。」最接近這種味道的雀巢咖啡也無法相比[11]。

我向那幾名婦女道別，繼續前行。小徑彎彎曲曲有如劍龍的背，和索杜山谷的小徑頗為相似。我喘吁吁爬上大約只有一碼寬的山脊，將外套掛在霸王樹上，坐下來休息。兩名男人出山脊下一座孤塔那頭走了過來。兩人都穿著純白的長衫外套，腳上的平跟船型鞋（loafers）擦得發亮。他們的臉上竟然一顆汗珠都沒有，邊走邊和我打招呼，在身後留下濃濃的花露水味道。十分鐘後，我望著左側，仍然可以聞到那股濃味兒。那兩人已經走上高坡上的遠處，成為深綠山前兩個移動的白點。

大約一個小時後，我到達一個小村子，村名就叫「山」（al-Jabal），真缺乏想像力，這樣說不知道會不會冒犯到命名的人。我疲倦地走到小店門口，買了罐濃味薑汁汽水（ginger beer）。這一罐汽水，內含數十年才研究出的化學風味，在一家德國連鎖公司的授權下，以拉丁美洲製造的罐子在胡戴達完成裝罐，加上一名百萬富翁級的發明家發明出來的拉環，再以卡車運到這裡，又改由驢子馱運，然後帶給我暢飲的愉悅。但這麼複雜的過程，仍比不上土生土長的葉門薑味咖啡。地上到處是空罐，罐子上用英、阿雙語印著「為你的國家留一方淨土」，我猶豫了一下，想著是否該把我的空罐放進背包，再找個垃圾桶丟棄，不過距我上次見到垃圾堆已經是七天前的事。我最後將空罐子放在櫃檯一端。店家順手拎起，扔到地上。

由「山」到哈第雅全是下坡路。一開始，路上到處是垃圾，接著是奇奇怪怪的甜點外包裝和果汁紙盒，景象有如世界末日後的人類遺跡。午後的雲層逐漸出現，加速急漩而過，並在提哈瑪的冷空氣作用下上升，沿著峽谷兩邊前進。除了岩石山壁，一切都掩入雲霧之中，我寂靜地走著，感覺像在游泳。幾名在高崖上收集牛糞的女孩輪流唱著歌，這是我在路上唯一聽到的聲音。她們在每句歌詞的最後一個音節急促收住，有點像突然靜音的手風琴，然後以奇特的順暢滑音接續。

離開「山」半小時後，發生了件奇怪的事情。雲層開了，大約只有幾分鐘的時間，面前出現了兩座圓錐形山峰，下方則是收割整齊的草皮，不但像極了高爾夫球場，同時呈極美的圓形。緊接著，另一陣雲層圍攏過來，再度掩蓋了一切。那片草坪的絕美幾何形狀、生機盎然的翠綠色，以及它戲劇性地突然出現又消失，都充滿了神祕色彩。宛如一片自行決定出沒的土地，就像是傳說中綠精靈（al-Khadir）居住的地方[12]。

原以為還要繼續沿著小徑無聊地往下走，沒想到才一會兒，便來到下坡路的盡頭。眼前的遠景呈現不同的透視感，看來不太真實，好像一幅錯視畫，因為靠得太近而顯現不出立體感。田野邊上躺著幾頭牛。我走過去看，牠們彷彿黏在地上似的，對於闖入這片圓形綠色天地的外來者視若無睹。

走過這片田園後，霧氣逐漸消散，也不再見到垃圾。小徑兩邊盡是一座接一座的小村落，加上繁忙的驢運需求，因此維修極佳。幾個趕驢的男孩將罩衫拉高，塞在短刀的後面。我和那些驢子一樣蹣跚地走下坡，孩子們的速度極快，走走跳跳，下去了又爬上來。

我停卜來休息，看著逐漸遠去的山肩上點點閃動的房子。尼柏赫探險隊中一位名叫包倫凡（Baurenfeind）的藝術家，兩個世紀前曾在這條小徑上的某段路停留，並為之後的書籍畫了一系列名為「咖啡山脈景觀」（Prospect among the Coffee Mountains）的素描插圖。那是探險隊第一次到葉門高山區，並為美景、人物及植被所震懾。尼柏赫寫道，那些咖啡樹正值花期，「散發出濃郁的香氣」。不論大自然如何嚴苛，此地卻處處可以見到人為的努力。

一七七二年，尼柏赫的《阿拉伯風物》（*Beschreibung von Arabien*）初稿完成時，並未受到重視，反而是法文及英文譯本在數年後出版時大受歡迎。它們觸動了當時正快速成長的浪漫主義者及唯美主義者的心靈。在此之前，讀者對於東方仍局限於美麗而野蠻的想像，從此時開始，歐洲人對於東方的觀點才開始轉變。勞勃・紹提（Robert Southey）[13]曾如此描寫一座園子：

穿過葉門夏季的咖啡叢
其氣息愉悅
如晚風和緩芳香

而湯瑪斯・摩爾（Thomas Moore）[14]在東方幻相的敘事詩〈拉拉蘿〉（Lalla Rookh）中提到：

飄逸的仙子在葉門山中躍動

他們都讀過尼柏赫的文章，見過包倫凡所畫的插圖，於是針對他們對葉門山區的新視點抒發靈感應和。在那之前，山一直是一個禁忌的地方，包倫凡記錄不同的意象，上面不但散置著本土特色的房屋，闢有梯田，更覆蓋了作物。一言以蔽之，那是個有人煙的所在。

天光逐漸黯淡，山區慢慢由琥珀轉為暗紅，空氣中的濕度也開始增加。平坦的小徑一路延伸到谷地，蜿蜒於山谷的一側，穿越香蕉梯田，看來有如盧梭（Rousseau）[15]的叢林畫作。我試著由梯田埂上一窺包倫凡所繪的風物，一名婦女在小徑上方大聲叫我，我趕緊跳了下來。她大笑，並請我吸嘴菸（mouth-snuff）。本來想試試，後來想想算了，我可不要因為一口尼古丁而反胃嘔吐。

哈第雅

走過空氣清新的瑞瑪山區後，哈第雅的氣息倒顯得不潔和不健康。儘管如此，在尼柏赫的時代，哈第雅就已經是歐洲咖啡商人的山區集散地，同時也是下方平原濕熱城鎮居民的避暑勝地，如法其鎮（Bayt al-Faqih）就是其中之一。當時的商人將此鎮發音為「Beetle-fuckee」，帶點髒字眼，不過這也許是他們對環境的真正反應，只是發音不準。

我在天黑後才到達哈第雅。膝蓋早已因為由「山」村一路下行，而無法動彈。先前我已和一位住在此地的英國助產士講好借住她的房子。她出遠門前將鑰匙託給鄰居，要我自行打理。這倒令我鬆了口氣，好歹可免去那些見面的客套。

正當我的手指滑過《腹瀉指南》這本書時，突然停電了。這是我在房內除了《自療指南》外唯一能找到的書籍。後者連痲瘋和熱帶痘狀皮膚傳染疾病都分不清，患有憂鬱症的人讀了恐怕會更憂鬱。我到平坦的屋頂上睡覺。一隻青蛙在一盆天竺葵裡輕輕地發出低沉的叫聲，遠處則傳來壁虎短促的啡嗒叫聲，伴隨著一些分辨不清的聲音。

天亮之後不久，我就被蒼蠅吵醒。這個時間還沒有駛往法其鎮的卡車，於是我信步走到哈第雅的瀑布景觀區。在我的印象中，這道單流瀑布由高崖上落下，分流到數個深塘中。通往瀑布的小徑上長滿了矮樹叢，可以見到十多種外表光滑烏黑的節肢動物。有些長達一呎，像是會走動的軟管。

但走到瀑布時，卻發現它已幾近乾涸。岩石上只見到細流的痕跡。看來除非高崖上方有充足的雨量，否則再難見到急湍激瀑倚著深色岩崖奔騰的景象。

我坐在那兒看著蜻蜓飛舞，想著那位不在家的女主人正在瀑布頂替人接生。水平地看，她去得不遠，但用垂直觀點看，她卻是在一個氣候、作物、衣著、建築，甚至語彙都和哈第雅不一樣的世界。在葉門，不論研究的是山區的農業學、民族學或方言學，都得用到三度空間投影，才能正確繪示出其中微妙的多樣性。但即使諸多對比遭遇垂直所阻，山區居民卻同樣依賴那道纖細的生命之水。

對於阿拉伯人來說，雨水是一種恩賜，對耕種土地大部分仰賴雨水的葉門人更是如此。在葉門詩作中，雨水是神祇恩賜的隱喻詞；而在歷史上，水源豐沛與否，象徵一個王朝是否正直。乾旱則是放蕩的懲罰。人們認為十七世紀中期穆塔瓦奇王朝伊斯麥爾伊瑪目（Imam al-Mutawaiikl Isma'il）的德政，使得地下水位增加。一九三七年，英國殖民期間，則是因為在哈卓瑪施行的政策不當，造成雨水氾濫，接下來還有七年的乾旱及饑荒。相反地，老是以春藥縱慾的君主阿里伊瑪目（Imam al-Mansur Ali）則造成井水枯竭。

恩賜與否，固然全在真神手中，但只要有適度的調解還是可以解決。缺乏雨水時，所有的男性都會爬到高處，開始念禱文，「請賜予雨水。噢，神啊，請憐憫我們。噢，神啊，請憐憫我們這些渴求水源和畜糞的愚蠢畜牲。」接著，他們宰牛當祭品，並留下牛給鳥類[16]分食。如果因此下雨，他們則盡全力留盛雨水。梯田就是葉門農人盛留雨水的方法之一。

那些梯田，看來有如懸在半空中，顯眼地繞在山間。有些梯田不過餐桌大，夾在垂直的岩石裂隙中。農民不只為了在崎嶇地形中開闢一些平坦的地面，更重要的是，那些梯田就像一塊巨大海綿的氣孔，或是運河水閘之間的連接點。農民藉由這些梯田蒐集雨水，導入用堤岸分隔的小區域內，然後再像支瀑一樣平均流入各片農田。梯田也減緩驟雨急流沖刷山坡的速度，為谷地保留更多的農作空間。急速往下的水流不但是種浪費，更沖刷掉農田的表土。這些擁有耕地的山區居民同時也以共同收益佃農的身分使用土地。山區的農耕方式隨時需要維護。任何一塊梯田遭到損毀，不但會影響到水流，並毀壞下方一層層的梯田。梯田上還必須隨時保持一定的植被，藉植物的根部進行水土保持。這麼細密的平衡，有時也會因為新開闢的鋪設道路使水流加速，並迫使流水改道而受到一定的影響。

人們都居住在上方。假如山上沒有人家，就表示其下的谷地也不適合人居。大多數的耕地皆局限在少數幾塊中央高地、濕熱又多瘧疾的海岸地帶，以及像哈卓瑪和佳甫等較大的內陸谷地。有些山脈由山頂到基部都是光禿一片。由於帶有保土作用的林木早被伐光，葉門山區正面臨土地流失的嚴重問題。除此之外，山區農民要面對的強勁對手還有嚴苛的天氣。

葉門人還真是大自然的強勁對手。他們由提哈瑪外的紅海汲取了千百萬噸的海水，越過陡崖石壁，穿行高山寒氣，到達米爾漢（Milhan）、胡發希（Hufash）、布拉（Bura'）、瑞瑪山區，以及烏沙柏雙峰（Two Wusabs）。蒸發與潛藏的能源；恩賜與毀滅。這就是為什麼瑞瑪居民能像老鷹一樣身居高處，為什麼葉門如此獨一無二。

我凝視著上方環繞的梯田；這是葉門人和土地共存最極致的象徵。我開始能夠了解十世紀的歷史學家暨地理學家漢姆達尼，以及其他地理宗譜學家將山脈視為葉門源頭的原因。氏系在前伊斯蘭時期，似乎不那麼受到重視。到處遊牧的北阿拉伯人發展出氏族的系統，讓自己有所延續。他們並將定居的農民鄙視為粗野的鄉下人。隨著伊斯蘭教在近東地區流傳，沙漠地區的阿拉伯人也在埃及和肥沃月彎見到大量為別人工作的定居農奴，農民在他們心中的地位相對更低。

但葉門則不同。它的古老文明一直都根基於農業。當那些文明一個個崩潰時，農民則遠播到山區，砍伐原始林木，開闢梯田。他們是擁有土地的拓墾者，而非農奴。至今葉門仍無農奴，同時歷史上少有大地主。著名的詩人阿里．札伊德以文字說明了他們的情懷，「家鄉的土地是氏族人士的榮耀。」葉門人驕傲的是家園，而非氏系。

為表達這樣的情懷，並說明人與地的古老連結，甚至政治上的連結，漢姆達尼及學派，用了「宗譜」（genealogy）這個超文化的語詞。葉門人拒絕被這個將沙漠價值觀理想化的字眼所涵蓋，他們改用另一個字：祖先。亦即他們是生根於南阿拉伯的卡譚後代。他們為自己描繪了壯麗的家園，宏偉開闊一如包倫凡所繪的插圖，更難能可貴的是，他們為自己的土地賦予了人的屬性。

十九世紀為西方人開創了一個新的阿拉伯形象。過去的探險家柏頓、帕爾格拉夫（Palgrave），以至於近代新維多利亞風格的塞西格，都描繪了只有具備特別榮譽與勇氣特質的人才能生存的不毛沙地。沙漠的價值再度復甦，並被浪漫化，為歐洲人撥響了更富道德的生活初韻。這個音韻仍在顫動，它所傳遞的意象，早已超越這個不像阿拉伯的阿拉伯國家範圍。

我在哈第雅的市集閒逛，並在一棵巨大的樹下坐了一會兒。它暴露在地面的根部形成不平的長椅，但表面卻因為數代以來人們坐於其上，而顯得極為光滑。這是棵熱帶榕樹，樹齡很大了，說不定尼柏赫、弗斯卡爾和他們的同伴都曾坐在這裡，研究過這棵植物。大約在中餐時間，我找到了一輛前往法其鎮的卡車，擠坐在駕駛室屋頂上的數袋咖啡之間，一邊嚼著阿拉伯茶葉。行經犀鳥棲息的鄉間，一群用薑黃根粉末將臉部塗成黃色的婦女迎面而來，她們戴著羊毛製成的假植物，額頭上還戴著茶杯大小的紫色草帽。車子和她們擦身而過，我知道，瑞瑪山區已經遠去，融入那片霧氣之中。

【註釋】

1 瑞瑪山原來的阿拉伯名字為約伯蘭（Jublan），源自布米亞氏族的Jublan ibn Salil，其兄Wusab的名字則成為南邊一座山的名稱。

2 亨利．摩爾（一八九八～一九八六），英國雕刻家，尤以一系列躺著的裸像著稱。

3 葉門咖啡是以研磨咖啡、糖、碎薑和水一起煮，煮一次，涼一次，煮三遍而成。

4 成立於一八五二年，一家位於美國康乃迪克州（Connecticut）諾衛其（Norwich）的槍枝製造公司。

5 一九二五年出生於美國紐澤西州的荷裔電影明星，曾在六〇年代的西部片中演出。一九八九年因心臟病去世。

6 前奧圖曼時期的歷史學家納拉瓦力（al-Nahrawali）曾提到，葉門人視此為惡兆，因為在一次戰役中，其軍隊統帥的驢子放屁後，全部撤退。要是這是真的，瑞瑪山區驢子這麼會放屁，這裡的居民不就倒大楣了。

7 埃及都市。

8 耶穌會的佩卓．皮雅茲（Pedro Piez）在十六世紀末行經南部海岸時寫道，當地人以果皮製的酒精替代飲料「Cahua」款待他們。阿拉伯語「qalwah」原意為酒，在英文拼寫上有多種變化，例如「coho」、「cohoo」、「coughe」，後來才定為現行的「coffee」。

9 一種由麵粉、蛋和穀粒所製成的食品，通常拿來招待特殊的客人。

10 巴基斯坦南部，位於印度河谷的省分，主要城市有喀拉蚩等。

11 十八世紀的法國遊客羅克（de la Roque）曾說：「這個顏色和英格蘭最好的啤酒顏色相似。」（La couleur de cette est semblable a la meilleure biere d'Angleterre.）

12 綠精靈（al-Khadir）是一個非常複雜的形體，集先知、聖人和天使於一身。有些人則認為他是卡譚的兄弟。八世紀一名作家曾如此提到綠精靈：綠精靈這個名稱只是用來表示他的特徵。有一次，綠精靈前往生命之泉時，被告知「他踩到的土地皆會變為綠色」。綠精靈不僅真實存在，有些人還在葉門西部山區見過他。

13 勞勃．紹提（一七七四～一八四三），英國詩人及作家，早期浪漫主義的擁護者。

14 湯瑪斯．摩爾（一七七九～一八五二），愛爾蘭詩人、諷刺作家、作曲家及音樂家，為拜倫和雪萊的密友。〈拉拉蘿〉為摩爾一八一七年的名作，此處作者錯置為喬治．摩爾。

15 盧梭（Henri Rousseau，一八四四～一九一〇），法國畫家。畫作中有大量的濃密叢林、野獸及具有異國情調的人物。

16 卡第（Qadi Muhammad al-Hajari）所著《概略》（*Compendium*）中提到一些偷牛賊偷來公牛，做為求雨儀式的祭品。雨雖然下了，卻下在牛隻原飼主的土地上。

第六章 儒艮之城

瞧船桁上那一朵雲，
出現在波瀾之上
古老的亞丁，一如營區火爐
任憑歲月，再無人點火。

——吉卜林，〈讚賞〉

一九九二年，一名資深宗教人員在報上批評亞丁市內有許多酒吧及荒淫場所，一名資深的社會黨官員則以一封公開信回應，「我們這位亞丁出生的博學者必然知道這些場所，若如此，他即應立刻告知政府。」這似乎沒有回應宗教聖職人員的批評，事實上顯露了特定的含意。他們並沒有污衊亞丁，但是誠如一位穆拉（mullah）[1]在讀奧瑪．開儼（Omar Khayyam）[2]的文章時，憤怒地叫喊「『來壺酒，來本詩作？』沒有宗教信仰的人！」，亞丁本就應該和其他城市不同。也許亞丁過去的一切都還有跡可循。於是我決定在一切改變之前，前往探索。

外面的街上有人在打架。我快速避開，進入一家酒吧的大廳，並付了費用。過了數秒鐘，眼睛才適應裡面的陰暗。圓形的房間裡設了一個小舞台和舞池。天花板上一個迪斯可圓球燈正不怎麼順暢地閃爍著。幾個穿著紗龍圍裙的男人圍著舞池喝啤酒。光是這點，那位博學的聖職人員就可能極力反對了。我才找到一張空桌，耳邊極近處一個聲音嚇了我一大跳。「吃晚飯？」字眼聽來含混不清。「你要吃晚飯嗎？」我終於看到說話的黑臉漢子。我點點頭。即使光線黝暗，都可聞出他用了大量的化妝品。當然，這裡的侍者清一色全是男性。那名侍者稍微猶豫了一下，轉身輕快地沒入黑暗中。等待食物時，樂隊開始調音。「咻！」我耳邊又傳來一陣溫熱的氣習。這個單音節的字眼充滿了令人驚訝的暗示；說不定他是莎莎．嘉寶（Zsa Zsa Gabor）[3]的影迷。彷彿剛塗了指甲油的指甲仍未全乾似的，他的手帶了點做作，輕巧地將一盤炸洋芋片和一瓶啤酒放在我桌上，然後轉身再度沒入黑暗。炸洋芋片是熱的，啤酒是冰涼的，我倒是有些意外。

樂隊開始演奏起七〇年代的黎巴嫩流行樂，閃光燈隨之閃動。一名女舞者由黑暗中出現，看來像是越南人。這個穿著比基尼的暴牙女郎開始舞動，看來不像在跳舞，反倒像是癲癇病人臨死前的抽搐。我跳起來可能還比她性感。幾個穿紗龍的男人想要將紙幣塞進她的胸罩，但沒成功。另一名侍者像拳賽中的裁判似地暗示跳舞女郎，並上前去撿起那些紙幣。他每次彎腰又站起時，總要仔細地攏一下光禿頭上僅存的兩綹頭髮。我又要了瓶啤酒。

音樂一停，跳舞女郎忙不迭地離開舞台，這是她第一次顯示出她的活力。樂隊改奏起埃及的流行搖滾樂，突然之間，舞池裡已經塞滿穿著渦紋襯衫及打褶西褲的青年。西褲上的縐褶多寡似乎反映了他們舞技的高超程度。一名精力特別充沛的小伙子，西褲上的縐褶多達二十道，他跳起舞來，骨盆彷彿有著特別的裝置，汗水瞬間由他的額頭不斷滴落。這些人都是麥可・傑克遜迷。

我正興味盎然地看著那些人跳舞，突然一個巨大的影子出現在我和舞者之間，擋住了視線。這會兒可不難看出她的性別。她那兩個驚人的雙峰在罩袍下抖動，像兩頭被困在布幕下的河馬。這個暴牙女郎之外唯一的女性，向我示意隨她下舞池跳舞。正當我思考拒絕會產生的後果時，一名骨瘦如柴的男人撞到她，並開始嘔吐。這令她倒盡胃口，於是她轉身尋找別的舞伴。嘔吐的男人則力竭地跌坐在我旁邊的椅子上。在閃光燈下，嘔吐的動作看來極端滑稽，有點像帶著分解動作的早期電影。那個男人不斷呻吟，我順手倒了些水給他。

吉他手在舞台上演奏了一小段古典樂，接著樂隊奏起「皇后合唱團」（Queen）的〈我要掙脫束縛〉（I want to Break Free），節奏稍快，不過表演精采，麥可迷跳得更瘋狂了。那名胖女人也在舞池中和他們跳舞，看來有如一頭引領著小魚群的母鯨。那名嘔吐的男人也勉強加入他們的行列。

那首歌結束後，大燈亮起。幾秒鐘內，舞池全空。我瞥見那名暴牙的跳舞女郎穿著罩袍出去了；那名男人的嘔吐物則灑在我腳邊的地板，看來有點像奶油甜點。

帶有鹹味的地獄

據說聖巴薩羅繆（St Bartholomew）[4]前往印度途中，曾在亞丁停留，並到夕拉島（Sirad Island）一座井中驅魔。數個世紀以來，這個魔鬼一直困擾著亞丁人，它不僅對前來汲水的人吐火，還施放腐臭雞蛋似的惡臭。根據穆佳威的記載，這座井是印度猴王哈奴曼（Hanuman）所鑿。他還提到所羅門先知在亞丁驅逐十頭怪獸的故事，更和《天啟錄》（*Book of Revelation*）及印度《摩訶婆羅多》（*Mahabharata*）中的故事遙相呼應。

聖巴薩羅繆到此地一事當然只屬傳說，井中惡魔也可用間歇熱泉來解釋。不過亞丁倒真有不少令人意想不到的奇人奇事，到訪者對亞丁看法也頗兩極。十五世紀時，具備超能力的蘇非派艾達魯斯（Abu Bakr ibn Abdullah al-Aydarus）在昏睡狀態中，向一座山的頂峰扔擲他的清牙棒，這根用來清理牙齒的小棒子飛到船上，堵住船身的破洞，拯救了這艘即將沉沒的船。而被稱為「似獸非人」的奧圖曼太監將軍蘇列曼（Sulayman the Eunuch），曾邀請亞丁的統治者參觀他的旗艦，隨後將其吊死在船桁上。另一位被稱為「地下蘇丹」的英國人漢斯，一八三九年建立了亞丁現代的貿易財富，卻因為在亞丁的帳面不清，最後身帶污點死於孟買。人稱「飛行貝都人」的空軍上將麥克勞里（McClaughry）最喜歡咬著雪茄，讓專人用一把巨大的中國式扇子侍候他在陽台上休息。曾經前往葉門山區蒐集兩萬七千種昆蟲標本的修．史考特（Huge Scott），則認為亞丁是個有趣且讓人喜愛的地方。反之，維多利亞．薩克維爾．衛斯特則認為亞丁是個「帶有鹹味的地獄」，同時也是「世界上最讓人反感的地方」。法國象徵派詩人亞瑟．林鮑（Arthur Rimbaud）則一度在火山口鎮（Crater）一帶度過一段慵懶的時光。

歷史過客中，多少人進出過亞丁這個繁華的港口——來自埃及托勒密王朝、阿拉伯海灣、中國廣東、印度坦米爾的商人；阿比西尼亞人及波斯人；為死者舉行火葬的印度教徒；將死者留於寂靜高塔任與鷹食、並戴著籮筐帽的祆教徒；受到布強及康拉德激勵的探險家和商人；進行器械非法買賣的海埠官員及船員；保持傳統的猶太人；點算著運往泰茲的拉蘇利王朝司庫；在猶如俄國捲毛狗的頭髮上抹上紅泥的索馬利亞碼頭工人；

由山區前往加地夫（Cardiff）居住的葉門人；在谷地被徵召而來、卻死於中暑的威爾斯人；來自坦尚尼亞三蘭港（Dar-es-Salaam）膚色黝黑的海員；從俄國羅斯托夫（Rostov-on-Don）來，一臉粉刺的各級士兵；一九七九年因「令人憎惡的錯誤」而被槍殺的阿里總統（President Salim Rubay' Ali）；以及最奇特的——來自北國，和一群俄國人民委員、共產黨官員、思想家及芭蕾舞講師搭乘骯髒的大不列顛火車來訪的馬克思和列寧……歷史過客如潮水，一波接一波，做惡的井中惡魔和基督使徒的來訪，又有什麼好奇怪的？

這座都市的市容看來就適合鬼靈居住。一八三〇年，一位行經的英國海軍官形容亞丁「……建設非凡，看來有如一座小島，高聳而崎嶇的各個山頭，有些建有小型建築，有些則是尖塔」。和寧靜的紅海不同，亞丁是個「飛行的荷蘭人」（Flying Dutchman）[5]和「古舟子詠」（Ancient Mariner）[6]需要的港口，即使它不存在，瑪莉．雪萊（Mary Shelly）[7]和固斯塔．鐸雷（Gustave Dore）[8]也會憑藉想像變出一座來。

亞丁的崎嶇地形來自火山活動，井中惡魔吐火及噴發臭雞蛋味道似乎暗示了這個事實。一群中世紀貴族曾以繩索垂降到夕拉井中一探究竟，當他們把繩索拉上來時，卻發現繩索的一端有烤焦的現象。由地誌上看，亞丁並非單一城市，它是由中央山峰夏姆森山（Jabal Shamsan）分隔的許多居住區所組成。其地形內凹，對於患有幽閉恐懼症的人來說簡直是個夢魘。十世紀的旅行家穆卡戴斯（al-Muqaddais）認為此地最適合做為羊欄。亞丁人對於火山仍帶著戒心，他們認為火山爆發不過是暫時止息，而非完全滅絕。一份有關先知預言的紀錄，描寫亞丁遭到火焚的情形，認為這就是世界末日的徵兆，「……熔岩慢慢流動……吞噬它所碰觸的一切。」

帝國幽魂

亞丁的地理結構頗令人迷惑。如果到庫爾瑪克沙機場（Khur Maksar）兜風，由空中俯望，也許就能看得清楚一些。

飛機升空，烏塔曼（al-Shaykh Uthman）大片低矮建築及市集逐漸遠去，往南飛去，越過溪流則是成排的城郊住宅。南端較高的地方矗立著全棟空調的亞丁大飯店（Aden Hotel），看來不像居所，反倒像座大冰箱。飯店前方依舊水道建成堤道，舊水道過去提供了亞丁主要的飲水。在淺灘上不時可見佇立的火鶴，以及將頭不停潛入水中的鵜鶘。

到達古老的土耳其城牆時，飛機往上升，越過陡崖。在英國殖民時期，到這一帶得要有足夠的護衛才能保障安全。往下望，這片三乘五哩平方的橢圓型地塊，就是大部分無人居住的亞丁半島。沿著海岸線按順時鐘方向，先看到的是老城區。此區就叫「火山口鎮」，是英國殖民時代以此地的火山地形命名的。此地也是航空站，但只供最小型的飛機起降。西邊山口的崖下有些樣子奇特的前伊斯蘭時期貯水槽，即一般通稱的「亞丁水櫃」（Aden Tanks）。衛斯特曾說它們看來像倫敦動物園的企鵝住所。昏禱禮拜的誦聲減弱到蚊子般的嗡聲，迴盪在上方的岩縫中時，這些水槽在微暗的天光中竟呈現了一種不祥之感。

繼續順時鐘飛越夕拉島，即到狹窄的瑪夏克岬（Ra's Marshaq）半島，接著則是空曠海岸上的懸崖和海灣。再飛行約三哩，岬下的「象背沙灘」（Elephant's Back）一路展開，淺灘末端的報廢船隻是一九八六年改革派與保守派的血腥軍事行動中，向象背沙灘發砲的砲艦。再往前，凸岬隔開了一座座沙質海灣。這一帶原有不少豪華別墅，黃昏時，那些工作過度的官員們經常在陽台上喘口氣，喝著飲料，觀賞背光的小亞丁（Little Aden）及逐漸消失的落日餘暉。

後灣（Back Bay）在此地變寬。飛機飛越英國人所稱的「輪船角」（Steamer Point）後，即到達老海港發展出來的達塔瓦希鎮（al-Tawwahi）。和火山口鎮相比，達塔瓦希鎮的街道較寬，建築也較華美。原名太子碼頭（Prince of Wales Pier）的「遊客碼頭」，是過去「半島及東方」、「洛依．翠斯提諾」和「漢撒」等輪船讓乘客下船處。乘客經過那棟小型的新哥德式迎賓廳，穿越各式風景明信片店、免稅商店，然後不能免俗地去參觀「亞丁水櫃」，再前往新加坡或英國的南安普敦。這些客輪再加上大量的貨輪，使亞丁港在一九五〇年代成為世界第二大港，僅次於紐約。然而現在的港口卻成為某些殘疾者長住的地方，泊船設備也在山坡上倫敦鐘塔（Big Ben）的凝視下逐漸腐朽。

越過懸崖和胡朱夫岬（headland of Hujuf），即是亞丁分散在各區的最後一個城鎮瑪拉（al-Ma'alla）。我們穿越近年來吸引無數航船的巨大油槽，然後沿著公寓密集有如峽谷的馬德拉姆大道（Madram Street）而行。

飛機低飛至原名奴隸島的工人島（Workers' Island）上方後，轉彎向下沿著稀疏矮樹叢的沙岸飛行。其北端為一九六〇代興起的建築群落。此處名為人民市（People's City），前身則是聯邦市（Federation City），是英國殖民時期為命運多舛的南阿拉伯聯邦（Federation of South Arabia）所建的首都。

飛機掠過此區，再次升高，越過一八六二年法國人想要整座購買下來的小亞丁。這座半島和亞丁本身的地形一樣崎嶇。亞丁半島和小亞丁像兩隻巨大的蟹螯護衛著海灣。通過小亞丁半島，一直延伸至曼德海峽（Bab al-Mandab）及紅海，皆為人口密集的海岸地帶。

疾飛掠過海灣，不由得懷舊想起亞丁黃金時期，那些船頭漆成白色的遊艇、歐洲夫人穿戴的連衣裙和帽子、棉料製品、英國軍官閃閃發光的餐具……。一九六〇年代蘇伊士運河成為英國皇家新寵之後，這裡便極少被憶及。對於年輕一代的守舊旅行作家，或是逃避馬克思主義的人，亞丁仍是一個最美好的地方。即使到現在，來此待過的人，仍有不少為過去的帝國舊夢感到怦然心動。但他們忘了英國撤退時的緊張，忘了那些苦力收起謙卑的微笑，舉起了武器。一九六七年內戰結束，葉門分裂的變動如此巨大，令很多人寧願選擇遺忘。

是帝國幽魂該被驅離的時候了。一九九〇年的統一，政府宣布亞丁為葉門的商業首府。它有著和雪梨、曼哈頓一較高下及成為世界一流海港的戲劇性條件。而它的戰略性地位更是可與新加坡或杜拜爭奪商貿中心的地位。但到了一九九二年，它卻仍在歧見中躊躇不前，落得古怪而襤褸。

葉門之眼

亞丁的地誌是形成人為奇特地理風貌的主要因素。在地圖上，它是阿拉伯半島多出來的一塊，一如地理上的盲腸，或是毗鄰地區眼中的異形。亞丁人深知他們和傳統氏族格格不入；他們隨著潮水自紅海、甚至遠從印度而來。他們並非土生土長，而是插枝而生。

亞丁的種族混合自古即已存在。穆佳威寫到各國人混居亞丁及鄰近地區，其中又以衣索匹亞人和索馬利亞人居多。多數移民都是伴隨亞丁港的商貿熱潮而來。移民湧入最多的一次是在上個世紀。一八四〇年代，出任印度總督的哈丁吉閣下（Lord Hardinge）曾擔心自由港的定位會使亞丁「成為紅海海岸放蕩人口的樂園」。二十多年後，杭特筆下的亞丁，證明他的擔心成真，「……亞丁居民的道德觀念並不高。」同時離婚的女性也引發不少問題。亞丁的猶太人在駝鳥毛加工及其他行業上形成壟斷，杭特對他們頗為反感，他認為「雖非違法，但很明顯地，他們一週才洗一次衣服和一次澡」。

為了在歷史上和薩那爭先，亞丁人宣稱像該隱（Cain）等大洪水前的人物，在古代即已受到亞丁人崇拜[9]，在哈第山（Jabal Hadid）的一座塔即是亞伯（Abel）[10]的古墳。希米亞族第一次在北方建立霸權時，即發現無力保護如此長距離的商路，於是改以發展瑪卡（al-Makha）的穆札（Muza）為港埠。西元一世紀，《希臘旅行書》（*Periplus Maris Erythraei*）曾經提到亞丁，稱之為「Eudamon Arabia」，說它只是一座小村落。不過，在托勒密時代，希米亞人即已控制此地，一如現代地理學家一樣，稱它為「阿拉伯商業中心」（Arabia Emporium），亞丁再度得到重視。中世紀時，有不少王朝統治過亞丁。拉蘇利王朝時代，為了補償蒙古人的蹂躪，在位的蘇丹極力發展亞丁的商貿，但所得財富皆納入拉蘇利國庫，並沒有留在亞丁。後繼的塔希里（Tahirid）蘇丹認為亞丁具有極大的潛力，於是發展特惠關稅振興港埠。

著名的蘇非派聖人艾達魯斯在塔希里時代居住亞丁。他的超能力事蹟包括在饑饉時自天空降下乳雨。直到今天，紀念他的節日仍是亞丁規模最大的。不過他倒沒有壟斷這些聖蹟。他的前輩佳瓦（Shaykh Jawhar）有一隻名為「幸福」（Sa'adah）的貓，能以喵聲的次數表示訪客的數目，該準備多少份午餐。有一天，「幸福」的「喵」數錯了，但不久，人們便發現她少算的兩位訪者是基督徒。

十五世紀末，歐洲人發現了經由南非好望角[11]前往印度的捷徑。被稱為「葉門之眼」的亞丁立刻讓正值文藝復興時期的葡萄牙眼睛一亮，第一眼就產生極大的誘惑。葡萄牙旅行家巴布沙（Duarte Babosa）曾寫到，亞丁「具有全世界最佳的港埠商貿條件」。一五一三年，自命為「阿拉伯航海、征服及商貿之王」的葡萄牙國王，命令他的部下推翻塔希里統治，但沒有成功，反倒是奧圖曼人在二十五年後占領了亞丁；不過土耳其人忙於鎮壓山區氏族，使得亞丁的水準惡化，最後成為流放犯人之地。十七世紀初期，第一艘進入亞丁灣的英國船艦發現亞丁狀況極差，於是轉向瑪卡。一八三〇年末，亞丁僅有九十棟石屋，而且都幾近倒塌。根據一名英國訪客的說法，大部分亞丁居民皆住在「用黃色蘆葦建造的簡陋小屋」。

英國蘇丹

我第一次看到火山口時，只覺得一切和想像相去太遠。它竟然沒有我想像的古老。但走到火山口邊上，道路陡降，然後平坦地切入洪荒世紀常見的景觀。

道路上方的玄武岩高地上，一八六九年興建的新哥德式聖母教堂（St Mary the Virgin）仍散發著英格蘭鄉土氣氛。這座教堂和輪船角的基督教堂（Christ Church），過去是基督教拓殖者最主要的精神中心，只是後者現已改為刑事偵緝部的總部。聖母教堂中沒有長椅，僅有幾張金屬桌。上方破敗的石棉屋頂凸出於三角牆外。從教堂往上走，我見到一些紀念英國諾福克軍團（Norfolk Regiment）的水泥板破片，由此地開始，崎嶇的路面散置著狗大便，經日曬後看來倒像是赤郡乾酪（Cheshire cheese）[12]。八百年前，亞丁曾制定一條消滅犬隻的法令，但他們只殺了一頭，其餘的都跑到崎嶇的高地，日伏夜出，直到今天仍然一樣。穆佳威曾提到「牠們所喝的水有毒，我不時祈求老天保祐，別讓牠們咬到我」。

炙熱的正午，整個火山口似乎正在悶燒，連狗兒都躲起來了。我俯瞰亞丁，讓我驚訝的是，若以亞丁的自然條件，根本不可能和聚落產生聯想——但人們卻在這裡開闢了家園。英國人棄此而去，並將重心轉往東方（Eest），判斷力似乎有待商榷。

但來到火山口鎮，這種懷疑瞬間消失了。倉庫、住宅、幾棟建有紗窗陽台好擷取微風的樓房、一座位於下方的窖式貨倉，就是整個聚落了。夏森山的另一面也有類似的建築，但大多較大且典雅。過去，這裡是亞丁的歐洲人聚居區。

塔瓦希鎮的大街旅館（Crescent Hotel）[13]建有大量的陽台。乍看之下，它的確保存了不少老航海時代的豪華。這座建於一九三二年的旅館，大廳以大型暗色木料裝潢，線條簡單，頗有遠洋客輪的感覺。但餐廳裡的桌巾卻硬梆梆的，靜止的天花板吊扇上停了許多蒼蠅。我聞到炸魚的腥臭味，一問，卻沒有食物可供應。酒吧的樣子更是詭異。養老院式的錦布沙發和豪華高背椅均已塌陷，彷彿仍有鬼魂坐在上面似的。地毯上的啤酒漬尚未乾透。多浪費，我要了半天，才得到一瓶溫啤酒，而且還是最後一瓶，但老客戶卻有史多利（Stolichnaya）伏特加可喝。牆上的超現實壁畫中，一根巨大的香蕉正在吞噬一條女性的腿。卡門．米蘭達（Carmen Miranda）[14]最後的演出！這座旅館和敘利亞阿勒坡（Aleppo）的貝隆旅館（Baron Hotel）[15]同期。但貝隆旅館好歹住過勞倫斯（T. E. Lawrence），而且很乾淨。後來我到貝隆旅館，比較之下，大街旅館的豪華況味不是消褪，而是瞬間腐朽。

有人告訴我，不論是大街旅館，或是附近建於一九五〇年代的老岩石旅館（Rock）都沒什麼好吃的，要吃飯就得到瑪拉的中國館子。在這個館子裡，不難碰到古巴使節團的人員，或是一群吃著糖醋烏賊、幾杯史多利下肚後、開始說起俄語的黨政人士。

這家叫「青馨」（Ching Sing）的餐館位於長達一哩、呈現新西伯利亞大塊風格（Novosibirsk-brutalist）的公寓區底端。

「我不知道俄國人在這裡建了這麼多房子。」我對計程車司機說。

「俄國人？哦，不是，那些是英國人建的。」

一九六三年，高級專員莊士敦（Johnston）形容自皇后大道改建，大半完工的馬德拉姆烈士大道（Martyr Madram Street）為「類似凱旋大道」。

我清楚記得，駐派在哈卓瑪的英國行政官哈洛德．英格拉姆斯（Harold Ingrams）[16]

對亞丁的看法。他認為那些僵硬的軍方將亞丁建設成了一個令人沮喪、過度現實、讓人不適的軍營式城市。政務官和軍方向來歧見很深，但最後總是軍方占上風。直到一九六七年英國勢力撤出葉門，這些紛爭才在亞丁結束。

一八三九年元月一個黑夜，兩名男子在亞丁的墓園裡，「就像兩名盜屍賊」一般來回搜尋。他們在散置的墓碑中，尋找雕刻精美又可取走的大理石板。其中一人名叫約翰・史拓迪・列夫（John Studdy Leigh），是英國商船停泊在亞丁時的貨物管理員，年僅二十四歲。隔天早晨，他和一些同伴一起爬上夏森山，吃過了野餐、幾杯酒下肚後，揮舞起英國國旗。「我們和其他登山的人一樣，留下一個紅葡萄酒的空瓶做為紀念。」

數個月後，英國國旗開始長久飄揚在亞丁。像列夫這樣帶有國家主義的冒險者，已經說明了新時代的來臨。拿破崙諸役（Napoleonic Wars）標示出一個轉折點，滑鐵盧戰役將搽了粉的假髮判了死刑，正如一個世紀後的第一次世界大戰，解放了婦女的束腹，也使裙子往上提高不少。漢諾威王朝的最後幾位國王生了十個私生子，但現在攝政團全被掃地出門；純潔且仍是處女的維多利亞戴上了后冠，亞丁便是她的第一個戰利品。

英國對於該區的興趣由來已久。曼德海峽的瑪因（Mayyun）及培林姆（Perim）等小島，早在一七九九年即有英軍駐守，以防止法國人經由該地航行到印度，不過隨後英國人便因亞歷山卓之役（Battle of Alexandria），被埃及趕出小島。退出瑪因則是因為缺水。航行於蘇伊士運河和孟買之間的汽船對加煤站的需求，再度吸引他們回來。一八三〇年，修．林賽號（Hugh Linsay）是第一艘航行於這條航路的汽船。接下來的十年，英國不斷在紅海口尋找合適的停泊點。他們試過龍血島（Island of Suqutra），但軍隊感染熱病紛紛死亡，最後不得不放棄。於是，他們選上了亞丁。

決定占領亞丁的是漢斯海軍上校（Captain Stafford Bettesworth Haines）。他生長在英國對外擴張、包括克里夫（Clive）[17]在內的彪炳時期。他以霸道、奉承、勢力統治亞丁長達十六年，最後遭到維多利亞時期孟買社交圈的鄙視，並稱他為「英國蘇丹」。他的畫像的確讓人有種聲名狼藉的印象，像海盜。如果他走的也是布魯克王朝（Rajah Brooke）[18]統治沙勞越那條路，或許可以逃過英國國教會（Establishment）的非議，但在亞丁，他卻是夾於東印度公司的倫敦祕密委員會（Secret Committee）及孟買殖民總督（Governor of Bombay）之間，不可開交。軍方特別對他統治當地領主及強力促進商貿的方式不滿。他在亞丁商業復興和新加坡的拉弗斯（Raffles）沒有兩樣，但是在孟買的英國殖民政府卻只要他做好防禦工作。漢斯的性格是個奇特的混合體：一八五一年，他將一名謀殺嫌犯的屍體，用鐵鍊掛在大柵門（Barrier Gate），孟買方面一度指責他「違反當代精神」。之後，當他被指控盜用公款時，卻宣稱「在阿拉伯，善意、仁慈和尊敬……比刺刀還有用」。總而言之，漢斯就像亞丁城——不合時宜。

英國和亞丁本地氏族的關係，在最初的三十年間幾乎一直呈現緊張狀態。毗鄰的拉吉蘇丹國（Sultans of Lahj）對英國的態度更是無常。但也不能怪他，漢斯就是由拉吉手中奪取亞丁。最具敵意的是統治東海岸地區的費德里斯（Fadlis）家族及蘇丹，普雷菲爾（Playfair）形容他們的統治者「一個老頭子，但……粗魯而善變，只對殺人越貨和侵害行為有興趣」。一八四〇年開始，當地氏族對亞丁發動了一連串不太成功的攻擊，但到一八六〇年代，英國則對外宣稱已經徹底擊潰氏族部落。

剛開始，內地人不知該如何面對這些進駐南阿拉伯的異族人。於是他們以部族的榮譽對待英國治下的亞丁，並以族長之禮對待漢斯，漢斯和其他新亞丁人也成了漢斯族（Banu Haines）。

漢斯及其後繼者都明白亞丁的自然資源只有海鹽，其他的物資皆得仰賴內地輸入。他們只好付保護費給毗鄰的君主，但孟買方面在各種條約越來越擴大後，開始不情願接受。

漢斯的麻煩是其本身不精於簿記。不論亞丁是受東印度公司、印度事務局或殖民局統治，都必須接受財務部門的督導。當稽核人員發現帳目上出現兩萬八千英鎊的差額時，漢斯馬上被提調到孟買，最後死於該地。雖然最後證明他沒有盜用公款，但基於他是「英國紳士」，仍應對赤字負起責任。

亞丁持續成長，漢斯的繼任者不但持續與各領主簽訂特別協定，地域更比以前擴大。本世紀之後，奧圖曼帝國自北邊擴展，強迫英國收斂勢力範圍，但雙方卻遲至一九一三年才達成協議，訂立邊界條約。他們以曼德海峽為起點，延伸到東北國界，畫出英、土勢力的邊界線。隔年，英、土戰爭爆發，條約變得不具意義，葉門便在這樣薄弱的法定基礎上，被一分為二。

兩強相爭

兩強在南阿拉伯的衝突[19]算不上大場面，反倒顯得可笑和荒謬，即使用第一次世界大戰的標準來看這場兩強之爭，也顯得極其兒戲。

英國和奧圖曼軍隊於一九一五年七月四日同時到達拉吉，兵疲馬困。第一樁傷亡事件，竟是一名印度兵騎馬出城迎接先行縱隊時，誤將蘇丹阿達利爵士（Sultan Sir Ali ibn Ahmadal-Abdali）當成土耳其人，而開槍射擊。阿達利不久之後死亡。儘管英軍人數多於奧圖曼，但發生這件事後，隨即撤軍。而土耳其人則占領了烏塔曼。由於英軍的大砲皆朝海面，土耳其的掠奪部隊長驅直入遠達瑪拉，沒有受到任何阻撓。

前來亞丁解危的是喬治．楊赫斯本爵士（Sir George Younghusband），其弟便是入侵西藏的法蘭西斯．楊赫斯本（Francis Younghusband）。當時徵召他的訊息是「土耳其人正在高爾夫球場上」，這不是什麼隱喻，事實上亞丁高爾夫俱樂部（Aden Golf Club）球場皆在庫爾瑪克沙（Khur Maksar）南邊的地峽上。喬治．楊赫斯本爵士後來對此役的敗北描述道，「軍人們頹坐，有些則因熱病不支死亡……有些人說要前進，但大部分人則說要撤退，並真的撤退。」

英國軍隊在楊赫斯本爵士指揮下，很快地奪回庫爾瑪克沙，不理會高爾夫俱樂部的懊喪，加強了地峽的防禦工事。其他戰事大多是在無人區的近身混戰，偶有砲火攻擊。在亞丁轉站的旅客，不時前往刺網那頭，希望能見到砲擊。整個戰事頗有騎士精神。土耳其統帥並未讓亞丁斷水；而英軍方面一如既往，最感困擾的是財政問題。倫敦政府和印度殖民政府為了誰該支付龐大軍費而爭執不下，最後以平攤解決。

這兩個強權中，土耳其在凡爾賽和約中優雅地退出，英國則是在首相亞瑟・詹姆斯・巴爾福（Arthur James Balfour）答應於巴勒斯坦為猶太人建立家園後，進入無窮盡的中東慢性自殺。死亡的過程很緩慢，亞丁最後陷入手榴彈和狙擊手攻擊，結束痛苦的掙扎。

哈卓瑪的英國行政官英格拉姆斯曾於一九四一年的《阿拉伯及其島嶼》（*Arabia and the Isles*）序文中寫道，「我是一名帝國主義者，我確定亞丁領地（Aden Protectorate）中，大部分的阿拉伯人也是一樣。」一九六六年的版本中，英格拉姆斯為這句話加寫了九十頁的辯解。這二十多年中，他，以及少數類似他之人建立的一切，皆已化為塵土。

漢斯、他的後繼者和那些小領地君主，用小寫草體字所簽訂的條約，使得葉門南部呈現了眾多邦國的紛亂局面。這些小邦國通稱西部領地（Western Protectorate），有別於主要由哈卓瑪及瑪哈拉兩地所組成東部領地（Eastern Protctorate）。自亞丁海岸線內一百哩處向內陸延伸，總面積比東部大。一九三〇年代，英格拉姆斯已在東部領地締造和平，但西部領地仍紛擾不堪。奧圖曼撤出葉門後，雅哈雅伊瑪目宣告葉門統一，並占領了西部領地的部分地區；英國人在雅哈雅的占領區轟炸，最後雅哈雅同意維持現狀，但卻未放棄統治全葉門的企圖。一九四〇年代末期，英國在西部領地採取激進政策，強制各領主採行英國的「建議」。新的伊瑪目阿赫瑪鼓勵各君主背叛英國，英國隨即以軍事行動對應。英格拉姆斯對於英國的干涉極感無奈，並稱之為「英國本位」（Englishry）。

一九五六年，英國失去蘇伊士運河後，情況變得更加嚴重。英國受到美國及冷戰偏執的刺激，決定擴大亞丁根據地做為補償。這一次，他們盡量討好諸領主，希望能在未來得到善意和正面的回應。一九五九年，英國創立南阿拉伯聯邦，希望藉此推行命令。大約有十二名領主簽署加入，但東部領地較大的邦國，則因不願和西部領地諸邦分享石油資源及其他原因，拒絕加入。英國的意圖是想建立一個像阿拉伯聯合大公國的體制，並給予各領主部長的職位。但這並不能讓他們對英國忠心耿耿。

英國為了奪回蘇伊士運河，把自己弄得聲譽盡失。許多人甚至覺得英國為了達到目的早已喪失良知。開羅電台為讓全世界知道，大肆廣播英國的行徑。亞丁英國政府自圓其說地宣告它與亞丁的良好關係、聯邦團結如常。然而英國作家大衛・荷頓親眼目睹後，卻提出完全相反的報告。他表示英國在蘇伊士運河失利後，於亞丁的所做所為，簡直是「失去理性的興奮」。

埃及的納瑟指責的不光是英國，還包括在埃及殖民地壟斷經濟和政治的印度人。一九五五年，葉門成立立法議會（Legislative Council），選出四名立法成員，並制定新法律，不過領地的阿拉伯人和北邊的人，大多沒有投票權。英國的哲學家喬治・桑坦雅納（George Santayana）說：「在歷史上，自從希臘之後，再也沒有一個主子像這次這麼可愛、正直，而且孩子氣。」如果蘇伊士運河事件揭露英國已經老化成一個怨懟而專制的老人，葉門的選舉則真如古代雅典，所謂的民主其實操控在一群非市民的手上。

阿拉伯聯邦成立的兩、三年後，亞丁急速成長。除了金錢湧入，小亞丁的煉油廠也全力投入生產。但對於英國人，至少對於保守政府來說，阿不都拉・阿斯納（Abdullah al-Asnaj）不啻是蘋果中蠢蠢欲動的蟲子。他身材矮胖，天真但其實機詐的外表，看來和他對頭——工黨頭子哈洛德・威爾遜（Harold Wilson）有些相似。阿斯納幫貿易聯盟在威爾遜、納瑟及阿赫瑪伊瑪目面前撐腰，形成壟斷。當然，這三者各有目的，也預示將有更多事端要發生。

活得像個殖民官

英國人的生活依舊，雖然經過事後的證明，真有點兒布紐爾（Bunuelesque）[20]超現實主義的味道。漁業部的人正在探尋飼養胭脂魚（sucker fish）的可能性，這種「像寵物」一般的魚經過約十天的訓練後，只要餵食和運動，即能捕捉可用來煮湯又能做飾品的綠蠵龜。然而費雪牧師（Reverend J. Fisher）對後灣的情形頗有微詞。但他可不是碧翠斯．波特（Beatrix Potter）[21]筆下那隻站在水蓮葉上的青蛙「費雪」（Jeremy Fisher），懷著悲天憫人的心態注意生態，他在意的是他的精神食糧——「神速二號」（Speedy II）遊艇能否順利下水暢遊。總督威廉．路斯爵士（Sir William Luce）認為必須開闢第二工業，否則此地政府公共的龐大開銷遲早會被削減。《亞丁港年刊》（*Port of Aden Annual*）曾評論「不論這種事在近期看來多麼不可能發生，聰明的人理應聽從明智的導引」。似乎真不必太擔心。一九六二年的國防白皮書像玩撲克牌預測地宣布，亞丁現狀至少還會維持十年。這表示板球將繼續在輪船角一帶揮動，庫爾瑪克沙的球場也會持續舉行馬球比賽。在殖民地最後的時光裡，與這些脫節的是附近海灘上覓食，不知道自己有多幸福的火鶴。

一九六三年，大約有六個月的時間，《亞丁導覽》（*Welcome to Aden Guide*）不斷告訴到訪者，他們到此享受的是那些富貴人家的療養病人才享受得到的氣候。聯邦軍隊總司令布里佳迪爾．朗特（Brigadier Lunt）也說這裡氣候溫暖，「穿著花呢套裝令人不舒服。」、「不要在意六個月的花費，或專人掌廚的費用。」這份介紹上強調，只要來到亞丁，就可以活得像個殖民官，或者，至少也像個大人物。

這與實際情形根本不符。像所有殖民地職務外調一樣，社會階層的隔離要比在本土顯著。即使在海灘，官員、其他階級及平民彼此也會避免看到露出海灘裝扮外的身體。社會等級一直是亞丁日常生活的一部分。一九三〇年代，英國人的階級最高，阿拉伯貴族、祆教徒，及其他非英籍大人物等群體為第二級；其他的人皆屬第三級。到了五〇及六〇年代，情形並沒有改變多少。設於小亞丁的煉油廠員工宿舍被分為四級，單棟、雙併到連屋為前三級，另外一級則是公寓。各公寓設有共同院子，專供「深閨婦女透氣」之用。社區內的道路皆以英國郡名命名。

亞丁此時的標誌為儒艮，一種被誤傳為美人魚的動物，又叫海牛。它在海中棲息的時間比在陸上多；貌極醜陋，被誤傳為另一種生物。縱使有陽光、有海洋、有僕人侍候，亞丁也只不過是一座混合直布羅陀（Gibraltar）、地獄（Hell）及克魯教區（Crewe）[22]，並設有免稅區的城市。

由於後蘇伊士運河軍人及相關人員大量湧入，許多堅持阿拉伯化及其他熱中者皆逐漸被排除到亞丁之外。對於這些人來說，被稱為「葉門之眼」的亞丁，向來是他們最看不順眼的地方，最好能快速離開，帶著愉悅的心情移居到純粹阿拉伯文化的領地，更何況這個殖民地中不斷擁入大量外來者。庫爾瑪克沙不久就成了平房叢林，而阿拉伯式的「亞丁」也被轉化成盎格魯撒克遜式，聽來像肯特小村莊的畸形名稱「愛丁」（Eighden）。對亞丁最後十年殖民期的大多數英國人來說，阿拉伯只存在於周邊，被孟買殖民階層藩籬所隔開。下了船的遊客經常被帶去參觀那些在碼頭上小睡的苦力。「你將會看到棕色皮膚的小個子，高度也許不到你肩膀……人們通常會訝異於他們竟然可以長得如此英俊……他們的慣常表情，總是顯出嘲諷式的順從。」如此膚淺，但卻是英國人和亞丁人的典型接觸。

即使那些同樣在南阿拉伯工作、操同樣語言的人，也開始與他們保持一定的距離，而且這種情形與日俱增。駐派官員中獨一無二的英格拉姆斯，將這樣情形歸因於來自非洲殖民官不熟悉這裡的社會系統。他相信英國人可以進入阿拉伯人的社會，但卻遭到亞丁總督莊士敦爵士的攻擊，「我無法苟同他認為在阿拉伯的英國人必須在想法上和阿拉伯人一樣。我相信，這是件極不可能的事情。任何企圖這樣做的人，最後都會因為阿拉伯人的不可了解而放棄，並且明白歐洲人根本無法影響這個事實……。他的心態……一半是理性的，但另一大半則是神祕的，但整個來說，讓人無法理解。」查理斯爵士的《輪船角外的景觀》（*The View from Steamer Point*）中有一張照片，是他和凱依提蘇丹（Qu'ayti Sultan）一起喝茶。這間德里—愛德華式（Delhi-Edwardian）客廳看來極不舒適：蘇丹頭戴高尚的頭巾，看來像威爾士詩會[23]中的吟遊詩人，總督本人則皺著眉頭看著茶杯，彷彿有一隻蠍子在茶葉裡游動。

英國殖民期的最後十年，亞丁自成一格，同時英國人的地位呈現極為奇特的狀況。然而在英國人和一些上了年紀的西方人概念中，亞丁卻是葉門中離他們最近的。後來當上首相的柴契爾夫人（Margaret Thatcher）曾對一對前往薩那赴任的夫妻說：「你們對葉門人可得留心點。你知道，他們滿狡猾的。」她所指的即是一九六〇年代的亞丁人。

一九六三年初，即使政治加溫，一切仍算平靜，武裝部隊亦呈休兵狀態。只有外號「飛行中尉」（Flight-Lieutenant）的史衛曼（R. Sweatman）為了不明原因的目的，僅帶著五品脫的水，以十八個小時的時間，越過四十哩的沙漠區。這一年，一切太平，只有幾名皇家空軍在西部領地爬山時，被八隻身高四呎的狒狒攻擊。

長期居住有損身體

回到我當英文教師那個時代的某些經驗，讓我很容易理解女皇參加白金漢宮花園茶會，聽到來自葉門的消息時強顏歡笑的感覺。當時班上第十五號的納瑟（Nasir）是名工程師。我花了很長的時間告訴他「你好嗎？」（How do you do?）和「你從事什麼工作？」（What do you do?）之間的不同，在課程結束的口試中，我問他：「你從事什麼工作，納瑟？」

「我是工程師。」

我勉強微笑，以示鼓勵，接著問：「哦，真的？哪種工程師？」他說屬於水泥工業。這點我早先就已知道。我又問到他的父親。納瑟答說父親已去世。我順口用過去式問：「令尊從事什麼工作？」（And what did your father do? 亦可譯為「令尊做了什麼事？」）

納瑟看著窗外薩那的夜晚。他是否正在痛苦的記憶中掙扎？或斟酌動詞時態？他回頭看我，眼角皺紋慢慢升起，他臉上突然有了笑容。

「我父親殺了一個英國人！」

納瑟的父親卡譚（Qahtan al-Sha'bi）參加四年對英抗戰。他所領導的國家解放陣線（National Liberation Front，即NLF）曾於一九六三年十月十四日，在亞丁北邊和葉門阿拉伯共和國邊界交界的拉凡（Radfan）山區，贏得第一次勝利。後來被稱為葉門南部革命的開始。這個地名現在是一個香菸品牌。在拉凡山區，國家解放陣線的狙擊兵困住兩個英國支隊，長達六個月之久。同時間內，亞丁則有武裝暴動，並使用了大量的手榴彈。一九六三年十二月，國家解放陣線刺殺高級專員（High Commissioner）甘迺迪・特列瓦斯基斯爵士（Sir Kennedy Trevaskis），但功敗垂成。英方從此宣布非常動員令，持續到英軍撤出葉門。接著卡譚被任命為總統，脫下紗龍及軍裝，改穿起原來那位壓制者的西服。他是國家解放陣線唯一超過四十歲的領導人。

在這四年中，英國殖民政府發現自己被重重包圍：除了國家解放陣線，各聯盟也武裝組成南葉門占領區解放陣線（Front for the Liberation of Occupied South Yemen，簡稱FLOSY），以及一般的阿拉伯國家主義者。聯合國此時也要求英國讓葉門具備憲法體制。英國人原本希望依靠南阿拉伯聯邦，沒想到事與願違。

一個世紀之前，杭特船長（Captain Hunter）在他的《阿拉伯亞丁地區英國拓殖區記述》（*Account of the British Settlement of Aden in Arabia*）中曾經警告，「長期居住亞丁，將會削弱身體官能，並損害歐洲人的體質。」儘管如此，也許不斷遭到攻擊，才是英國在亞丁殖民政策最後潰敗的主要原因。英軍受到游擊隊攻擊時，第一個反應是回擊，然後由一名高大的斐濟裔英國特種空軍中士拉巴拉巴（Labalaba）領軍的便衣人員進行滲透，最後又採取勸誘。

一九六七年四月，夏克力頓閣下（Lord Shackleton）被調派到亞丁，向解放陣線的人請求，「是否能請你停火，讓我們進行協商？」對方則答以「不可能，除非我們已將你們逐出」。

他們後來果然將英國人逐出葉門。對於軍方來說，如此有失顏面的事委實難堪。帶領西蘇格蘭阿吉爾（Argyll）及蘇鐸蘭高地聯隊士兵（Sutherland Highlanders）的米歇爾中校（Lieutenant-Colonel Colin Mitchell）說：「呃，你知道，單純以一名軍人來說……軍隊的聲望皆仰賴反攻奪回。我們遭到敗北被驅逐，唯一該做的就是反攻。」

這是一九六七年七月他在電視上的談話。一播出後，他在英國成了人民英雄，被稱為「瘋子米契」（Mad Mitch）。他的眼睛在蘇格蘭高地人的船形便帽下閃閃發亮，但那桑德赫斯特式（Sandhurst）[24]的清脆發音，難以掩藏勝利的訊息。於是吹著笛子、晃動著短裙的阿吉爾軍人殺入格子紗龍的亞丁，和前武裝皇家警力經過十三天的對抗後，再度占領火山口鎮。他們原來打算以卡爾固斯塔式（Carl-Gustav）反坦克飛彈打開渣打銀行（Chartered Bank）總行大門，後來因為某個聰明的人建議按門鈴，管理人開了門讓他們進去，省下一筆錢。按當時印、英兩地政府皆不願為龐大軍備負責的情形下，這倒是值得一提。

「瘋子米契」的高見還沒完：「我們戰力強大，但也是一群極公正的人。若任何人膽敢惹麻煩，鐵叫他們身首分家。呃，他們會適時得到教訓的。」不過，時不我予，保守的高層最後做了決定，將米契拱為保守派國會議員。

國家解放陣線和南葉門占領區解放陣線不但持續進逼英軍，同時也相互攻擊。南阿拉伯聯邦的蘇丹們，受到美國的壓力，不得不依靠英國本土的工黨政府。工黨頭子哈洛德．威爾遜有一次還拜訪了與他長相有些相似的阿斯納。然而到了一九六六年，英國政府領悟到為了占有亞丁付出的支出實在太過龐大，決定放棄亞丁、南阿拉伯聯邦、蘇丹，以及所有的一切。一八七〇年代，孟買英國殖民政府曾抱怨亞丁每年高達十五萬英鎊的沉重負擔，一九六五年左右，每年則耗去英國本土政府至少六千萬英鎊。一九六七年外務大臣喬治．布朗（George Brown）宣稱：「以最快的速度遠離整個中東，離得越遠越好。」

當南阿拉伯聯邦在失去英國人的支撐後，就像小木偶被剪斷了線，我們無法知道它到底是會馬上潰散，或是繼續維持下去。倒是這件事之後，那些蘇丹大多到了沙烏地阿拉伯，過著慵懶舒適的生活，但許多支持他們的人卻被敵對勢力所殺。英國本土政府像個焦躁的賭徒，慌張地在最不利的時機下注，最後籌碼全壓到國家解放陣線上。雙方於一九六七年十一月二十一日在日內瓦的基督教女青年會（YWCA）談判，旋即傳出謠言，謂皇家空軍前往轟炸南葉門占領區解放陣線的陣地。

套一句南阿拉伯聯邦外交部長歐拉奇（Muhammad Farid al-Awlaqi）的話，對於英國人的可恥行為，他有種被「徹底背叛」的感覺。於是「英國人的承諾」（wa'd injlizi）產生了新的意思。根據當時一位在亞丁的英國政務官大衛·立傑（David Ledger）轉述一位聯邦統治者的話，「要做英國人的朋友，不如當英國人的敵人。如果你是他們的敵人，你有可能被收買，但如果你是他們的朋友，絕對會被他們出賣。」英國人認為這些人和他們作對的想法一點也不偏執；南阿拉伯的每一個人確實都和他們作對。

一九六七年十一月三十日下午三點。最後一架直升機飛掠而過，從飛機上俯瞰，下方的風車如同靜止般。太陽已經開始偏移，轉向小亞丁後方的海洋，但庫爾瑪克沙的陽光依舊熾烈地照在淘鹽盤上。英國人已經撤離，就像聯邦軍隊總司令布里佳迪爾·朗特說過的話，他們就像夜裡的賊一般溜走了。

喬治·布朗以其精湛的技巧，公開發表了一份保守的陳述，提到「某些大英帝國希望在（亞丁）獨立之前解決的事，將持續延後」。最後一位高級專員韓佛瑞·崔偉爾揚爵士（Sir Humphrey Trevelyan）承認，「占領期間，對國家幾乎沒有任何好處。」理查．克羅斯曼（Richard Crossman）在私人日記中透露，「我們離去後，此地將由混亂所統治，我唯一想說的是——感謝老天。」

客居亞丁

「棺材才是問題。」教堂司事阿不都拉說，「被水腐蝕後，就一個個塌陷了。」我們正在瑪拉的基督教墓園喝著丁香味的茶。許多墳墓都已經成為一個個大坑，彷彿裡面的死者都在戰爭的槍聲中醒來，掙脫逃出去了。亞丁才剛經歷過一場罕見的洪水，連墳區都難倖免。地面散置著發白的貝殼和碎珊瑚。原以為那是被海水浸蝕過的骨頭，後來才明白他們用這些東西裝飾墳墓。有些石碑不久前才被破壞，阿不都拉感傷地搖著頭說：「破壞這些的人不夠資格當伊斯蘭教徒。」

這就是許多人最後長眠的地點。戰士和平民，英國士兵和紈褲子弟全都並躺在這裡。分享這片土地的還有望族的孩子、希臘與中國的商人、獨立前孤獨下葬的法國巴海大同教徒（Baha'I），以及在索馬利亞獵獅時為了解救狩獵嚮導而受重傷、最後於一八九六年十二月客死海洋的山巴克（Henry Martin Sandbach）。不少死者的身分已不可考，墓碑上僅寫著「客居亞丁」。

除了死者，英國還留下不少東西。例如街上一千多輛嘎嘎作響，駕駛座在右邊的

「萊禮」（Riley）、「摩里斯．麥諾」（Morris Minor）和「漢柏」（Humber）老爺車，船員俱樂部對面一大列定點停靠的貝德福牌（Bedford）小貨車，賣著用《新加坡海峽時報》（Straits Times）包裹的魚和炸馬鈴薯條。當時的郵筒仍在使用，但上面的皇家徽章已被鑿去。駕駛人（driver）的發音是「draywal」，但螺絲起子（screwdriver）卻叫「dismis」，和「解散」（dismiss）諧音。一名老人把我攔下來，念起了「一，二，扣起我的鞋……」[25]。維多利亞女皇的雕像原位於大街飯店隔壁的花園，現則被搬到國家博物館的後院。

一個世代之前，那些被免稅品吸引而來的人所遺留的種種痕跡，已在時光之中消失殆盡。但在輪船角，那些船運公司、吊燈公司、便利商店、海員商店仍到處可見，其至列克斯連鎖店（Lax Stores）「歡迎試貨」的標語都還清晰如舊。列克斯的貨品極多，馬表、便盆、已不生產的汽油打火機、齒輪鋼珠，不勝枚舉，但最主要的是上了漆的掛式海生動物標本。店裡不時往街上散發出一股腥臭味。

一群俄國人正在店裡穿梭，櫃檯後的人嘆著氣說：「他們從來都只看不買。哪，也許偶爾買隻龍蝦。」他在玻璃櫃檯內的灰塵中摸索，拿出一對袖釦，「波羅的海琥珀。」

「多少錢？」

「不要錢。我喜歡送點小禮給最好的客人。」他說。但這卻是我第一次進到這家店，什麼也沒買。「你說你打哪來？德國？法國？義大利？比利時？」

比利時！老天爺，英國人曾在這兒待了一百二十八年。我們是那些自稱了解阿拉伯人的人。我們還設了郵政系統和修女團。「英國人。」

「啊！那我得給你一樣特別的東西……」他又伸手到櫃檯的底架上摸索。站直時，手上多了一樣東西。他吹去了上面的灰塵，「上次忘了給你。」

一顆手榴彈。

「裡面是空的。」他說，臉上帶著微笑。裡面果真是空的，可以拿來做一個不錯的打火機。我謝了他，拿著手榴彈走了出去，還是什麼都沒買。

以經營者名字命名的阿濟茲書店（Aziz's Bookshop），老闆可就會做生意多了。他對於一九六〇年代出版品的價值特別清楚。裝了玻璃的高大書架上，不但有「憤怒比利」（Billy Fury）的音樂作品、跑車迷雜誌、亞丁彩色九大景觀，甚至還有金髮美女芭巴拉・溫莎（Barbara Windsor）著性感泳裝的問候卡，上面寫著「嘿，你的生日真教我興奮……就像我剛梳過頭髮的感覺！」。

阿濟茲的生意一直處於不佳的狀態。對我來說，他的店裡有那麼一股童年閣樓的味道。他的日子就在聽BBC的節目中慢慢消逝，他必然清楚自己的營業狀況不佳。不過他並不是第一個，亞丁的店家自一世紀開始，到後來的拉蘇利王朝、奧圖曼帝國，一直被地緣政治所產生的衝擊所迫害。這對他也算是個小小的慰藉吧。

商貿史

亞丁最早的商業歷史已難追溯，但我們知道，到了十世紀，這個港口在國家商業圈中已有一席之地。以開羅為根據地的法密德王朝（Fatimid）強盛超過阿巴希德王朝（Abbasid）的巴格達，亞丁一躍成為東方物資集散港。穆卡達西（al-Muqaddasi）[26]在當時所寫的文章中，稱亞丁是「中國的入境大廳及西方的倉儲」；後世也在此區發現當時品質精良的灰綠色瓷器碎片。此區和遠東一直互有往來，根據在中國廣東發現的十四世紀初期石碑銘文顯示，來自亞丁東邊阿比楊的商人曾在廣東建了一座清真寺的大門及寺牆。

有關亞丁中世紀商貿，穆佳威的記述最為詳盡。他不但詳列自印度、信德省、衣索匹亞及埃及進口到亞丁的商品，甚至把所繳的稅金也加以記錄。他的故事之一提到港口官員和商人之間曾有這樣的摩擦：官員查問一群來自東部哈卓商人個人資料，這些商人回答，「屁眼、大便、尿道口、無聲的屁，以及陰毛。」憤怒的官員不讓他們通行，他們的貨品也在等待通行時遭到踐踏。剛好蘇丹經過，於是詳問細節。

海關官員說：「他們的名字……我說不出口。」

「哪，」蘇丹回答，「如果連你都無法說出他們的名字，我怎麼向他們課稅？我下令免除他們的稅金。」

當時的港口安全非常嚴苛。海關人員任意搜身，甚至「臀股之間」也不放過。他們還僱用一名乾癟的老太太檢查所有到港的女性。在奴隸市場，女孩子被脫光衣服、灑上香水後，強制執行有如醫學般精密的檢查。

穆佳威寫道：「富魯直庫西（al-Hasan ibn Ali Hazawwar al-Firuzkuhi）對我說：『我將一名印度女奴賣給亞丁的亞歷山大商人。他將她留了七天，直到他對她厭倦時，便推說她有瑕疵，並寫了張令狀告我，說我將不良商品賣給他。法官問：『她有什麼瑕疵？』對方說：『她的陰戶鬆弛，同時不結實。』於是我就反駁，『如果你的陰莖小到無法塞滿她的陰戶，那麼你要她光滑、白嫩、無毛又芳香的陰部有何用？』法官一聽，大叫『全都給我趕出去！』，於是我們全部出了法庭，我回去做我的事，女奴仍歸那名商人，至於他們之間如何，我就不知道了。』」

由中世紀到一八五〇年改為自由港這段時間，堪稱亞丁貿易的全盛期。一八六九年，蘇伊士運河開通後，貿易明顯回升。根據杭特一八七七年的紀錄，運進亞丁的貨品包括了羽毛、炮竹、魚翅和牛胃、甲殼類及瑪瑙貝、龜殼、雨傘及鴉片。毒品的買賣是合法的，但是「除非有許可」，不得將鴉片賣給歐洲人。印度大麻（hashish）基於「免被濫用」的理由，當時的價格頗高，二十八磅重約要十英鎊。除了海上貿易，每年由內地進入的駱駝也高達二十五萬頭。

也是在這段期間，亞丁的貿易商發了大財。最早投入的是兩位祆教徒丁蕭（Messrs

Cowasjee Dinshaw）及艾都吉（Mr. Muncherjee Eduljee）的公司。根據杭特的說法，「火山口鎮哈洛茲百貨」（Harrods of Crater）「幾乎買得到任何東西」。這類百貨商店，以及路克・湯瑪斯船長（Captain Luke Thomas）所開創的商店，在一九六〇年代商業後勁仍然極為強大。他們的服務包括交通運輸、灌溉器材服務項目，販賣杜爾頓・史丹利衛浴陶瓷、里亞・佩林的烏斯特郡調味醬（Worcestershire Sauce）、寶貝強嬰兒食品（Babycham）和華特士棕櫚太妃糖。

所有的生意中，就屬貝瑟（Provencal Antonin Besse）做得最出色。他在一八九〇年代末期來到亞丁，直到一九五一年去世為止。他被暱稱為畢斯（al-Biss），即「貓」的意思。這段期間，他於一九四八年捐了一百五十萬英鎊，在牛津成立聖安東尼學院（St Antony's College, Oxford），這筆鉅大的財富來自他在非洲角（Horn of Africa）及阿拉伯海岸到哈卓瑪一帶的生意。經營項目包括「皮革、毛皮、油籽、黑豆類、白棉籽、芳香料、沒藥、香脂、蘆薈、墨魚骨架、珍珠母貝、阿拉伯膠及咖啡」，不過，他的巨大財富大半來自石蠟和糖的壟斷銷售。這位極其特別的人熱愛尼采、華格納、街頭足球，以及到夏森山閒逛。他最討厭墨索里尼及穿短褲搭配襪子的人。對於愛穿襪子的英國人來說，後者看起來必然很不順眼，以致英國人常在閒聊時不留情地加以批評。但對於英國人來說，最糟的莫過於貝瑟竟刻意住在不列入亞丁高級區的火山口鎮。不論別人怎麼說，貝瑟絕對是個成功的生意人。他的生活和特質裡混合了浪漫與聰穎，這恐怕才是英國人最嫉羨的。他的一生可謂是亞丁異域人士和本土結合的最佳典範。約翰・瑪斯菲爾德（John Masefield）[27]的詩，也許正可形容貝瑟貨櫃來到這個像競技場般的城市時的情景。

滿載著煤油
車胎、零件
乳香、衛浴設備和吉爾畢牌杜松子酒

這些都已消失在時光裡。不過在振興自由貿易區的宣傳，以及由埃及塞德港到馬來西亞檳城的需求聲中，亞丁的貿易似乎又有了起色。深夜的旅館大廳中，再一次地，達塔瓦希鎮計程車問起了「你想要什麼？你要什麼就有什麼……」，要什麼就有什麼！

左傾主義

除了有形的貨品，亞丁在意識形態也不落人後。這個世紀，它已經接待過反伊瑪目的葉門人、埃及納瑟派阿拉伯國家主義者、工人運動及馬克思主義。

一張攝於一九七七年的照片，留下了阿里（Aslim Rubay' Ali）、伊斯麥爾

（Abdulfattah Isma'il）和穆罕默德（Ali Nasir Muhammad）等三名馬克思時期主要人物的身影。阿里身材高大，伊斯麥爾看來小巧機靈，而壯實的穆罕默德，現在回顧起來，不算卓越的思想家，但卻是懂得求生存的人。照片中，三人都穿著正規的非洲狩獵服，面部則朝向不在照片中的獨立紀念日遊行隊伍；事後看來，其實是各懷鬼胎。不到一年時間，阿里總統就被罷黜遭到槍斃，由伊斯麥爾繼任。一九八六年，伊斯麥爾又因為反對穆罕默德而殺。在葉門人民民主共和國（南葉門，即PDRY）政治意識形態的傾軋中，經常是以暴動收場。

馬克思主義能在保守的南阿拉伯社會中成長，令許多人感到驚訝；但這其實源自亞丁本身的雙面性。到了最後，亞丁和內地的不同，以及漢斯海軍上校族群和卡譚後代的差異，仍然沒有得到融合。

左翼的興起有三個主要因素。第一，英國在葉門推展大型的社會解體活動。他們給予西部領地諸位統治者的金錢援助，到了一九五〇年代加速激增，使得那些蘇丹有足夠的力量維持武裝部隊，並減低了控制各部落氏族的困難度。這個政策所產生的結果在東部領地更加明顯。英格拉姆斯盡其所能地提倡和平條約及中央集權，使得阿爾卡夫統領（Sayyid Abu Bakr al-Kaff）於一九五三年驚覺到，非武裝的哈卓人部落諸氏族「已經完了」。同時期，那些身為社會中堅的先知後代，在原本的社會地位不被認可後，不少人轉向反對勢力。

其二，英方此時忙著重建一個不知後果的社會，其中之一便是建立披上阿拉伯伊斯蘭外觀的西式公立學校系統。剛開始，一切都不太顯著。一八七〇年代，亞丁英僑學校僅教授「英國、印度和羅馬基本歷史」，認識幾何概念，以及地理、算術和代數。這段時間，學校吸收的學生大部分是亞丁的印度家庭。但八年後，亞丁大學卻吸引了不少傳統知識分子家庭的孩子。英國人帶著先知後代及其他知名家庭的孩子，進入一個鼓勵自由思考的氣氛中。在千年的伊斯蘭思潮後，英國殖民者將阿拉伯受保護者帶入一個以柏拉圖、盧梭和阿諾德博士（Dr Arnold）[28]觀念為基礎的德、智、體三合一教育體系裡。這段時期養成的知識分子，包括了哈卓人先知後代阿塔斯（Haydar al-Attas）及畢德（Ali Salim al-Bid）等傳統的精英分子，他們都在後來傳播馬克思主義時，扮演重要角色。

第三個原因，也是最關鍵的原因。一九六七年以埃戰爭後，左傾思想受到埃及戰敗的刺激而急速成長。國家解放陣線也在此時開始擔任阿拉伯國家主義運動（Arab Nationalist Movement）的葉門支部。該機構是一九五四年由喬治．哈巴胥博士（Dr George Habash）創立於貝魯特。此後的十三年，納瑟的辭令逐漸失去號召力，並顯空洞。於是哈巴胥博士轉而擁抱馬克思和列寧。國家解放陣線隨之跟進。面對猶太復國主義（Zionist）及帝國主義擁護者，革命派游擊隊的奮鬥不但令人矚目，同時也算小有成就。這讓許多人更偏向左傾主義。

有趣的是，南方所追求的科學派社會主義（Scientific Socialism）教條，「盡其可能地運用各種有利條件，打擊不同派別」的作法，和札伊德伊瑪目的作風大致相符，同樣是「排除異己、禁止任何反對意見」。當馬克思及列寧的著作已經成為南方政治局的寶典時，北方的先知後代等知識分子還在神學書籍上打轉，研判何者背離伊斯蘭正道、何者在社會主義中偏向左派或右派。熟悉社會主義教條的伊斯麥爾，是當時馬克思主義的頭號闡釋者，甚至被稱為聖典學者（al-Faqih）。在其指導下，早期的伊斯蘭卡里發（caliphs）都根據傾向，被區分為左派或右派。

雖然，另一個科學派社會主義教義主張「舊未必全劣，新未必全佳」。但大部分傳統事務卻被歸到不好的一類，後獨立政體延續始於英國的社會改革，廢除氏族的姓，限制咀嚼阿拉伯茶葉，禁止一夫多妻的制度；在住屋方面，除了屋主自用，其餘全部國有化。除了英國石油公司、有線及無線廣播外的各行各業亦然。在交通運輸方面，則留下自行車未定案。女性除了不准再戴面紗，政府還鼓勵她們從軍。新設的藝術學院提供音樂、繪畫、雕刻、雜技表演、劇場及芭蕾；看似現代，但和南葉人說話則犯法。

英國撤出兩年後，卡譚總統（President Qahtan al-Sha'bi）在批鬥大會（Corrective Move）上被烙以「溫和主義者」的名號，隨即被廢，並在被軟禁十年後身亡。一九七〇年，政府宣布亞丁不再是自由港。最後的一批貿易在西方資助下走入終點，而南葉則加入另一個國際共產世界組織，和古巴及東德形成密切的關係。一九七七年，蘇聯將海軍基地由索馬利亞移到亞丁後，亞丁在共產世界的會員身分也告確定。

南葉和鄰國的關係，有的緊繃，有的干戈相向。一九八〇年代，南葉和北葉曾發生邊境衝突；南葉支持阿曼的都法利人（Dhofari）反抗阿曼蘇丹。引發該次爭議的是一八五四年阿曼將都法利海岸外面積極小的庫里亞穆里亞群島，送給維多利亞女王，英國則於一九六七年將鳥糞層的小群島歸還給阿曼。亞丁宣告為己有，並在國旗上加了一個藍色小三角形，代表海外領土。

也許是根據世界銀行一份報告，宣稱南葉已經成為「國內財富最平均分配的國家之一」，使得鄰居沙烏地阿拉伯對南葉內部的發展甚感驚恐，其實這個「國內財富」的金額是微不足道的。在政府同意下，獨立後十年間，約有百萬名南葉人民離開家園。這約等於該國四分之一至一半人口。留下來的國民除了生活最必要的東西，幾乎一無所有。一九七七年，一名前往肯亞首都奈洛比（Nairobi）、路過亞丁的義大利外交官曾說，他是要去「買番茄」[29]。

在政治上，葉門人民民主共和國在短短的歷史中，深受政黨內鬥的困擾。阿里受中國共產黨毛澤東主席的影響，一九七〇年代引入許多農民進入亞丁反抗官僚主義及低收入。一九七八年攆他下台的伊斯麥爾是親蘇維埃（pro-Soviet）人士，這也是為什麼兩年後他被比他還溫和務實的穆罕默德罷黜後，逃到莫斯科的原因。伊斯麥爾一九八五年曾回到亞丁，鼓勵那些強硬分子攻擊穆罕默德。最後，終於在一九八六年一月，發生流血事件。

再度合一

「穆罕默德說了『沒錯，但我又拿這些反對派怎麼辦呢？』，曼吉圖（Mengistu）說：『哦，很簡單，殺了他們。』這是流傳的說法……」

告訴我這個故事的人，微笑著繼續喝茶。這個衣索匹亞領導者建議他南葉門同路人的故事，不見得真實，不過一九八五年，穆罕默德的確前往衣索匹亞首都阿迪斯阿貝巴，衣國首領曼吉圖隨後便開始支持他。這僅是版本之一。整個事件有如剝洋蔥，得一層一層剝才會到核心。該事件似乎根本沒有真相，像剝一粒沒有核心的洋蔥，反倒是每層皆像一個不同版本的故事。不過，火山口鎮最繁忙的傳言市集（Suq of Rumours）中心札庫咖啡館（Zaku Cafe），倒是個最能激發人們述說這些故事的最佳地點。一九八六年突擊行動中被殺的四烈士（Four Martyrs），就像遍布在前南葉各地的同式雕像般，和藹地向著下方的人展示十年如一日地微笑。

亞丁文化部（Aden Ministry of Culture）的官方版本——《亞丁的血腥星期一》（*Aden's Bloody Monday*）出版於一九八六年一月十三日事件發生後三個月。當時事情真相仍不明朗，儘管這本混合了馬克思主義修詞、英國保守陳述及俚語等宣傳文字的小冊子，既像事實又像小說，在當時屬於強制閱讀。小冊子上說，當時是凌晨十二點二十分，政治局內的副總統兼主委安塔（Ali Antar）、國防部長卡西姆（Salih Muslih Qasim）、政治局成員哈第（Ali Shayi' Hadi）及其他人，正在舉行例行會議。一名總統的貼身警衛走進室內，朝安塔的背開槍。小冊子上還有這樣的評語，「人們可以想像此時的情況多麼令人驚駭。」

就在卡西姆、哈第等保守派被殺害時，包括後來的領導人畢德（Ali Salim al-Bid）在內一千人，快速尋找掩護，並藉由窗簾上的繩子逃走。就在這個時候，砲艇朝向四烈士中第四烈士依斯麥爾家中發射砲彈。還好他不在家，否則很可能就被反坦克飛彈炸死，受封為聖徒，而不只是烈士。有趣的是，《亞丁的血腥星期一》中對其命運並未多談。當時，穆罕默德的支持者在城裡到處尋找伊斯麥爾派的反對者。

穆罕默德這位改革者在六年的黨、國領導者任內，不斷地尋求機會與鄰國及西方對話。叛變當時，孰料軍隊竟然忠於保守派的卡西姆和哈第。

戰火持續了十天，傷亡無數，比獨立戰爭犧牲的人還多。到了最後，小冊子寫著「那個叫穆罕默德的狡猾機會主義者及心胸狹窄的中產階級終於戰敗」，逃離南葉。保守派贏了。

公開「認罪」時，穆罕默德的支持者再三聲稱，是穆罕默德混淆他們，致使他們相信自己是在為他打擊「右派分子」。空軍總司令的結論是「整個事情撲朔迷離，已經無法辨明」。他明確地指出：南葉進入一個愛因斯坦的世界，一般的左與右已經相反，革命分子到頭來成了反動派。

許多事實似乎顯示，這樁血腥戰爭是區域軍隊分化的結果。穆罕默德的勢力基礎在於阿比楊和夏巴瓦，而這兩區其實原屬他的對手拉吉所有。分析家由此看出了中央權力分配者，在政策上如何加惠其中一方，以壓制另一方的傳統手法。同時，由前蘇聯的例子裡，也不難看出改革派和保守派在社會主義政體中，要歷經多麼艱鉅的鬥爭。

這場戰爭的消耗驚人，但一位南葉的外交官表示，「當外人看到我們和親兄弟如此激烈戰鬥時，無人敢插手調停我們的內政。」一九九〇年葉門再度統一時，雙方舉行大赦，一九八六年就逃到大馬士革的穆罕默德認為，雙方皆應背負血腥事件的責任。他說：「事情也到了該結束的時候了。」然而，記憶也許會比象背沙灘那艘殘破的砲艇更加長久。

一如勞勃特·史托其（Robert Stookey）在他南葉的著作中所說的一樣，一九八二年會發生的事，並不難預測。他寫道「即使支持這樣的一個國家實體和北葉統一，也無法抹滅南葉和蘇維埃集團之間的連結」。一九七二年十一月及一九七九年三月，經歷長期的嚴重邊界衝突後，南、北葉門簽定統一協定。但最後毫無效用。不久，令人意外的事情發生了：蘇維埃垮台。南葉在政治和經濟上無法自足，維持一個國家的形態。一九八九年，南葉的領導人看到自己國家的前途，就和東歐那些兄弟一樣，毫無希望可言，於是提出和北葉成為邦聯的意願。一九八九年底，北葉總統阿不都拉（Ali Abdullah Salih）意外地到亞丁訪問，南葉總統畢德同意合併。葉門人這個以歷史、文化、宗教及祖先血脈相連的民族，在歷經十九世紀的帝國夢及冷戰意識形態分隔多年後，終於在一九九〇年五月二十二日合而為一，再度成為統一國家，並建立國會民主系統，以薩那為首都。帝國主義和馬克思主義的混合後代南葉，也自此消失。

一九八六年一月戰爭期間，英國皇家遊艇大不列顛號將蘇維埃僑民撤離亞丁時，似乎就有了預兆。也許就是那時，在南阿拉伯冬日的炙熱裡，冷戰已開始解凍。不管如何，那些在船上的俄國人和英國人，回想當時回頭看著亞丁營區冒起的炊煙時，也深知要負起些許責任。

馬克思主義的時代現在看來有如一場夢，微微閃現之際令人驚懼。我徘徊在夢境邊緣，又回到現實，再度走到那個夜間俱樂部，留意到門邊仍有人在打架，同時也記起了古巴卡斯楚元帥在一九八六年事變後，對南葉社會黨領導人畢德說的話，「你們何時才要停止互相殘殺？」

到了一九九四年，我終於找到心服的答案。那場親統一政府派和畢德所領導的分離主義派戰爭，就像英國殖民時期一樣，以特異的方法將長達四分之一世紀的紛亂帶至終點。英國的那段歷史不僅有形，且無處不在，但馬克思主義的痕跡卻不復見；那場戰爭已將科學派社會主義送進夕拉島的惡魔井中。隨之而去的是畢德、四烈士及夜間俱樂部。「青馨餐館」內不復聽見粗獷的哈瓦納聲音，阿拉伯也在改產檸檬汁，改造廠房時，失去了唯一的酒廠。現在，亞丁港口的設施又要開始動工；大街旅館也面臨整修；法國象徵派詩人亞瑟．林鮑在火山口鎮住過的貨倉已改為法國文化中心，放映電影，並提供極好的咖啡，以及很有品味的室內裝潢。在火山口海邊面對夕拉島的地方——那個令葡萄牙人眼睛一亮的地方，奧圖曼太監將軍蘇列曼及漢斯上校登陸的地方，剛好就在阿達利家族像廁所般的綠色皇宮旁邊——矗立起一座未來的帝國保衛者，一座紅磁磚頂，看似有如祆教帽子的建築：亞丁必勝客披薩。

由水面看著它的倒影，我有一個可怕的幻覺：今天是亞丁必勝客，明天是馬利柏麥當勞，然後是沙達炸薯塊……葉門將為速食店所征服，並被餐廳連鎖店所捆綁。不過後來幻覺消失了，畢竟，這就是亞丁，在這個受挫的半島，舊世界裡最優良的海港，外族曾入侵、占領一段時間，然後改朝換代，這一切將持續到世界末日。

【註釋】

1 伊期蘭教徒對神學家的敬稱，或指伊斯蘭教神學家本身。

2 奧瑪·開儼（一〇四八～一一三一），波斯詩人、數學家及天文學家。著有《魯拜集》。

3 莎莎·嘉寶（一九一九～二〇一六），匈裔好萊塢女星，一九九六年仍參加電影《Very Brady Sequel》的演出。

4 St. Bartholomew，《聖經》中耶穌十二門徒之一。

5 歐洲航海時代傳說，幽靈船會永遠在海上漂泊，遇到它的船隻將會遭到災難……華格納於一八四三年以此傳說由本，編寫了《漂泊的荷蘭人》（Der fliegende Hollander）歌劇。

6 柯立芝（Samuel Taylor Coleridge）詩作，描寫一名殺死一隻信天翁、犯下違反自然律之罪、而飽受折磨的水手，歷經各種傳奇情節重生……。

7 即Mary Wollstonecraft Shelley，一七九七～一八五一，為《科學怪人》原著作家。

8 Gustave Dore（一八三二～一八八三），法國版畫家，風格以奇異幻想為主，名作之一為〈但丁的地獄〉（Inferno of Dante，一八六一）。

9 薩那人自認為卡譚之後，歷史的起始點在諾亞方舟和大洪水之後。

10 見《舊約·創世記》第四章，亞當的次子被其兄該隱所殺。

11 好望角為葡萄牙航海家Bartolomeu Dias於一四八八年所發現。

12 英格蘭西北部之一郡。

13 此名稱源自太子大街「Prince of Wales Crescent」。旅館是用來紀念一八七五年以太子身分到訪的愛德華七世。當時人們獻給他和他的紋章圖紋相仿的三隻駝鳥。

14 Carmen Miranda為巴西歌舞明星，號稱「巴西炸彈」，一九九五年主演名為《瘋狂與你無關》（Bananas Is My Business）的歌舞片，作者借用「bananas」的雙關語意。

15 亞美尼亞人所開設，在一九二〇到一九三〇年代之間極為有名，是「歐陸周遊團」（Grand Tour）的終點住宿地。（詳見《交會的所在》一書，馬可孛羅出版）

16 他最著名的是，在一千四百多個氏族之間推動「英格拉姆斯和平計畫」（Ingrams' Peace），致力解決他們的世仇，對於葉門氏族的團結，居功甚偉。

17 Robert Clive（一七二五～一七七四），出身倫敦的軍人，同時也是英國駐孟加拉第一位行政官。

18 Rajah Brooke（一八四一～一九四六），英國在印度殖民時期的白人王朝，曾統治現在的婆羅洲沙勞越達一世紀之久。

19 資料來自Dr. Robin Bidwell一九八二年出版之《Arabian studies, VI》。

20 路易斯・布紐爾（Luis Bunuel，一九〇〇～一九八三），西班牙電影導演，為二十世紀大師之一，以令人意想不到及曲折的情節著稱。

21 Helen Beatrix Potter（一八六六～一九四三），英國著名童書作家。她所塑造的人物之一「Jeremy Fisher」，剛好和J. Fisher牧師同名。

22 位於英國赤郡的教區，因應鐵路線建於一八三七年，並為鐵路公司所掌控。

23 指「Eisteddfod」，源於十五世紀，於十九世紀復甦，現在除了詩，亦頒獎給優異的音樂、散文及戲劇等……。

24 英國陸軍軍官學校所在地。

25 和遊戲及學數數相關的童謠：One, two, Buckle my shoe / Three, four, Shut the door / Five, six Pick up the sticks / Seven eight, Lay them straight / Nine, ten, do it again!

26 Al-Muqaddasi（九四六～一〇〇〇），阿拉伯旅行家、地理學家，以其個人觀察筆記著稱。

27 John Masefield（一八七八～一九六七），英國詩人，以和海洋相關的〈Solt-Water Ballads〉敘事詩著稱。

28 十九世紀大英帝國的公立學校，普遍被認為是年輕人最容易養成惡習的地方，於是阿諾博士開始倡議社會大眾，發揚高貴的道德觀念，使學生最後「成為基督教紳士」。

29 Tomato，俚語之娼妓。意謂南葉什麼都沒有，唯有……

第七章　探訪地獄

那時候有偉人在地上……

——〈創世紀〉第六章，第四節

如果亞丁對於海洋有著熱切的渴望，哈卓瑪則有如古羅馬的兩面神（Janus），或一塊具有精神分裂傾向的土地。有一片螃蟹橫行、廣大無邊的沙灘，和肯亞的蒙巴薩（Mombasa）、印度的孟加羅爾（Mangalore）、印尼泗水（Surabaya）及西里伯島（Celebes）都在同一個季風區。與這片沙灘平行、距離海岸線約五小時車程的內陸，便是哈卓瑪谷地。

原以為早點出發可以早點到達谷地，最後卻發現白費時間，由於計程車得設法加油，所以到了下午三、四點才到達。從來沒有人去哪兒嗎？或者他們都搭飛機？穆卡拉的葉門航空辦公室擠滿了準備搭機的人，希望能登記到座位。輪到我排到櫃檯時，飛機已經客滿。不過我倒沒有很失望，牆上的阿拉伯書法標語沒什麼邏輯地寫著「泳者需要安全帶，搭機旅行者需要葉門航空」，聽起來不怎麼可靠。在後馬克思時代，葉門航空也許可以先找一位廣告文案改善這些文句。

惡運之谷

我讀了些有關哈卓人逐漸凋零的文章。旅行作家芙瑞亞·史塔克女士曾提到哈卓人的旅館因為共用肥皂，使得麻疹惡化，這是根據她的女性訪客的警告。而哈卓瑪的前英國行政官英格拉姆斯則在任期內，不停地平息各種在故事書中才看得見的野蠻情節：節慶中的殘殺、由奴兵執行的屠殺、數年的圍城，使得饑饉的百姓必須以皮拖鞋煮湯充飢。英格拉姆斯前來哈卓瑪尋找大約兩千個自命獨立的政治實體。不說一個地區有兩千個政治實體有多難掌控，光看全法國有兩百四十多種乾酪，就夠令人眼花撩亂了。

休息數小時後，我打開《穆佳威之歷史記述》（*The History for Those Who Would Perceive Clearly By Ibn al-Mujawir*）中，有關哈卓瑪的部分。但我卻後悔了。

「由過去的歷史到未來的預測，再沒有人像哈卓人那麼強悍，也沒有任何民族能比他們更邪惡和缺乏良知。他們相互挑剔，極少為前來求助者提供保護。被屠殺者的血跡到處可見……因此，哈卓瑪被稱為『惡運之谷』。」他還提到哈卓人只吃牛奶、食用油及鮮魚，並用綠色硫酸染布。女人則將頭髮挽成像戴勝鳥一樣。

更糟的是，「這些地方的女人全是巫婆。一名女人想要學到完整的巫術時，必須將一個活人煮成濃湯。她喝了放涼的濃湯後，就會懷孕。七個月後，生下怪胎，稱為『阿弗』（afw）。這個怪物的習氣與大小和貓差不多，但生殖器和長成的『阿弗』成正比。一隻長成的『阿弗』大約是馬仔或驢仔大小。巫婆不論到哪都帶著牠，將牠養大，不時訓練牠。『阿弗』長成後，和其『母妻』交配……（作者：此處穆佳威原文極為露骨，故省略）。『阿弗』只能看得見『母妻』，同時也只有『母妻』能看到牠。」

鮮血、綠色硫酸、伊底帕斯似的陰莖崇拜邪靈。最後，當計程車開動時，我帶著不祥的感覺向穆卡拉道別。

一八七七年，杭特寫了一篇此地海岸的文章給托勒密王朝的讀者，說哈卓瑪比葉門西北邊的山區還難到達。在地圖上，內陸地區只是一片空白。第一批前往的，也許是耶穌會的安東尼奧・孟措拉（Antonio de Montserrat）及佩卓・皮雅茲（Pedro Paez）。一五九〇年，兩人從印度果亞（Goa）到阿比西尼亞（Abyssinia）[1]的納固斯（Negus）皇宮傳教途中，在庫里穆里島附近被捕。之後的兩百五十年，沒有任何歐洲人到此的記載。巴伐利亞瑞德男爵（Adolf von Wrede）曾順利到達道旺（Daw’an）的支谷，結果行李被偷，於是又回到海岸地帶。瑞德發表了不少驚人的訊息，例如為了測量一個流沙坑的深度，他用六十噚的測錘卻探不見底。這個人的奇特之處在於，後來移居到美國德州，以自殺結束生命。接著前來的是一八九〇年代的提奧多・班特先生及瑪珀・班特夫人（Theodore and Mabel Bent）[2]。一九三〇年代後，有不少阿拉伯主義者及行政者來到此地。馬克思時期，哈卓瑪曾有一些和蘇維埃合作的聯合考古活動，以及少數付出龐大費用而被監視的觀光客。

與我同車的人都很沉默，對外面掠過的景觀似乎不感興趣。沒有人和我說話。也許，在這個曾是馬克思政權最保守的社會、也最受到壓制的哈卓瑪，人們還不明白和外國人說話已經不是犯罪行為。但是，同車的人竟然也不交談。外人依舊是陌生人。對於一個由非洲斯華西里（Swahili）海岸一路移民到菲律賓群島的民族來說，他們不是很好的旅行者。當計程車爬上高坡，海岸平原出現在視線內時，我旁邊的那個男人要車子停下來，接著走到外面嘔吐。另一邊的人，不久也朝著塑膠袋嘔吐。剩下的行程，他們都以毛巾包住整個頭部。

隘口頂點出現了奇特地景，看來像是揭去表土的約克郡沼澤（Yorkshire Moors）。這就是他們所稱的jawl。一如麥地那意謂明亮、愛琴海意謂色深如酒，jawl也有特殊意義：荒漠。它常被視為高原，但和它地表上深裂的溝壑卻不相配。上面的道路沿著高聳的地塊前進。jawl的字根是「蹣跚」或「徘徊」的意思，也許這才是真正的名稱來源。它的地形已經磨損，樣子有如顛倒的山脊。風和雨先在表面蝕刻，然後雕鑿，使得窪地成了溝渠。住在上面孤立石屋的少數居民，似乎對這種令人驚恐的空曠毫不在意。我們在沉默中繼續前行。天色漸黑，夜慢慢連接到滿是坑洞的路面。車外偶爾可見寫著數字的指示牌隱沒霧氣中。車子開始下坡，初始很緩慢，接著坡度增加，道路正往下方谷地，陡直下降。

在光禿高地上行進數小時後，終於又看到了翠綠的棕櫚和紫花苜蓿等植物。在群綠之中，房子成為附屬品與暗褐的地面相連。光線漸漸隱去，我們離開艾因（al-Ayn）支谷，前往主谷時，薄暮已經吞沒豎立在地表的一切。希邦姆的城鎮也已蹲伏在比它更黝暗的環境之中。

沙漠中的曼哈頓

哈卓瑪隱入黑夜中的最後一瞥，即使看來有些沉悶和孤立，那些房子仍顯出一種壓抑不住的活力。許多房屋的屋頂及泥磚牆都尚未完工。不少老式的房子及屋角建有尖塔的小碉堡正面臨崩潰，架構看來有如一堆堆白蟻塚。但新建築卻在一旁不斷興起。這是個分解和重生的輪迴。

水泥塊在前幾年才引進，某些土房搭蓋了裝飾過的水泥陽台後，顯得特別奇怪。不過土磚仍是主流，也是最適合哈卓瑪氣候的建材。這裡的建築方法簡單到難以置信。大塊的平土磚加上剁碎的草，在太陽下曬乾，形成硬塊，再以同樣的濕材料層層重疊。房子外面皆塗上石灰來防水。石灰泥產自谷地。這裡不時可見到工人在小遮棚下，花數小時用攪拌槳混合石灰泥。除了在平坦石面上建屋會用到石柱支撐，此地的人很少用石材。哈卓人建房子沒有捷徑，工時越長的房子越耐久。房子建成後，他們通常宰羊，將羊血抹在房子的角落，以求安居。

哈卓人的房子內部複雜而神祕。人們似乎很少想到室內裝潢，高眺的通道和梯道幾乎占去整個建築空間，所有的室內格局有如實驗室老鼠的迷宮，彷彿故意要令人迷惑，但了解到這些是為了避開禁忌，例如不同的性別、不同的社會階層後，也就不足為奇了。那些幻術家必然會愛上哈卓人房屋中可隨意出現和消失的特性。

看慣薩那飾有巴洛可石灰皺邊的人，會覺得這裡的房子外觀太過樸素。它們的門面都沒經過修飾，裝飾也僅止於百葉窗和門的木料。英格拉姆斯曾寫道「『建築』是說明哈卓瑪的特色和其他國家不同的最好字眼」。這是一個以形式、功能及體積勝過裝飾的地方。

不過也有些特例，例如道旺一些房子，就印上粉彩色的紙牌式圖案，而聖者的墳墓上則有些綠色的彎曲條紋，但真正和此地風格最不相符的則是塔里姆（Tarim）。艾柏特·莫拉維亞（Alterto Moravia）將薩那視為以土取代了水景的威尼斯，不過他卻沒到過塔里姆。具有文藝復興氣習的塔里姆先知後代商人，本世紀初期到東方賺了大錢，於是大肆建設，同時極度使用土材。他們的建築混合了殖民、古典、蒙古及遠東的特色，而且全部用泥磚。橫飾及凹凸條飾皆以寶石、天藍石、黃玉和綠松石點綴，但歷經歲月，這些建築也都已毀圮。只有米達清真寺（al-Mihdar）兩座有如燈塔的尖塔仍保持原樣。這些令人愉悅的圓頂屋，美術、工藝及材質的運用，對於聯合國教育科學暨文化組織不啻是珍寶，但是它們的物主卻在沙烏地阿拉伯忙著賺錢。除非有人專心涉入，塔里姆的這些寶殿遲早會倒塌，不過至少也是優雅地倒塌。

本世紀初，西方的建築品味開始有些蹣跚。這麼說好了，它有如站在飛簷上左右為難：一邊有人說簡單的線條、齊整的體積、複數樓層是最好的；但卻有人質疑，按這樣的標準建造出來的結構並不適合人居。現代主義也只流於趕時髦。人們不禁質疑柯比意

（Le Corbusier）[3]是否只是一個冒牌貨？一個天生具有視覺保守傾向的人尋找先例，怎能尋得。因此當希邦姆的照片出現在大家眼前，每個人不禁鬆了口氣地感嘆：原來高樓大廈具有本地血統，同時系譜流長。摩天大樓不是問題，只有那些追求現代感外表的人才住在方塊裡。

希邦姆，這個沙漠中的曼哈頓（或芝加哥，甚至世界上任何一個大都市），並不真正存在沙漠中，而是矗立於谷地的中央，為棕櫚叢所環繞。個別看來，這裡的房子並不會比葉門其他地方的建築特出；但當它們成群矗立，無法全部納入視野，特別是透過相機鏡頭時，那又大不相同了。這個位在達爾谷地的夏哈拉山及達哈佳（Dar al-Hajar），擁有大橋的城市，很久以來，已成為葉門的象徵，甚至出現在美國運通（American Express）的廣告上。

薩那的房子多模仿固丹皇宮的輝煌風格，希邦姆的建築風格則承襲哈卓人的首府夏巴瓦（Shabwah）的蘇克爾（Shuqur）一帶，早於羅馬所建的古代建築。考古學家估計蘇克爾的皇宮大約有八層樓高，幾乎和希邦姆最高的房子相仿。

希邦姆和薩那有許多相似的地方。它們在同一時期興起，同時發展塔式建築概念，同樣位於商路的中心地帶。然而相似的地方也成了歷史。今天的薩那充滿生機、色彩，並顯得混亂；希邦姆則早已沉寂於時光中。在城門後的廣場及其主要公共場所，已看不到太多活動。走在城內的狹窄街道上，會令一個外來者感到自己闖入不該去的地方。無數的眼睛注視著你的一舉一動：房屋底層羊欄裡的羊看著你；為了預防肉食動物襲擊，關在高處雞籠裡的雞盯著你；即使看不見，你也會知道格子窗後面有許多眼睛凝視著你。除了少數孩童走動，幾乎看不見人跡。這種寂靜主要是來自哈卓人的保守，馬克思主義則使它加劇。更重要的是，一九九〇年之後，不少留在海灣諸國的哈卓人已經和當地融合，情願留在那裡，使得本地人口嚴重流失。即使是第一次來，我也擔心希邦姆遲早會成為博物館。

在洪水道那端市府儲水槽下方的陡崖上，一群人聚在一起，宛如每天下午五點所做的那樣。今天聚在一起的大多為德國人，大約有二十五名。過了一會兒，談話的頻率漸弱，最後被虔誠而緊張的沉寂所取代。然後眾人紛紛努力不發出聲響地由袋子、外套裡掏出相機。他們不是到此一遊隨手丟棄垃圾的人。太陽沒讓他們失望，大約有整整十分鐘的時間，希邦姆轉成金黃色，空氣中不斷傳來「噢」、「哦」的讚嘆聲，以及變焦鏡頭轉動的咻咻聲。

這麼上鏡頭不是希邦姆的錯，而且這些人看來素質都不錯。這些遊客受到妥善的導引，而且穿著開心黃褐色的休閒服，和環境滿搭的。他們之中甚至沒有人穿著短褲。但我懷疑這些到葉門旅行三天的德國團能在希邦姆看到些什麼。我更懷疑他們所看到的不過是被聯合國文教基金會保存的蒙娜麗莎式絕美及不可解，遠離了過去和未來，而且毫無生命。我多希望能看到舊車場、水泥場、風雨殘跡、污水、粗糙的經濟，使這個地方醜陋一些。這其實是對衰敗適度的敬意。希米亞詩人國王阿薩德・卡米爾（As'ad al-Kamil）如此寫道：

當無常的太陽不再從它沉落處
清澈、紅豔地升起
然後以橙黃沉落
一切即已消圮

那個聖潔的時刻過去了。現在是下午五點四十五分，深藍的西天帶著碩大、垂直的粉紅色條狀光暈。如此懾人的美景——我真希望手上也有台相機。

❉

在希邦姆，我得幫一名住在薩那的哈卓人捎封信給他的叔父。要找到那個地址還真不容易，就在我以為迷路時，一名小孩子突然出現，並帶我前往。我敲了敲門，等在那兒。高處的格子窗後傳出一名女人的聲音，「沒人在家。」我說我會把信留給這名小孩轉交，門卻突然開了。小孩帶著我從樓梯走進室內，然後瞬間不見蹤影。我坐在那兒不知該怎麼辦，正準備離開時，眼角餘光瞥見了什麼：有人在門口擺了茶壺及茶杯。我自已倒了茶，喝過後把信擺在茶盤，然後離去。

隔天，我搭小飛機由塞昂（Say'un）到穆卡拉。飛機在谷地轉了彎，快速爬升，飛掠高達千呎的南邊陡崖，翠綠的景觀和人居的世界突然消失了，底下的荒漠呈現著和北方海面一樣的灰色。由這裡可以清楚看到哈卓瑪谷地的地形是何等與世隔絕。

對我來說，哈卓瑪內陸仍像當地的房子內部，冷漠而神祕。我似乎只是在奇里哥（de Chirico）[4]的畫中走了一遭：一個充滿光線、卻荒涼無人的所在。

道旺的養蜂人

回到海洋邊上，我才鬆了一口氣。谷地的絕壁比亞丁的火山群更讓人感覺窒悶。我揣測著是否所有的哈卓人都患有幽閉恐懼症，以致那麼喜歡遷徙。

從中世紀開始，哈卓人開始在非洲海岸拓殖，並在十五世紀左右散布到馬來西亞、印尼和菲律賓群島，而遠東地區正是哈卓人口最多的地區。即使日本占領之後，新加坡的卡夫（al-Kaff）家族仍擁有兩千五百萬英鎊家產。被稱為現代最有錢的汶萊蘇丹，也有哈卓血統。大部分哈卓海外僑民都與家鄉保持密切連繫，並將兒子送回家鄉讀書和結婚。大部分人最後也都返回僑居地，成為小貿易商，或者擁有較多財富的莊園主人。

對於沙漠的阿拉伯人，珍・莫里斯（Jan Morris）曾寫道，「那名貝都人和英國人的原野紳士觀念極為近似。換句話說，他本身似乎就很英國化。」事實上，以在外國賺來的財富，回家鄉經營棕櫚園、在新豪宅中研讀文書的富有哈卓人，和十八世紀由東方返回英國殖民官形象極為近似。住在僻靜豪宅中的哈卓夫人們，鎮日生活在無聊、爭權和為小事爭吵中，與賈斯克爾夫人（Mrs Gaskell）[5]筆下的人物相去不遠。人們狹窄的心胸和遙遠的旅行也不難在史塔克及英格拉姆斯的作品中找到蹤影。

巴伐利亞瑞德男爵曾提到移民所帶來的影響。一八四六年，他曾待在道旺谷地一名氏族長老家。這名長老過去一直住在印度，能說英文，家裡甚至還有一本史考特版的拿破崙。道旺位於主谷的西端，那裡的建築堪稱哈卓瑪最好的房子。建在峽谷上層層疊疊的房子，有些漆得五顏六色，活像貝登堡蛋糕（Battenburg cake）。道旺的財富部分來自海外、部分則來自世界最貴的道旺土產蜂蜜。

有次去哈卓瑪時順路到道旺，一進城就被蜜蜂螫到下巴。等我到達洪水道上方的崖頂的哈佳拉因（al-Hajarayn）時，臉上已經腫得像在嚼阿拉伯茶葉。由谷底一個坡上下來的地方有座帳棚。那不是貝都人的毛帳，而是一頂軍營厚帆布帳。帳子的外圍全是以金屬腳架起的土質圓筒型蜂箱。我猜想它們必然集體在谷地裡四處遷移。事實上，果真是這樣，那些養蜂人幾乎過著半遊牧生活，在谷地逐綠地而居，好養活蜜蜂。

我小心翼翼地穿越那道蜂牆。

「你的臉怎麼啦？」帳口一個男人問道。

「被螫了！」

「被螫？在哪兒？」

「這裡，下巴上。」

「我是說在哈佳拉因的哪裡被螫的？」

「哦，我想想……在那頭的路上。」

「可不是，我的蜜蜂不螫人的。它們可是道旺最和善的蜜蜂了。螫你的一定是外國蜂。最近有不少人走私蜜蜂。」和善的蜜蜂！走私蜜蜂！帳邊一個奇怪的柳條罐兒，竟然是捕大黃蜂的籠子。道旺的養蜂人看來挺古怪。

在帳子裡吃午飯時，養蜂人解釋道旺的蜂蜜會那麼好，完全是來自這裡的鼠李科植物（*Zizyphus spina-Christi*）。市面上有不少蜂蜜都是加了糖水或其他甜分的贋品，但可和他無關。他們的「渴望牌」（baghiyyah）是世界上品質最優良的蜂蜜，一如上等的葡萄酒。它的價格和名氣相當，一個好蜂巢所含的蜜在穆卡拉的售價大約是四十英鎊，到了沙烏地阿拉伯，由於人們認為吃了它可以壯陽，價格就更不用說了[6]。這裡是產地，價格比較便宜，但我也只買得起一個冬蜜蜂巢。蜂巢的味道美極了，口感簡直像吃魚子醬。一口咬下去，裡面甜美的蜂蜜跟著溢出。那美味令人不敢相信是用這麼便宜的價格買的。古典地理學者曾提到南阿拉伯是一個極佳的蜂蜜產地，只不過現在此地稱為「父親」（father）的蜂后（queen）是飼養在塑膠圓筒中，和過去放在小木籠中的生產過程已有不同。

哈佳拉因懸崖上方為達姆（Dammun）遺址。六世紀的王子詩人伊姆魯（Imru al-Qays）便是在這裡酗酒和通姦而被他父王罷免。伊姆魯出身金達氏族（Kindah），當時族人早已遷徙他處，他們後來在阿拉伯北部發跡，引起覬覦，以致其父遭到叛黨殺害。消息傳回達姆後，伊魯姆馬上趕往北方埋葬他父親。

伊魯姆的詩作在當時已廣為人知，而他描寫被罷黜在營區、想念家國的詩也在阿拉伯不斷被傳頌。為了討回血債，他成為最著名的哈卓人旅行家，一個流浪的憂鬱人物。他被迫離開世居的谷地，進入薩珊王朝政治勢力統治下的拜占庭。人家叫他流浪的國王（al-Malik al-Dillil），死後被稱為「遭受痛苦而死的男人」（Dhu al-Quruh），這個名字源於他引誘一名公主後，拜占庭君主送給他一件有毒襯衣將其毒死的事件。有人問一位先知誰將成為最好的詩人，先知說：「伊魯姆將領著詩人們前往地獄[7]。」

伊魯姆一直無力替父親報仇，也沒有回到達姆。也許這位流浪國王被罷黜、失去家園和家人的命運，在當時就已經預示了他的氏族將離開故土，飄流到遙遠的異鄉。

我向養蜂人道別，並順著鵝卵石小徑前行。經過一小段鋪了柏油的隘口，即到達一片荒漠。上頭的路面又回到原有的樣子。我停了一下，走到峽谷邊上俯望。道旺是一個下沉的世界。在這上面，聲音被山谷放大，小孩叫著「砰！砰！」的聲音、踢球的聲音、驢子扯開嗓門嘶叫的聲音、狗仰頭嗥叫的聲音……但只要往後退幾步，什麼都聽不到、看不到。道旺在瞬間消失。

往穆卡拉走了滿長一段路，才到達另一條柏油碎石路。光線漸漸隱沒，但高崖上的光線似乎比谷地裡消逝得慢一些。岩石由駱駝色轉為古銅色，然後像浸在深褐色顯影劑裡的照片。車道也成為荒漠中一條潦草畫過的模糊線條。

幾小時後，地平線上露出微光。那是個卡車站。我蹲在空盪盪的房間邊緣，吃了些米飯，以及一大塊加蓋火坑餘燼中半烤半燻的小山羊肉。室內角落的錄影帶正播著美國職業摔角；但幾個客人正忙著吃，無暇觀賞。這裡同樣流露著冷漠。他們各據一角，唯一的聲音是那些巨人努力要扳倒對方的嘶吼。

井的故事

我在一個哈卓人家裡嚼了三個小時的阿拉伯茶葉，開始覺得哈卓人真是哀傷的一群人。即使咀嚼阿拉伯茶葉都沒有像薩那一樣舌戰做為開場白。在肯亞長大的屋主沙里姆（Salim）現在是塞昂的商人，堅持以阿拉伯文講了一大段和棗樹受胎有關的事。他那不到二十歲的兒子，不安地坐在房中央，只在有人和他說話時才應話。

現在是沉思的時間，我卻感到一肚子怒火。統一之前，哈卓瑪一直禁用阿拉伯茶葉；哈卓人似乎還沒習慣它的節奏。幾個鄰人開始談論政治。沙里姆沒加入，卻不斷看表，令我懷疑自己是否不受歡迎。突然，他站了起來，走了。昏禱的喚聲開始了，其他人也跟著離去。沙里姆又回到室內，嘴裡的阿拉伯茶葉不見了，並開始祈禱。

祈禱完後，他丟了些阿拉伯茶葉給我，又開始咀嚼。我禮貌性地停了一下，問道：「您為什麼不一邊咀嚼、一邊進行昏禱和晚禱呢？」話一出口，我馬上感到後悔，「薩那的人是那樣的……」

「我很明白這個情況。薩那人對於應盡的義務太鬆弛了。『叫拜的時間是最佳的祈禱時間。』」他以洪亮的嗓音回答。「讓這樣一個不過是消磨時間的玩意兒，干擾一個伊斯蘭教徒的責任，坦白說，是很不應該的。我聽說甚至有些人在祈禱時，都不吐出嘴裡的阿拉伯茶葉，這樣的前提下，發音必然不清楚。對我來說……」

我必須想個辦法制止他。「也許我不該提起這件事。畢竟，我不是伊斯蘭教徒。」

「當然，你不是伊斯蘭教徒。你是一個絕對的薩那人。」

他笑了。我也鬆了一口氣地笑出聲來。室內的冷漠終於在話題打開後消失。我們聊天時，他的阿拉伯語聽來也不再那麼強硬。

我急著想知道沙里姆是否知道哈卓瑪一處地理名勝——巴赫井（Well of Barhut）。這口硫氣井位於谷地北邊，據說深不見底。「您去過巴赫嗎？」我問，「我讀到一篇文章說那是無宗教信仰者最後的歸宿。」

「那兒有著可怕的腐敗味道，每到晚上還有呻吟聲。我沒去過，太遠了。離前進胡德先知墓的路滿遠的——願祂安息！不過我可以告訴你井的故事。」他站了起來。

「真主創造我們的祖先亞當時，祂命令天使俯臥在亞當面前。一開始，天使抱怨『這怎麼可以，我們是光做的，而他是泥做的！』，但真主說：『亞當被逐出樂園後，我會考驗他，你們也將得到報償。現在，聽我的話做！』

「除了後來被貶落凡間的艾柏利斯（Iblis），所有的天使都俯倒在亞當面前。天使們甚至還輪流拜倒，直到亞當被逐出。接著，真主開始試驗人類，這你知道的。天使看到人類受苦，便說：『這根本沒什麼。我們隨便一個都可以過關，毫髮無傷。』真主說話了，『那就這樣。你們選兩個最強壯的，我在白天賦予他們人形，夜晚則變回天使。』於是天使由天使間挑了哈露特（Harut）和瑪露特（Marut），開始接受真主的考驗。

「哈露特和瑪露特在白天化成人形時，很快就因為他們的智慧受到所有人類的尊敬，人類也開始前來向他們申訴。一名叫札拉（Zahra）的女人來到跟前求取正義。這個漂亮的女人，一眼就愛上了哈露特和瑪露特。當然，因為他們是天使，外貌絕對很俊美。札拉試著以語言軟化天使。天使自然拒絕她。不久，他們赫然發現她已婚。當她建議他們殺掉她丈夫時，兩人差不多想放棄當人，永遠回到真主身邊。不過想想，他們說：『要抗拒她的話不難，我們可以摀起耳朵，不聽撒旦的耳語。』

「有天，札拉邀請哈露特和瑪露特到她家，並倒酒給他們喝。天使說：『這是最容易過關的。不過我們可以試一點，以後才知道如何避免這種東西。只要一點就好。』很快地，他們都醉了，札拉不但唆使他們殺了她丈夫，並令他們和她共眠。

「真主看到後，便召喚兩名天使到跟前，說：『你們已經犯了罪，並領略過人類的苦惱。我現在給你們兩個選擇：人間的懲罰，或未來的世界。』哈露特和瑪露選擇了人間的懲罰，於是真主將他們關到巴赫井中。這個井是蘇列曼先知所開鑿，以精靈的名字命名，意謂『願他們安息！』。井中充滿了蛇、蠍子，還有兩名墮落的天使。札拉偷學了天使飛翔的本領飛到天上，結果成為一顆星星。這就是結局。」

我在晚禱前離開沙里姆家，獨自走入黑夜。外面一片死寂。雨已停，地上散發著菸草般的濃濃味道。空氣很清新，星星再次露臉加入閃閃發亮的金星（Venus），札拉。我想到那個故事的結局。除了札拉，一切都合理。這個勾引男人的淘氣女郎為什麼會成為星星？

過了一會兒，我明白了。這必然是伊斯蘭教剛開始，老異教徒還有擁護者時的故事。撇開葉門其他地方，在哈卓瑪，基督教、猶太教和其他本地的一神拉曼教（al-Rahman）皆和古代的星象信仰有關。他們相信維納斯（Venus）是萬神廟中最特別的神祇。巴赫井的故事不過是再度攻擊一位異教的神祇，將祂裝扮成邪惡的誘惑，並做為反對喝酒、通姦和謀殺的教訓。但奇怪的是一個如此不正經的故事，竟道自一名如此墨守傳統者的口中。這似乎是哈卓人雙重人格的另一個案。

我沿著沒有街燈的狹窄街道走著，一路踩碎泥塊。棕櫚自高牆的後面垂下。塞昂是一個綠都，和塔里姆的泥版威尼斯相比，是城市中的鄉村（rus in urbe）。我借住在一對蘇丹和美國的異國夫婦家。阿瓦（Awad）是蘇丹東格拉的努比亞人（Nubian），而琳達（Linda）則來自美國中西部。他們多數時間都待在卡塔里蘇丹（Kathiri Sultan）皇宮的塔樓，研究十九世紀的土地契約。這座皇宮有如法國名廚克雷姆（Marie-Antoine Careme）[8]餐桌中央的擺飾。它燦爛的白石灰外觀，令人有雪盲之虞。他們自己則住在棕櫚叢中的平房，具有殖民時代或英國郊區的風味。不過平房（bungalow）在此地意謂以家庭為單位的出租單棟旅館房子。屋子不大，內部看來很寬敞，潔白的石灰牆有如蘇丹的皇宮。上層只是一間外圍建有涼廊的大房間，小型的拱門則為明顯的哈卓挑高式。地面樓的房間較小，漆成寶藍色，同時建有一個瀑池。池水沁涼透心，而且當幫浦開始轉動澆灌棕櫚時，池中的渦流看來簡直像個小按摩浴池。這類池子和英國喬治王朝一些大市區大房子內的陳設相同。卡塔里王朝末期的一位蘇丹曾對這樣的房子心動不已，最後動用權力徵收。

帶點史塔克風格的琳達，花了一下午的時間，拜訪塔里姆一些家道中落先知後代的獨身女士（sharifahs）[9]。她們找不到門當戶對的先知後代男士和她們結婚，也無法想像嫁給階級較低的人，於是她們共居於一座二樓以橋梯相連的複式建築中，繼續過獨身生活，甚少離開房子一步。

哈卓人對於一九六二年薩那革命消息的反應，可以看出嚴格的同族結婚觀念令人沮喪的程度。當時許多哈卓先知後代對革命的新聞氣餒不已，但一名觀察者卻說，許多胡瑞達鎮（Huraydah）阿塔斯（al-Attas）氏族的老處女對於身分的崩解不禁歡呼，「我們可以結婚了！」然而事與願違，縱使馬克思主義政府強制人們打破階級觀念通婚，卻遭到抗拒，老話說得好，「先知後代女士的運氣是人力不能控制的。她們養了雞，鳶便來叼食；她們晾衣服，天空便烏雲密布。如果她們失去了丈夫，就永遠再也找不到第二個。」現代人甚至還相信，非先知後代娶了先知後代女士將會感染瘋瘋病。

我們聊了好一會兒哈卓瑪的分裂個性：狹隘的地域觀念——移民；停滯不前——進步；正統——異端，我們的共同結論是這種兩極化永遠無法協調。我回房睡覺，和巴赫井以外的哈卓人一樣，睡得像死人，直到隔天早上醒來，才發現和一隻小蠍子同眠。

胡德之墓

隔天清晨我早早出門去見一位先知。

前一晚，我們得到一個理論：由於哈卓人是先知胡德的後代，所以就像他們的房子正面，被賦予嚴守傳統的典範形象，因此偶爾得發洩一下。根據宗譜，胡德是閃的曾孫，他不但是上天派來的使者，同是也是卡譚之父。基於此，我決定對所有南阿拉伯的祖先表示敬意。

塔里姆的東部已有了些改變。雖然谷地較過去狹窄，但並不只是地景的改變。這個谷地的名稱較特別，名叫「河道」（al-Masilah），不過河流都是同一條。從古代的城鄉角度來看，最特別的是它的文明發展遠落後於其他地區。偌大的河道山谷裡只有幾個聚居區。第一個城鎮不算太小，有點類似艾納特鎮（Aynat），但仍算不上是都市。其他一百五十哩的谷地裡，所有聚落都僅止於村落規模。東部山谷和海岸的交接點上有幾個比較像樣的村莊，例如塞胡（Sayhut）、奇辛（Qishn）、該達（al-Ghaydah）等，但也只是沒落的村莊。

越過邊界，阿曼那邊的撒拉拉（Salalah）是這二十年間發展出來的城鎮，在此之前，不過只是些和碉堡擠在一起的小型住家。從撒拉拉沿著阿拉伯半島南部海岸，就再也沒有聚落了。除了轉入波斯灣一角外，很難看到一些稍為大型的城鎮。即使連阿曼首都馬斯喀特也不大；一座天青色的皇宮，海灣狹窄的入口上，有幾棟屋子夾在葡萄牙人所建的碉堡間，再加上一些安靜的近郊住宅區，僅此而已。繞過曲折的穆珊丹半島（Musandam Peninsula），進入波斯灣，沿著海岸線的酋長國和氏族領地，全是和西方政治活動及西方石油業相關的產業。由此轉入巴士拉（al-Basrah）和巴格達所在的灣岬上，才會再回到古老的文明。阿拉伯人依想像力創造出來的阿迪特人和塔瑪人（Thamud），早因腐敗消失於黃沙之中。胡德已預見阿迪特人的毀滅，因此當哈卓都區的人前來見他時，他還以此做為警惕。

出了塔里姆，外面便是蠻荒未化的世界了。

我和來自薩那的朋友傑伊（Jay）開車越過塔里姆後，離開道路，前往矗立於洪水道上，如小島般的壯觀古堡。這是烏爾堡（Hisn al-Urr）。可能是伊姆魯宗系中的金達氏族所建，年代已極為久遠。這樣的地方毫無疑問地必然經過長期使用，厚牆至今仍保持原貌。我們手腳並用，費勁地爬到稜堡上面。傑伊穿著潔白罩袍站在城牆上，任風鼓起像降落傘般的衣服。這裡沉靜得令人驚訝。

寂靜突然被打破。隱約的聲音變成撞擊聲，然後成為喧譁聲。一輛不知由何處冒出的直升機自東面飛來。它盤旋了一次，又往原先發出聲音的支谷飛去，然後失去了蹤影。沉寂再度籠罩一切，甚至比被打擾之前還寂靜。

經過烏爾堡後，路況出人意料地好了很多。新近的修建使它成為哈卓瑪內地少見的良好道路，不過這也沒什麼特別。我們錯過了朝聖人潮，但仍受惠於前往胡德墓的虔誠朝聖者。他們的捐獻是這條道路每年維修的基金。

先知胡德之墓終於出現在南邊高崖的下方。它的圓頂和祈禱大堂正好位於小鎮的中心。我們橫過水道爬到下方，沒料到這麼陡，然後在河岸那端停下車子。不止墓區的建築而已，整個鎮上看來都像剛重新粉刷過，那些餅乾色外牆還塗上明亮的防水石灰泥。但整個鎮上少了形成一個鎮的重要因素：人。空的，完全毫無人跡。這個鎮每年只有在朝聖的那幾天才有人煙，富有的哈卓人家雖然在這裡有住宅，但也只在短暫的朝聖季節才來。我們原本想著馬克思政府時代必然使這裡的朝聖潮衰退，但事實並非如此。整個城鎮只是鬼使神差般地建成，卻忘了將人移居到這裡。

如果烏爾堡的寂靜令人心驚，這裡則是超脫塵世。我們第一次停下時，其實是有聲音的：風掠過時的微音、蜥蜴爬動使小沙丘崩塌的聲音。直升機出現過後，我和傑伊甚少開口。我們輕輕地走動，在這裡發出聲音似乎是一種褻瀆。但在我們腳下，不時發現一些不符合此地超脫塵世的東西，餅乾盒、乾酪包裝紙、果汁罐。更惹眼的是一個隱含著戰爭和喧鬧本質的玩具盒，上面寫著：「泵式獵槍，附靶——適合三歲以上兒童」、「雷管槍英雄」、「威力雷管槍」和「發條直升機」。很明顯地，市集似的朝聖活動仍未停止，胡德仍然可以引來人潮[10]。我坐在谷壁上，心裡想著原因。

葉門有不少先知和聖者墳墓，大多數都在年度節慶時才有朝聖者前來朝聖。但是沒有哪位先知和聖人受歡迎的程度，能和胡德相比。除了胡德，也沒有任何一位先知或聖者擁有一座專為容納朝聖者的小鎮。這種虔誠與神聖背後的動力，和胡德本身有極大的關係。

胡德和巨人族阿迪特人都在《可蘭經》出現過。這些典故的本質都與後洪水時期[11]人類素質不斷低落有關。曾經擁有巨大財富的阿迪特人拒絕感謝神的賜福，更糟的是他們崇拜偶像，並想仿造天堂建立柱城。胡德對他們的褻瀆發出警告，卻遭忽視。於是上帝以猛烈的風和沙暴毀滅他們。

這個故事後續產生不少錯綜的枝節。其中之一提到，阿迪特人被上帝毀滅前，曾遭瘟疫螞蟻的攻擊。阿迪特人是巨人，螞蟻相對地也「大如犬隻」。一名註釋者說道：「大到可以將騎馬的人拉下來撕碎。」哈卓瑪的懸崖據說是阿迪特人捏塑出來的土墩，好坐在上面防守巨蟻靠近。胡德本人也是巨人。人們普遍相信延伸到他墳墓後山坡上長長的石頭隆起，即是他的「尾巴」。不同的作者，對他尾巴的長度也有不同的看法。就像英國的石柱環無法找出合理的解釋一般，胡德似乎根本無法真正測量出來[12]。

另一個當地有關阿迪特人毀滅的傳統說法是，胡德被一些殘存的阿迪特巨人追逐，最後逼到死角，就是我所坐的谷壁上方。就在危險將至之際，地上裂開了一道口，將他和他的駱駝吞沒，只留駝峰在地面上。駝峰後來化為不規則四邊形的巨石，並被建為祈禱大堂的屋頂。說不定朝聖期間的駱駝追逐，可以被註釋者解釋成這個追逐的模仿行為。這裡的人熱愛土地，幾乎到了連祖先都要納入其中。

《可蘭經》中阿迪特人被沙暴毀滅的故事，令人忍不住要將它視為五千和七千年前阿拉伯氣候帶巨變所轉化而成。同時，胡德和駱駝也可被視為本地人傳統記憶中，古代南阿拉伯人如何在乾旱和嚴苛氣候中，克服運輸的方法。甚至像這些卡譚後代的外來者，被許多古代的歷史學家形容為「阿拉伯化的人們」，而阿迪特則是原始的阿拉伯人。但若照《可蘭經》上所載，胡德本身就是阿迪特人，他的子孫，諸如卡譚等人，怎會被稱為外來者？

考古學家已經斷定此地的沙巴、希亞、卡蘭、漢姆丹等皆為卡譚後代，即使不是個人的後代，至少也是同一氏族。這個宗譜令無數個名字彼此相關，但現代歷史學家卻抱著極度懷疑的態度。但它確實是必須考慮的因素。葉門當代的歷史學家及考古學家都說：「那也許不是歷史的聲音，但至少是它的回聲。」

不論他們的關係對於今日的葉門人有什麼意義，在有文字之前，人類便存在了。遠古的獵人帶著無數精緻石箭，在馬利柏和哈卓瑪之間的沙漠，及往東進入更遠方的阿曼留下了痕跡。在些曾是水塘的淺窪地帶，獵人們朝著隨沙漠化過程而消失的成群獵物射擊。直到某人疲憊地來到這些美麗的城市，留下他們的石箭，成為後世對艾迪特人的想像。

我原本只想象徵性地去和那些越來越親近者的祖先致敬，卻發現探訪胡德之墓開始成為我個人的朝聖之旅。我的祖先早已消失在塞爾特人（Celts）歷史的起伏，以及盎格魯族（Angles）的混亂之中；胡德對我來說，幾乎是一個養祖父輩的人物。《可蘭經》中對他的迷人描述，以及葉門人為他塑造出來的肉體形象在我腦中盤桓不去。我越是思考，胡德就越是模糊，一如置身在無法穿透的迷霧時光之中。

太陽和房屋的白色光芒似乎越來越強烈。傑伊獨自去探索無人鎮去了。一座勝利之梯立在我面前，它的兩個側翼在祈禱大堂上相連，然後激昂地沿著十六世紀義大利帕拉弟奧式（Palladian）華宅主樓層上升。我慢慢往上爬，內耳血液的搏動是唯一的聲音，並隨著接近梯頂而加快。所有的事物都被光線滲透，令人無法睜眼看清。我摸索著爬過柱子支撐的圓頂。

終於，我站在葉門最神聖的地方。

眼睛適應光線後，眼前的墳墓卻是空的，不但沒有墓穴，也沒有碑石。裡面只有幾個廉價的燃香爐，架子上「廚師牌」煉乳的空鐵皮罐，以及一道據說無法完全合攏的裂縫。裂縫邊緣看來平滑而潮濕。

七世紀的一位遊客曾說：「那兒有兩塊岩石並排，中間的縫隙只容一個身材瘦小的人擠過。我試著擠了過去，見到一個人躺在睡椅上。他一身深褐色，長臉上還留著濃鬍。他早在睡椅上成為乾屍。我摸摸他的身體，發現不但結實，而且不會塌陷。他的頭上刻有一排阿拉伯文銘文，『我是信仰上帝的胡德。我為阿迪特人對神不敬及違反上帝旨意感到哀傷。』」

我進去尋找胡德的屍身。來到這個葉門邊陲可是千里之迢，但路途再長，也不及最後穿過兩塊巨石的夾縫來得長。《可蘭經》中的胡德就在這裡。胡德，葉門人的先祖，如此難及。要擠越這條細縫需要很大的信心。

單一祖先的觀念意義非凡，但若將其根源藉由胡德和卡譚具體化，葉門人也只不過是要使其歷史合理化。他們所做的並不比大多數民族過分。當他們的族譜根源更錯綜複雜時，事實上根也扎得更深，一如深不可見的胡德。

神的恩賜

胡德之墓以東，沿著瑪胥拉（al-Masilah）也有一些改變。這次是地名。根據英格拉姆斯的文章，這些聚落分別為阿杜比（Qoz Adubi）、塔布庫姆（Taburkum）、瑪拉開（Marakhai）、巴特哈（Bat-ha）、達荷瑪（Dhahoma）、布宗（Buzun）和塞瑪爾瑪（Semarma）。我們仍身在阿拉伯，但卻走到阿拉伯地圖之外。這裡的地名和遙遠的敘利亞北部、摩洛哥大西岸海岸有著令人舒暢的熟悉感。有點像開車經過威爾斯（Wales）的紐鎮（Newtown），突然看到蘭威德蘭（Llanwyddelan）的地標一樣[13]。甚至是蘇格蘭的蓋爾（Gael），或法國普羅旺斯也不顯得太遙遠。這裡仍保留著北阿拉伯人占領南阿拉伯之前的遺風。雖然仍屬於閃族語系，但更貼近古代的銘文文字，成為半島上的邊區。住在這裡的瑪哈拉人（al-Mahris）並非不同於葉門其他地方的人，而是因為他們和北阿拉伯世界隔絕，在地理的阻絕下仍使用古老的語言。

直到最近，瑪哈拉人都保存著南阿拉伯一些古老的社會組織，有點像母系社會的替代系統。舉個例子，在婚約下所生的孩子由其母親娘家的舅舅養大，雖然兩者沒有直接的血緣關係，但舅舅卻擁有孩子之母的所有權利。其他習俗也揭露了一些被早期伊斯蘭教批評的現象。直到近期，瑪哈拉女性仍然在詛咒部族的敵人時，一邊在麻繩上打結。《可蘭經》上稱為「背後講壞話的女人」[14]。

在這個稍嫌空曠的郊野，哈卓瑪和河道鎮在無垠的鄉間交接。在阿拉伯半島，像瑪哈拉這樣具有真正河流和隱藏在綠蔭中的魚塘者極為罕見。呈直角狀的哈卓瑪谷地在此被河道鎮的柔和地景所取代。河道鎮的確具有地形學的重要特色。你可以躺在綠草地上——沒錯，草地！——並將腳丫子放在帶著淡淡霉味的汩汩溪流裡，那點霉味，有點像去年耶誕節的巴西胡桃。

我們開上一條極不平坦的道路，然後大家一起出了小卡車。那是座大約十八呎的土墳，周圍散置著穿了孔的鉛板、老式的三〇三彈匣、一小堆縫過的布，全都半埋在黃土中。古墓旁則擺了幾個生鏽的鐵皮罐和一個老鉸鏈。同車的乘客在墓邊一個挨著一個，開始誦禱《可蘭經》的第一章〈開端〉（Fatihah），這是伊斯蘭教徒探訪死者時必念的經文。然後，他們彎下腰，在岩石和墳墓之間抓了些塵土，抹在頭髮和頭巾上。其中一個給了我一些塵土，要我照做。「這是賜福。」他說。

當天稍晚，在塞胡的茶館，我向一名看來令人肅然起敬的人請教，他似乎是個艾因（Mawla al-Ayn）通。不過，他說的都是別人已經告訴過我的事情，於是建議我去拜訪奇辛的阿布都（Abduh）。他是有關「聖者」（walis）的權威。「你可以順道去拜訪阿詩瑪．戛莉芭（Asma al-Gharibah）。她是一位聖女（waliyyah）。據說有天她坐船出海，突然想死，要船員將她丟到海浪中。船員們大感驚訝，因為她是一位偉大的聖女，應該要有隆重的葬禮。然而阿詩瑪卻說：『不要害怕。我的身體會找到它自己的墳墓。』她說的果然不假。她的身體漂到了此地和奇辛之間的伊塔柏（Itab）。人們現在還會坐船到她著陸的地點朝拜。他們在那兒留下咖啡、糖、麵粉和煉乳，供那些飢餓或迷路的人食用。最奇特的是，在她的墳墓旁邊，有一口甜水井，井水卻來自完全是鹹水的海洋。」

我盤算了一下，實在沒有時間去拜訪阿布都，倒是不自主地想著聖女的故事，以及她那座神奇的井。艾因是一位神聖巨人的名稱，意思是「甜水泉」。再往西，亦即哈卓瑪谷地和海洋之間，則是另一位聖者瑪塔爾（Mawla Matar）的墳墓；瑪塔爾是一個古代的人名，同時也意謂著「雨水」。在哈卓瑪的內地，則為先知沙第夫（Prophet Sadif）的墳墓。這是這個區域第四座名墳。有人告訴英格拉姆斯，沙第夫是阿迪特族的先知，但卻沒有任何伊斯蘭文章提及他的名字。哈卓瑪也有一個同名的氏族，這位被沿用為氏族姓氏的聖者名字「沙第夫」仍然和水有關。「Sadif」中的「sdf」雖然無法確定完整表達一個字的母音是什麼，但卻是古代技術用語，意指控制灌溉的水閘。

四位古代的聖者皆和水有關。伊斯蘭世界裡，水與神之恩賜的關聯極為密切。在這片普遍貧瘠、乾枯的土地上，那群自古即被尊崇的聖者，似乎本身就顯示了人們對於神祇恩賜的極度敬意。

莊士敦曾經指出，在瑪哈拉人和相關群體之間的信仰和土地有直接關聯。這是和瑪哈拉毗鄰的其他阿拉伯地區所沒有的。也許在艾因、瑪塔爾、沙第夫、阿詩瑪等地，它們與聖者之間存在著一種和灌溉相關的神祕崇拜。這種崇拜起源，不但早於一神論和哈卓瑪、沙巴天體宗教觀的起始時期，還可以回溯到農耕、阿拉伯沙漠化、最後一隻河馬被埋入黃沙，甚至卡譚氏族開始在這片土地上奮鬥、扎根的遠古時期。

石油與國籍

由胡德墓返回塞昂後，我聞到了一股刺鼻的難聞氣味。阿瓦看到我扭動鼻子，說：「是這塊地毯。我們在舊畜棚找到的……你可以想像它的樣子。沒想到洗過後更糟。」

我走過去一看，上好的伊朗泰柏里茲（Tabriz）織毯，說不定是去麥加朝聖的信徒留下來的。由它良好的狀況，可看出它的年代應該是蘇丹徵收這座房子的時期，不過毯子散發著霉味和其他怪味。

第二天，我們帶著刷子和數包肥皂粉，出發前往塔里姆及庫巴堡（Qasr al-Qubbah）外的灌溉水槽。庫巴堡的阿拉伯文意思為「圓頂皇宮」，一九三〇年代英格拉姆斯曾讚美它為「完美的里維耶拉（Riviera）別墅[15]」。這座建築現已改為旅館，有點漆飾過頭，不過建築完整，和塔里姆多數破落的老建築明顯不同。

灰白色的肥皂水深及頸部，我痛快地洗了個澡。阿瓦坐在水泥邊上有一搭沒一搭地洗著毯子。他嚴肅地皺著眉，額頭的皺紋和他臉頰的刺疤相互呼應。這些深刻而呈平行的刺疤是努比亞族的印記。但是看他在哈卓瑪如此安適的樣子，有時令我覺得他似乎有著哈卓人的血統。其實這也不離譜，過去伊斯蘭教的遠征軍裡有不少哈卓人，部分遠達阿瓦的故鄉東格拉。但是據說阿瓦去到美國德州，穿戴上牛仔靴和牛仔帽時，也很入境隨俗。氏族的流傳真是一言難盡。

洗好毯子後，我們將它掛在排水管上。毯子在穿過棕櫚樹的陽光下閃閃發亮。我和阿瓦一起坐在池邊，讓身體自然乾燥。陽光和樹蔭間，庫巴堡粉紅、橙黃相間的穹頂和後面的綠色山林及黃褐色高崖交疊在一起，看來有如波斯微型畫中的景色。

這些幻象被小徑上刺耳的碎裂聲中斷。聲音不斷加大，並向我們靠近；出現的是兩名皮膚曬得很黑、穿著短褲、開著四輪摩托車的西方人，他們在角落停下，揚起一陣塵埃。兩人爬坐在我們旁邊，先上來的那個傢伙留著灰色絡腮鬍，身材如北美灰熊。他向我們說了聲「嗨」，一見到阿瓦臉上的部族刺疤，臉上顯現了孩子似的好奇。「嘿，你的臉怎麼啦？你……你和老虎打架還是幹嘛？」

阿瓦很有耐心地解釋部族印記的歷史和意義，兩個摩托車騎士聽得入迷。在他們的交流中，我眼前浮現出一個情景：一名皮膚白晰、幾近全裸的英國佬；一個帶著德州口音，臉上卻有部族印記的努比亞人；兩個在荒漠裡替探油承包商工作的純正德州人；一座黃、綠、紅相間的土磚皇宮。毫無疑問地，在這些人和物之中，這兩名美國人才是最具有異國風味的。

後來我在穆卡拉等待前往亞丁的飛機時，才有機會好好觀察此地天然環境中的石油本質。這座機場曾廢棄了很長一段時間，但現在，機場裡每天可以聽到數國口音：埃及、巴勒斯坦、黎巴嫩、法國、英國、美國……他們來自哪裡並不重要，他們同樣都有高大的身材、洪亮的聲音，手上戴著名貴的手表。不論什麼國籍，石油令國籍所帶來的不同不再那麼明顯，也促進了交流。

不論是騎機車的兩名德州人，還是機場的不同國籍人士，皆已脫離時空。我試著想像他們剛由何處而來？也許是那個寫著數字的指標所指向的濃霧地方。

希合傳說

一九九三年九月，由哈卓瑪油田通往蘇哈爾（Shuhayr）東海岸的油管正式啟用。工人穿著連褲工作服，頭戴硬帽在荒蕪的山崖下，日夜不休地進行地下探油工作。工作場所內，除了高聳的圍籬，就只有從不間斷的熾烈弧光燈。這樣的場景，看來和〇〇七電影中邪惡帝國的訓練營沒有兩樣。大多數的工作者都封閉在狹窄的工作環境中，絲毫不知再往東一點，就是在南阿拉伯貿易歷史占有極重要地位的希合（al-Shihr）。

根據一名二十世紀華人訪客的文章，此地輸出乳香、龍涎香、不透明玻璃、犀牛角、象牙、珊瑚、沒藥、龍血、樹脂、液態安息香脂、玫瑰香水等眾多物品。希合就如同亞丁過去的盛況，「繁盛貿易……與非洲幾內亞的馬拉巴（Malabar）和坎巴亞

（Cambaya）的摩爾人，生意上往來密切。」這樣的條件，令十六世紀初期的葡萄牙人心動不已，並多次加以掠奪。在海岸某處，一五二二年被法國人殺死的七烈士墳墓仍在原處。他們並在南葉門獨立時，成為第一批被表揚、做為反帝國主義的象徵。荷蘭人布洛克（van der Broeke）在葡萄牙登岸的九十年後到來。他的意圖平和，設了貿易團，並留下三名同事，在當地利用環境上的便利，學習阿拉伯語。三年之後他才再次前往希合。

但是希合的繁華最後還是沒落了，一名威尼斯人不久後帶著強生[16]式的鄙視，形容希合為「一個人和牲口皆賴魚為生的沙漠地方」。隨後它的主要港口地位也被穆卡拉取代。但即使到了今天，其繁華仍有跡可循。經過兩側放置了小型大砲的潔白通道來到城門，這座城門現已成為交通要道的孤島，看來有如一座小型的凱旋門。在城內，雕飾的房間及剝落的石灰牆，看來和印度果亞、拉穆（Lamu）及占吉巴（Zanzibar）有著某些關聯。另一看來可能是代表西瓦沙（Hiawatha）[17]或覺醒者希爾瓦（Hereward The Wake）[18]的雕像，突兀地立於魚腥味之中，可能是用來紀念某些近代發生的事件。

在沙灘一帶，由少數廢棄的綑索船隻上，仍可見到一些阿拉伯航海時代殘存下來的傳統。椰子纖維最早來自中世紀被葉門人統治的馬爾地夫。他們用這些纖維以交叉方式將船板捆在一起。綑索船的名稱在古代資料上即已出現過，後來的作家曾試著解釋這個製舟方法的理由：中古世紀的學者瑪蘇迪（al-Mas'udi）說，印度洋和地中海不同，會融化釘子，而旅行家巴圖塔（Battutah）認為綑索船比用釘子的船更能抵擋碰撞。十五世紀的哈夫（Rhinelander Arnold von Harff）堅信阿拉伯海中有磁石，會吸走船木上的釘子。現在希合那些拖上岸的船隻上，則丟滿了數以千計的腐爛魚頭。

所有和葉門相關的旅行家故事中，最奇特的一個是亞固（Yagut）地理百科中的希合故事。書中談到被外號「驚怖者」的希米亞族統治者阿達爾（Dhu al-Adh'ar）抓回到葉門「臉長在胸部」的尼斯納人時，他有不同的說法。他認為尼斯納人只有單耳、單眼、單臂，並以極快的跳躍速度生活於希合內地。其中一個故事談到了尼斯納人魯鈍的個性。

有些希合人前往捕獵尼斯納人，最後終於抓到一名單腳跳躍的尼斯納人。他們在一棵樹下把他烤了吃，沒發現另外兩名尼斯納人躲在樹後。其中一名對另外一名說：「你看，他們把他吃了！」獵人聽到聲音，順手將他也逮住。「你要是閉上嘴就沒事了。」獵人大笑，另一名尼斯納人卻忍不住衝口而出「我可是一句話都沒說……」，獵人也將他宰殺了。另外一個故事則提到，尼斯納人雖生性愚笨，卻是很有造詣的詩人。故事說，有一名外來者加入幾名希合人去打獵，被他們抓到的尼斯納人中，有一名即興感嘆：

誠然，我逃過邪惡的追殺
在那個肢體仍然強健的時期
然而，青春已逝

外來人因為主人要吃掉尼斯納人而十分震驚，便說：「能夠朗誦詩篇的生物是絕對不能吃的。」希合人卻回答，「他們吃草為生，並有反芻的胃，絕對可以吃[19]。」亞固寫道，「我承認這些故事很誇張，不過都是引自學者所寫的書。如果故事不真實，我個人不負任何責任。」不接受他的說法，似乎也行不通。

希合人也總是被人和龍涎香這種最奇特又最昂貴的東西連在一起。先不管它來自抹香鯨的內臟，卻一直是詩人慣用的情愛隱喻，「如果你是香水，我親愛的，你便是希合的龍涎香。」某些地方的人們在使用菸草時，也加入龍涎香，以增添刺激感。龍涎香在阿拉伯的藥典中具有傳統的地位。我曾食用過一陣子「牛肉龍涎香」，想要藉以改善我瘦小的體型。不過看不出有何效果。據說龍涎香有催情作用。有一次我在薩那街上買了一坨，送給一位朋友當結婚禮物。那味道真不得了，聞起來介於松露和狐臭之間，聞到最後，和蠟燭差不多。

龍涎香一直被視為珍稀物質，中世紀旅行家穆佳威叫它「海洋的印度大麻」，他將其貴重歸因於「人類邪惡的言論及醜陋的行為」。現在一塊拳頭大的龍涎香，大約要一百英鎊。走下希合的海邊時，我決定看看有沒有寶可以撈。問題是，我根本不知道自己要找什麼。我走過一個老人身邊，他正用一種難聞的東西漆船身，也許可以幫我。

「龍涎香？」他露齒而笑。「你找到它的時候，會發現它不但聞起來像大便，樣子也像大便。等它乾燥後，味道就不同了。如果你找到了，要割開手指頭，把血滴到上面。然後伏在地上祈禱兩遍，第三遍再感謝恩賜。哪，找到龍涎香，就像人家說的『混合著極樂和痛苦的發現』。」

我以目光在海灘搜尋，卻發現這裡不但成了垃圾堆，還是公共廁所，這樣的行為似乎隱喻為「醜陋的行為」。「但是你怎麼分辨得出龍涎香和大便？」

老人看著海。「啊……」他躊躇著，然後自顧自笑了。我謝謝他後逕自離開了。

激情海岸

除去那些崎嶇破碎的小海灣，葉門的海岸仍長達一千兩百哩。對我來說，海岸無異是葉門之外的附加地區。葉門的本質在潮汐和外來的人群中稀釋。我不否認，將海岸視為葉門本體之外的地帶，是一種偏見。但從山區住所的塔樓上看出去，情況確是如此。

除了少數幾處，葉門海岸看來平淡無奇。但也就因為如此，反而顯現出一些屬於感官的不同感受。這種感受大部分來自嗅覺。對於習慣山區乾燥空氣的人，海岸區驟增的濕氣不啻為味道的定色劑；有時候甚至令人覺得這些味道是凝結在濕氣中的固體。希臘地理學家艾佳沙奇迪斯（Agatharchides）寫了一段有關葉門海岸的文字，「美好的氣息，激勵人們的感官，令人無法形容。春天的時候，即使在海面上，也只有微風由陸地吹掠，空氣中總是充滿沒藥及其他樹木的香味。」它如此持續不斷地出現在《聖經》和拉丁詩篇之中。詩人米爾頓（Milton）寫道：

航行之人
行過好望角，駛過莫三比克
東北風陣陣吹送
獨受恩寵的阿拉伯海岸上
帶著香氣的沙巴味道
航行之人也不禁為之舒弛

當新的西方浪漫派世代，大量的陳腔濫調讚頌熾熱而冷漠的沙漠後，一切開始顯得了無新意。T．E．勞倫斯如此描寫吉達（Jeddah），「……具有濕氣、一個偉大時期的感覺，以及別處似乎沒有的枯竭……一種被許多人過度使用、過度呼吸的感覺，像持續不斷的浴池熱度和汗淋淋的感覺。」他說到了重點；紅海是此區的腋窩，是汗水淋淋的阿拉伯和非洲緊密相連，產生熱度、激情和魅力的地方。也就是這個地方，要男人嗅聞香濃的羅勒（basil）激起情慾卻加以回絕的女人，在性的渴望和衝動上受到壓抑，嫉妒的靈魂藉由狂野的舞蹈和擊鼓聲召喚神鬼相助。

人們也可以像札比德地區的創建者一樣，用嗅覺編出一本葉門海岸的地名詞典。據說他旅行到提哈瑪地區，一路嗅著泥土的味道，直到了「聞到具有奶油（zubdah）味道的土地」才停下來。zubdah也成了該地的名稱由來。和此類似的是烏瓦（Awad ibn Ahmad ibn Urwah），他是位希合盲眼航海家，最出名的是只要聞一聞船隻錘線（plumb line）上的泥土，就能說出這條船的方位。有次，他的船行至波斯灣，船員故意讓他聞來自希合東邊數哩的哈密（al-Hami）泥土。烏瓦說：「我們走了半天，才到哈密而已嗎？」

英國詩人米爾頓與希臘地理學家艾佳沙奇迪斯的沙巴氣味早已消褪。乳香雖仍是觀光客的購買要項，但再也無法回到早期基督教人士大量使用時期的風光。葉門觀光設有「香料之路」、「絲綢之路」、「撒馬爾干之路」來吸引觀光客。其中的「香料之路」的南部海岸線終點站——哈卓瑪岸邊的畢阿里，是其中最熱門的據點。這片鐮刀型白沙海灣的盡頭，是一座巨大而陡峭的死火山。山頂上還遺留了一些古代港埠建築的殘牆。在殘牆下方的玄武岩上，說不定可以拾到古代獻給以弗所（Ephesians）朱比特神殿（Capitoline）的朱比特及月神戴安娜的乳香。

即使現代的葉門海岸已不像往昔那麼香味濃郁，至少提哈瑪仍飄盪著類似茉莉和用來薰衣的露兜花的味道。這種香花據說在花苞被雷擊中時才開花。露兜花、茉莉、麝香等常被混合做為現代葉門婦女的香水。她們喜歡香水，是基於實際的功用[20]。穆佳威曾提到，葉門的婦女「嘴巴伶俐、臉蛋美麗及褲頭鬆」，這也說明她們對於性的需求大於男人，因此女人經常得「藉助香味以刺激男性性慾……」。

除了這些味道之外，還混雜了改變和衰敗的氣息。商人露哈雅（al-Luhayyah）以珊瑚石構建的豪宅，一度是德國人尼柏赫和藝術家包倫凡為那群「好奇、有知識，而且態度良好」的人演奏二重奏的地方。在敗落後，宅邸被蝙蝠占據，成為無人居住的空屋，然後，陽台、繪飾的天花板一一頹敗，最後成為一片廢墟。塵土無所不在，午後無情的風嘯掠，沙塵應聲而至，斑駁地掩去白熾的太陽。停滯在不息的循環裡，靜止的空氣中，只能像胎兒般蜷縮著身體，等待風暴過去，等待一切靜止的陸地、房子、生物重新復甦。幸好，一年之中大多晴空萬里，海岸持續吹送魔幻的香味，而雨則平息了飛沙。那是死亡裡的生命氣息，只不過綿延無際的沙丘暫時占據了視線可及的地方。

很多我省略的葉門海岸題材，都是些一派胡言的東西，和尼柏赫評批阿拉伯的故事一樣。舉幾個令人不可置信的例子：一名近代的蘇丹要侍婢集體在水道中滑翔，他則負責像捕鳥人一樣接抓；他的巴爾哈（Balhaf）鄰居則將敵人裝在穿了孔的茶葉箱中丟入海裡，越是受他憎恨的，排孔就越小；有個部族的祖先是人魚；另一個部族的年輕人則像橄欖球員擒抱蹬羚，並和跳蛙與駱駝遊玩。一一六九年，有兩個村子裡的人稀鬆平常地飛升到空中，從此消失；蘇非派的人將自己刺穿後，從脖子處掛在塗了奶油的柱子上；新娘將陰毛編成辮子，讓新郎在新婚之夜扯開；有一個女人用頭頂地，頂了一輩子，結果被流星雨治好……故事太多了，但我卻不是《天方夜譚》的作者。

【註釋】

1 衣索匹亞舊稱。

2 班特先生在這次旅行後不久去世。班特夫人的遊記是所有阿拉伯之旅中極為精采的一本書。書中提到一些該區的漫遊，而陪他們的則是一名穿著諾福克軍裝及燈籠褲的印度測量員。他們發現不少東西，其中包括一種新品種蠍子；在班特夫人的手套中發現的。可惜的是這本書的印本極少。

3 Le Corbusier（一八八七～一九六五），瑞士建築師，對於近代的現代建築具有國際性影響，以功能和表現兼容為風格。

4 Giorgio de Chirico（一八八八～一九七八），義大利畫家，為形而上畫派的創始人。

5 Elizabeth Cleghorn Gaskell（一八一〇～一八六五），英國小說家，短篇故事作家。

6 一個傳說中已失傳的藥方似乎是哈卓蜂蜜價格節節高漲的原因：殺死一個小孩，將他的肉剁成小塊，和蜜一起密封在瓶中。六個月後，取出生肉食用，即是強力的春藥。

7 他不是第一個因為女人而喪命的葉門詩人。七世紀時，詩人瓦達（Waddah）的初戀情人因痲瘋去世後，勾搭上了瓦立德國王（Caliph Walid）的妃子，最後被活埋在衣櫃中。

8 Marie-Antoine Careme（一七八四～一八三三），法國著名大廚，曾為歐洲皇家掌廚，並撰有不少古典烹調食譜。

9 Sharifahs據說能賦予婦女生育能力。英格拉姆斯之妻多琳由於無子，曾依據傳說飲用哈卓一名sahrifahs的唾液。

10 傑出的本土歷史學家沙邦（Abdulqadir Muhammad al-Sabban）曾經生動地描寫胡德朝聖及嘉年華會的場景。除了伊斯蘭教宗教義務，朝聖者還參加非正統的活動，例如授受儀式性的侮辱。新手都得遭老手攻擊，而汗水淋漓地像「套了索的牛或駱駝」一樣發出叫聲，朝聖者經過各村子時，也不時叫以粗俗的混名，偶爾還因此引發衝突。所有這些只因「胡德朝聖者的笑聲，有如對別人讚頌神一樣」。

11 指諾亞方舟中的洪水故事。

12 葉門和蘇維埃的考古學家，曾經爬到哈卓瑪西部的拉克揚谷地（Wadi Rakhyah），看出胡德尾巴的形狀有如墳墓，同時測定形成年代約在西元兩千年左右。在這些內葬有蜷伏死者的圓頂狀構築中，皆加上橢圓或圓型的石堆。經過長時期添增石塊，成為瘦長的樣式後，即形成有如胡德墓穴的尾巴狀結構。目前雖然沒有找出擺置石堆的原因，但可能是仿照彗星的樣子，因此和宗教中的天體有所結合。中世紀的作家嘎札利（al-Ghazali）曾說這些環形石是由胡德墓上的石頭構成的，具有護身作用，這又連結到自古流傳的金星和木星交會典故。

13 紐鎮及蘭威得蘭皆在英格蘭西部威爾斯的Powys郡。

14 參見莊士敦（Johnston）之「Knots and Curses」。這樣的咒法同時亦可阻止婚姻。打神結也被用在白法術（white magic，即乞靈於天使）上。在沙達西北部的拉濟（Razih）偏遠山區，住了一名能以嗅聞病人衣服判斷疾病、並替病人製作護身繩結治病的知名女醫。

15 法國尼斯及義大利斯佩齊亞之間的地中海岸著名避寒地。

16 十八世紀的英國作家。

17 十五世紀北美傳奇的印第安人酋長。

18 盎格魯撒克遜英雄，曾反抗征服者威廉。

19 這個故事令人想起有關儒艮是否可吃的激辯。

20 十九世紀的旅行家詹姆斯．布魯斯（James Bruce）曾留意到他們使用「麝香、乳香、薰香、安息香膠，並混合魚臍末端的硬尖」。

第八章

古代遺民

可怕的怪獸、受蠱的小島
石頭上通往地獄之裂縫
它們即存在於此，
唯有盲眼之人方生懷疑。

——米爾頓，《科穆斯》1

米爾頓為我永遠看不見的地方做了註腳，但它卻不斷膨脹，最後成為一章。我要寫的是離了題的龍血島[2]故事，這故事裡將有清澈的光線、奇異的地景，和已在古老南阿拉伯逐漸消失、卻幾乎可以在這裡接觸得到的守護神，雖屬枝節，仍是偉大的。對我來說，這是在它起始的地方結束。

過去，龍血島是個遙不可及的地方。一如傳說中的遙遠之地（Waq Waq）。這個阿拉伯遙遠無人知的地區（Ultima Thule），有人以為它在莫三比克那端，有人以為它在中國那一邊，就古代的地理知識而言，不可能更遠了。在古老的地圖上，它比蘇格蘭西部的斯凱島（Skye）還大，而且位於非洲角邊上，位置較接近索馬利亞，而非葉門。但即使如此，要前往該地……它仍可能只是一個夢幻中的島嶼。

龍血島的名稱由來已經難以考證。阿拉伯的作家將它解釋為quq qatr，意謂「樹脂貿易中心」，但它也可能來自梵文中的dvipa sakhadara，意謂「極樂之島」。但反過來，它或許轉自Dh Skrd。這個名稱多次出現在南阿拉伯的銘文中，而且被希臘地理學家以家鄉口音稱為Dioskurida。詞源上的謎團因為龍血島島民的來源而更複雜。有人認為居民的祖先混合了南阿拉伯人、希臘人及印度人，甚至有部分葡萄牙人的血統。

中世紀的作家們要不是替龍血島鋪上一層曖昧的迷霧，便是以一堆令人難以置信的事實堆砌。穆佳威提過，該島每年有六個月的時間皆為海盜所盤踞。這些海盜在島上任意姦淫女子。但按照記述，這些人似乎也不是真正的海盜，「他們是一群很嚴苛的人，其中老女人比男人更嚴苛。」為了防禦，島民開始使用巫術。十二世紀末期，阿育畢德王朝出動五艘戰艦前往龍血島，結果島民用魔法將整個島變不見了。他們的船隊在海上逡巡了大約五天五夜，卻找不到該島。一個世紀後，馬可孛羅提到龍血島的島民是世界一流的巫師，可以像風神一樣召喚大風。當時統治該島的巴格達主教長曾強力加以反對。但馬可孛羅才不管，他認為島民「深諳許多巫術，但我不想談……」。

又過了八個世紀，龍血島的位置清楚地位於赤道以北十二度半的地方。此地不但生產大批的矮種牛、野山羊和驢子，同時還有不少麝貓棲息在一處擁有三分之一該島特種花卉的植物園中。我看過的相關圖片不多，其中包括像絲蘭（yuccas）一樣的樹、一些經過突變且加大的奇怪盆栽；一些一九六一年英國殖民官拜訪島上蘇丹的照片；一八三〇年代英屬印度的海軍軍官威爾斯德（Wellsted）在首府哈迪布（Hadibu）所畫的素描，背景是一座崎嶇的山峰，前景為一群鄉村青年，安排在透視感良好的位置上。他的圖片經過美化後遠勝實景。至於文字資料，我僅得的那些若不是謠傳，就是旅行家的故事，少有真實報導。根據一些沒有實據的謠傳，在一九六〇年代末期，島上仍有審判巫婆的活動。一九八〇年冷戰期間的魔鬼信仰研究者，甚至懷疑蘇維埃海軍基地有一座核子潛艇監獄。製圖師們就要實際多了；不過看他們使用英國小鎮當地名，也真夠令人噴飯了。

事情很清楚，要證實那些地方真正存在，不能只靠這些虛構的內容，唯一的辦法就是親自前往探訪。但，怎麼去？

走訪龍血島

每年有半年時間，龍血島因為強力的海上風暴，和外面的世界幾乎斷絕來往；剩下的六個月，只有一架小飛機每週飛三次，但航班不是取消、就是客滿。島上有四萬名居民，我不但從來沒見過，就連我認識的薩那人也沒見過。少數知道的人，總以為它在世界邊緣。前往該地的困難，自古就存在。很多年以前——當然只是傳說，一名本土婦女因為思念到龍血島已經七年的丈夫，最後趴在一隻鳳凰的背上前往。這隻大鳥飛了十天，也僅飛到葉門東部的瑪哈拉海岸。

沒想到去找阿瓦和琳達的路上，竟然為去龍血島開了扇大門。當時我在火山口鎮等待亞丁和穆卡拉區間的計程車拉滿乘客。車上只少兩名乘客，我們卻已經等了一早上。中餐時間已到，而我們還有十一個小時的路程要趕。每個人都累了，幾個拿著塑膠提箱、身穿長及足踝的新漿長罩袍、連商標都還沒撕去的哈卓人，試著要大家分攤那兩個空位的費用。我連一毛都不願多出。誰趕時間，誰就付錢。我可一點也不趕時間。結果哈卓人沒有一個願意比其他人多花錢，於是我們繼續等著。

到底要先解散去吃中飯，還是上路之後再找地點吃？另一場爭辯開始了。司機明白從中飯到晌禮禮拜之間不會再有人來，於是躺在計程車管理員的桌子上睡了。管理員還真無事可管理。哈卓人紛紛去吃飯。沒想到兩名新乘客出現了，司機馬上要吃飯的人回來。過了一會兒，我們已經朝東北沿著阿比楊海岸前進。

車子停在金吉巴（Zinjibar）吃飯之前，所有的乘客幾乎都沒吭聲。隨後，人們開始交談。我打開了我的阿拉伯茶葉包準備享受。一陣交頭接耳的聲音，聲音儘管細微，卻令我馬上站了起來。「嘶嘶」的側音發自嘴角，正是那個幻影般的南阿拉伯發音。我轉向那兩名最後到的乘客。「你們一定是瑪哈拉人。」

「不，我們來自龍血島——如果你聽過這個地名。」

我盯著他們看的時間，必然遠超過一般的禮節。其中一個說了些我聽不懂的話，然後兩個人哈哈大笑。但是，他們看來沒什麼不一樣，膚色深一點，人也比哈卓人瘦而結實；不過眼睛就有些不一樣，眼角似乎有著微微上揚的閃光，有點像貓科……「世界一流的巫師」！

他們略過我的道歉，三人開始聊天。薩德和穆罕默德兩人在亞丁接受完中學教育，正準備回去當老師。「你由穆卡拉搭飛機回去嗎？」我問他們。

「我們是想，但飛機滿了，接下來幾週也一樣。哪，這是暴風雨季節結束的時候，每個人都想回家。我們決定走海路。」

我最後縮短了哈卓瑪之旅的行程，回到薩那。大約在和薩德和穆罕默德見面不到一個月內，我和薩那的朋友道別，啟程前往龍血島。巨大而廣闊的海洋對他們來說，充滿了海獸和其他可怕的東西。他們都正經八百地說：「你遲早會葬身鯨腹。但你是西方人（narsami），幫你祈禱也沒用。」在他們的堅持下，我寫好了遺書。和我一同前往的凱文（Kevin）曾在吉隆坡、南美蓋亞那喬治城（Georgetown）及泰國清邁待了四年。他在遠東時飽受骨折折磨，並異常想念葉門。

我們離開的那一天是個有趣的日子。薩那官方正在執行清潔日，要把城裡的垃圾清除乾淨，連首相都親自拿著掃把到小巷打掃。街上小販皆被趕走，但沒了這些賣舊衣、香菸、苜蓿的小販及即興的詩人，我家門外的市集呈現了幾個世紀以來少見的恐怖死寂。樓梯間再也沒有羅勒的香味。將薩那轉化成一座博物館的活動似乎已經開始，我很高興不必看到這些。

三天後，我們到達哈卓瑪海岸上一個小鎮。薩德和穆罕默德曾說這是到龍血島的主要港口。已近黃昏，西斜的太陽柔和地籠罩廣闊的海灣。海灣上只有幾艘窄身的尖首船。船幾乎不曾搖晃，海洋看來如此沉靜。

在一家散發著魚腥味的茶館裡，我們向人打聽前往龍血島的船班。

「你們太幸運了，晚上有艘中型船出發。」

我和凱文面面相覷，不會那麼輕易吧。

門口有人說了不同的話。「那是去阿布都爾庫里（Abdulkuri），不是去龍血島。」手上抓著一條鮪魚的小男孩說。阿布都爾庫里是龍血島諸島中的一個，大約離非洲本土六十多哩，島上約有兩百五十人住在火山海岸地帶。資料上說它「極端貧窮，與世隔絕，為物資不足所苦」。我們搖了搖頭。

小男孩又說：「我帶你們去找沙里姆（Salim ibn Sayf），我想他過幾天要去龍血島。他是我見過最棒的船長。」船長（nakhudhah）！這個字在我耳中嗡嗡作響。這是波斯文，在辛巴達時代就開始被併用到阿拉伯語中，時代早於六分儀，甚至早於發現天然磁石。據稱是在「樣子相似的中國平底帆船及阿拉伯海上的單桅三角帆船，為所有船隻始祖……」的時代。

小男孩帶我們到了街的另一端，經過學校，走入一條巷子。他在一扇三夾板門上敲了敲。幾頭羊嘴巴一邊嚼著，毫不在意地走來走去。附近散發著濃濃的哈卓畜糞、菸草及海水鯊魚的鹹濕味。沙里姆探出頭來，一臉大鬍子，眼睛濕濕的，果然是一副船長的樣子。他週三子夜開船前往龍血島。一開始，他探詢我們為什麼要走海路，我們解釋因為外國人坐飛機得付美金，等於比葉門人多付五倍。不管怎樣，反正機位全滿了。他聽了之後，態度和緩多了。

我們問他坐船的費用。他用力抓了抓大鬍子。那個表情是說「你真丟臉，問這種問題！」，他說的費用不過是嚼幾次阿拉伯茶葉的錢。

「但食物呢？」

他打量了我們一會兒。「我們吃什麼，你們就吃什麼嗎？」

我學他用力抓了抓大鬍子的姿勢。他跟著大笑。我們於是道別，約好週三再見。

單桅船之旅

回港口的路上，我們聊到坐船出海的經驗。我曾搭小型帆船在東納佳（Donegal）岬區一帶閒晃，後來又在東盎格魯（East Anglian）海岸，搭康瓦耳捕蟹船（Cornish crabber）到處遊走，過了三個星期愉快的時光。凱文則在東印度群島駕駛那種用堅實柚木製作，船首如短劍、船尾如草墊的雙桅船。我可以想像他懶洋洋地坐在發亮的座位上，手持菸斗，或者鴉片也說不一定。

我覺得凱文有點期望過高。「別想得太美好！事情說不定和想像相反。」我警告。十七世紀初期，龍血島的蘇丹曾經擁有極好的單桅帆船。但那可是阿拉伯航海業的黃金時期。現在如何，誰也不清楚。

週三，我們又回到海灘，我們巡視著水面。眼前看不到有什麼船足供駛過海洋。是不是時間弄錯了？「他說週二夜間，不是嗎？」凱文問道。

「不，他說週三夜間。但那表示週三前夕，也就是週二夜間。我特別問他，他說：『是的，週二。』」

「你不覺得他說的也是週二前夕？如果他真是說週二前夕，那我們可錯過了⋯⋯」

一個小孩站在淺灘，懶洋洋地把加了網墜的魚網一遍又一遍地丟入水中。我們走向他，心裡擔心答案會更糟。「有沒有看到沙里姆船長？」我問他。

「不知道。」他又拋了一次網。「但他的單桅船在那兒。」他指向一條船身漆了紅與黃，體積只比舢舨大一點的船，唯一不同的只是多了單桅。

「那就是要去龍血島的船？」

小孩停了下來，奇怪地看著我們，並點點頭。

龍血島四週海域突起的狂風和突岩令人喪膽。我記得在一本警惕船長的書上，讀到幾段有關航行非洲角尖端哈凡岬（Cape Hafun）的詩文：

在龍血島和哈凡岬之間
記得祈禱有驚無險⋯⋯

由此到龍血島的兩百六十哩海域中，巨大的海獸正舔著嘴唇等著我們。

我們在一個婚禮宴會上找到沙里姆。鎮上所有的人都受到邀請，大街也成了音樂廳。樂隊在掛了漆飾恬靜海灣圖樣布幕背景的舞台上表演。距離此地不遠確實是有座恬靜的海灣，只是現在漆黑一片看不見。樂隊演奏的樂曲帶有鄉下風味，年輕人三三兩兩跑到台前抖動著身軀。

凱文和我看了一會兒，又漫步回到海邊。海面一片黑暗，但藉由鎮上的微光，仍可依稀辨視那些小舟。沙灘上坐了幾個男人，正在那兒抽菸聊天，另外有幾個則將自己用布裹住入睡了。一名中年男人走過來加入我們，他說他叫阿巴，在阿拉伯聯合大公國當測量員，不過卻是土生土長的本地人，對這裡的海域比誰都清楚。我們告訴他那些單桅船要渡海，似乎小了一點。

他聽了大笑。「其實它們算是很大了。別擔心，最危險的季節過去了。但偶爾也會來個龍甩尾，臨行之前暴風雨又起。現在沒事了，海面將會很平靜，蒙阿拉賜福。」至少海面現在看來很平靜，只有濱海處傳來幾乎聽不見的聲音。「但你仍然可能會因為『sif』的味道嘔吐。」sif是用鯊魚的內臟放在土鍋裡熬，等到全部融化成油脂後，拿來塗船身的東西，可以防腐。這是中世紀亞丁的老法子，一會兒之後，人員總算到齊，阿巴祝我們一路順風。我們登上了搖晃的小船，駛向黑暗的海面。鎮上婚禮的聲音在身後漸漸隱去。

由小船接駁到單桅船後，船長燃起了煤氣燈。即使風平浪靜，船還是不斷搖晃。微光下，可以看到甲板堆滿了箱子、油桶、繩子、錨和人。同船的還有十五人，早就占定位置睡了。一艘三十五呎的船上擠滿了二十三人，航行時間是一天兩夜。

沙里姆船長赤裸著上身，最後一個上船，並開始發號命令。他看來似乎壯了一點，也年輕了一點。一名船員到甲板下啟動引擎。船長在一個用繩子固定的箱子上的基座擺了羅盤。他將箱子和桅對齊，並用了幾根釘子釘在甲板。凌晨一點，船隻起錨，朝海洋對準一一〇度出發。

船上的活動慢慢靜止。船員們也加入乘客睡著了。凱文以一個「電話」牌煉乳的罐子當枕頭，跟著躺了下來。甲板幾近全滿，只有船長旁邊還有一點小空間。我靠在舷邊，看著鎮上的燈火逐漸遠去。

沙里姆談到了他家人。他的父親及祖先在很久以前來到這裡。他的母親是龍血島居民，來自大島南岸的努佳德（Nujad）。煤氣燈慢慢黯淡。沙里姆不斷看著星星，並將舵上的繩子放鬆。

「努佳德是山區居民下來讓牲口放牧的地方。我父親稱它是『黎巴嫩』（Lubnan）。」黎巴嫩，牛奶流出地面的地方。他重新疊好拿來當坐墊的防水布，並將一條有條紋花色的毯子裹在身上。「這些都是龍血島的東西。每一樣都來自牲口——牛奶、奶油、乾酪、羊毛、肉。」

「漁業呢？」

「有一些。龍血島民沒出過幾個好水手。」

我回頭望，小鎮已經失去了蹤影。凌晨三點。舞台上那片畫了恬靜海灣圖樣的布幕應該已經捲起。船身下真正的海洋，在黑色的水流中，看來有點濃稠。那名新娘正躺在床上，脫去一件件衣服，溫柔的，或機械化的？我兀自幻想。下方的柴油引擎發出砰然的聲音，但沒有干擾到周遭的寧靜。

「這就是為什麼哈卓人要娶龍血島的女孩。在血統裡加點海味。我在本土有一名妻子，在努佳德也有一名。」

我躺下，腳懸在引擎上，頭邊則是羅盤。

「看！」沙里姆輕聲說。

右舷邊出現兩隻海豚的模糊影子。牠們在星光下寂靜而輕巧地躍升，然後在波光閃耀中，各自消失在拋物線的那端。

沙里姆拍拍我的肩膀。「聽我說，我父親年輕時，和一個朋友出去釣魚。他們乘著小船離岸很遠。突然小船自己翻了，原來是一頭很大的海豚搞的。小船開始沉沒，要游到岸上幾乎已經不可能。」他說著，收緊舵上的繩子。「海豚看到自己幹了好事，趕緊游過來，停在小船邊，牠讓他們趴在背上，直到他們掏乾船裡的水。他們上了船，回到岸上。真是太神奇了！」

海豚已消失在我們視線之外。我又躺下來，逐漸睡著了。

矇矓中，我聽到沙里姆說：「你一出海，死亡天使便一路跟著你。」

我醒來時，沙里姆仍在掌舵。凱文坐直了，揉著眼睛。「我非得去小便不行。」他說。「可是到哪去小便？我沒看到尿桶。」一個剛好去小便的船員，成了示範。凱文換上了罩袍。「盯著我，別讓我落海了。」

他閃過那些睡在甲板上的人，走向船頭，蹲在船舷邊，一手緊抓支柱，一手撩起罩袍。還真花了不少時間。「天老爺！」回來時，他不可置信地說，「要是浪大一點怎麼辦？」

但海面還是風平浪靜。船頭劃過那一瞬間，海面有著遲緩的膠著，然後又在尾波中重新凝聚。一條古怪的飛魚像人嘴吐出的果核一樣竄出海面。這裡的海域「沒有干擾、沒有漣漪，更沒有皺摺——黏而停滯，死亡」，也許就是在這樣的情境，康拉德[3]的「吉姆大爺」（Lord Jim）放棄了注定毀滅的帕特納（Patna）[4]，以及八百名朝聖者。

有條船在左舷加速前進，看到有如旭日中的銀色幻影。沙里姆加速趕過。那條船上擠滿了人，站在那兒有如雕像。一片寂靜。「許多人占據了鐵路，橋上也擠滿了人，千百雙眼凝視著，卻一點聲音也沒有……彷彿眾口皆為魔法封住。」[5]天老爺，那條船可不就像帕特納。但它卻是我們所見唯一的船。

我們這條六噸船叫「卡納發號」（Kanafah）[6]，六年前建於希合。「卡納發」這名字，還真沒有人用過，沙里姆甚至思索了很久才想起這個字。水下線的船身為柚木，甲板為松板，其他的地方則用較廉價的木料。船上的日製馬達有三十三馬力。船上裝有三角帆，但在緊急狀況下才使用。沙里姆說：「柴油引擎到了五〇年代中期才引進。二十年之內便取代了其他動力。在以前，如果順風，通常要五天才到得了龍血島，若像現在這樣不順風，還得更久。」我記得讀過一篇文章，說使用柴油之前，人們乘坐長頭方尾大型帆船（baghlahs）優游往來於阿拉伯海灣的故事。通常時間允許下，造船者會在甲板上安置一條小船，做為接駁或探訪較小水域之用。在這個無風的海面，我似乎可以看到那些造船巧匠，由大到小，一個船身疊著一個船身，造出藝術般的作品。

海面下約十呎，數十隻紅殼蟹正朝著本土前進，速度很慢。牠們可有很長的路要走。

龍血島乘客

我們的廚子是個矮胖的男孩，正端著一盤煎餅和一壺熱奶茶，由艙口走到甲板前半部。大多數還沒睡醒的乘客，受到食物香味的刺激，紛紛起身，很快擠到甲板上唯一的一小塊空間，開始禮拜。但仍有幾個繼續睡。其中一個，我很確定到了龍血島下錨時，才看到他露面。

這些乘客分成兩群。一群是外來者，另一群是半外來者。後者像哈第（Hadid bin Bakhit bin Ambar），他的母親就是龍血島民。阿拉伯名字大多數具有意義，例如「英俊」或「信仰」。「哈第」則意謂「龍涎香之幸運兒子的剛強子孫」（Iron son of Lucky son of Ambergris）[7]。哈第住在科威特，七年前曾到過龍血島，這次打算待一個月。另外一名老瑪哈拉商人則是純粹的外來者，他的一對招風耳露出白色針織帽外，一路上直抱怨。他在島上擁有一座商店。甲板下一袋袋麵粉、糖等都是他的。

龍血島乘客很沉默。他們大多有著一頭赭色的亂髮，身上裹著喀什米爾大圍巾，一副隨時要嘔吐的樣子。他們都是壓低著嗓音說話，話語中包含著嘶嘶聲，像吹過樹梢的風聲，讓我想起大西洋上蘇格蘭赫布里島（Hebrides）上的蓋爾語（Gaelic）。對於母語是阿拉伯語的人，龍血島的語言有如一個遙遠又難懂的表親。不過有些字還是通用的，同時我也發現他們的語言和葉門的雷密（Raymi）、雅菲（Yafi）方言一樣，在過去式時都加上「K」；另外，許多字則承襲自古代的語言。島嶼和山脈，與世隔絕的地方；龍血島真像是阿拉伯的塞爾特邊區。哈第說：「島嶼內部還有一些島民不會說阿拉伯語。三十年前，說不定有百分之九十都不識任何阿拉伯字。」

有一名龍血島乘客大部分時間都站在船頭邊，以腿勾住斜桅，不停地唱著歌。他唱的是四小節、四分之一拍的優美音符，不斷反覆，和柴油引擎富有節奏的聲音頗相稱。沙里姆說那是詩。另外一個人，頭髮像鬃毛，前額和鼻子形成弧線，鼻孔外張，看來有如特拉法加廣場（Trafalgar Square）[8]的石獅。這也是人類學上的特徵之一，和古沙巴的銅像有驚人的相似之處。

「龍血島上有一些長相很奇特的人。」沙里姆告訴我們。「山區部落的人不和外界通婚。」我記得一六一五年湯瑪士・羅爵士（Sir Thomas Roe）率領「龍」、「獅」、「乾胡椒」（Peppercorn）等三艘船到印度拜訪蒙兀兒王時，曾在龍血島外下錨。他說島上分為三個族系，分別為阿拉伯人、奴隸和「未開化的民族，他們貧乏、削瘦、赤裸，留著長髮，只吃植物根部，並躲在灌木中，不會講話，對什麼都害怕。他們沒有房子，和野獸沒有兩樣。根據推測，他們應該就是島上的原始居民」。

哈第不認為所有的山區居民都對陌生人害羞。「東邊有一個叫希爾哈爾（Shilhal）的地方，人們的皮膚姣好，還有著藍眼睛。就像你們這些外國人。你告訴我他們是從哪裡來的。」哈第說。

「希臘？」我猜想，「不然就是船難的海員，葡萄牙人？」

「哦，說不定是十字軍。」凱文語帶諷刺地說，「似乎到處都可以見到他們。」

我們打定主意要去希爾哈爾探探這些長得像外國人的人。

烈日當空，把海面煉得像銅匠的鐵鎚般無比耀眼。「卡納發號」的人似乎都無事可做。有名船員拋線釣魚，但什麼也沒釣到。另一個則將襯衫綁在繩子上，泡到海水裡沖洗。他的父親當過船長，專向貝瑟購買煤油，運到穆卡拉。最忙的是廚子，他這會兒又從艙底上來，像啞劇裡的精靈由暗門出來，端著一大盤的米飯，以及一些他由掛在桅上切下來的東西。如果一定要加以形容，那東西看來有點像拖拉機的輪胎，但沒想到竟是鯊魚干。吃過中飯後，我蜷坐在甲板上，在船頭男人的歌聲中睡著了。

睡覺似乎是船上的主要活動。凱文不久也準備妥當，等晚禱後即開始睡覺。沙里姆又開始掌舵，我坐到他旁邊，好奇地想多知道一些航海技術，以及十五和十六世紀的古老阿拉伯航海技術到底有多少流傳下來。在這段期間，著名的船長瑪濟德（Ahmad ibn Majid）以科學的方法，利用易記的詩文做為航海圖的一部分，那些船長還舉辦國際性的會議，探討有關風向、星象等深奧的問題。

「我們都知道瑪濟德。」沙里姆解釋。「船長們將他視為祖師。但現在我們都使用羅盤。你看，我們由一百一十度出發，現在是一百三十五度。到達龍血島時，航道應該為一百五十度。如果我們取直線，潮流會把我們引向海洋。」

「沒有羅盤時怎麼辦？」在這個廣大的海洋，沒有羅盤，要將船正確地開到那一個小點上，似乎不太可能，有點像一箭射中一個看不見的靶。我亂想著，單桅帆船上沒有雷達或無線電，也許我們會錯過龍血島，結果登上馬達加斯加（Madagascar）；或者到了印度洋的非航道區，等到油料用完了，我們已經到了留尼旺島（Reunion）及愛德華王子島（Prince Edward Islands），或者一路到達極區的浮冰上。

「哦，每個船長都懂星象。比如從這兩點之間走會到米爾巴（Mirbat），由那兩點到奇辛。」他繼續說道，一邊用手指指著天空。「那裡到塞胡、庫沙義（Qusay'ir）、希合、穆卡拉、亞丁、吉布地、柏爾貝拉（Berbera）、阿布都爾庫里、卡蘭西亞（Qalansiyah）、哈迪布。因為地球在轉動，所以每三個小時必須換一組星星。」

我躺了下來，讓裹著羊毛毯的沙里姆繼續掌舵。天空那些熟悉的星座正在重新排列。北斗七星、獵戶座、小熊星座都在移動，現在的星空已經不同，有如空中立體交叉道的號誌，只不過用的是宇宙尺寸罷了。

我被晨禱的聲音喚醒。哈第正在桅桿的前面，以細微的聲音叫拜。他的聲音一如尖銳的鬧鐘響鈴。海上有了變化，原本死寂、厚重的海面有了生氣。我們距離龍血島大約還有六、七個小時的航行，但即使這麼遠，尚未看到島的形貌，仍可以感覺到附近海域的風力已經減低。同船的乘客在洗禮和祈禱後一一起身。凱文和我都失去小便的勇氣。吃早飯時，哈第告訴我們，龍血島外的海域總是一副暴怒（za'lan）的狀態。「不過也沒什麼。有時候海浪甚至打到甲板上。我坐這樣的船很多次了，常常從頭到尾身上都是濕的。」我後來查字典，「za'lan」這個字是「精力充沛」，或是「因飢餓而扭曲」。

一整個早上，自我們還沒見到的島嶼飄來了雲層和帶鰹鳥及燕鷗過來的逆風。我想，在我們看到它之前，應該會先聞到它的氣息。哈第一聽大笑，「如果你能聞到什麼，最早到的氣味應該是山羊。島上還有人在收乳香，但那個行業早已沒落了。」

「但龍涎香呢？」凱文問。

「我從來沒找到過。」哈第說，「不過他們說，二十年前，有一名島民在沙灘上見到很大一坨，他還以為是輪船漏的油污，於是把它拿去塗屋頂防水。」他慢慢地搖著頭，看著那些裹著大圍巾、一臉嘔吐相的人。我說，龍血島似乎成了地球上的一處樂園，一個充滿牛奶和肉的地方，樹上並流出珍貴的樹膠，海中還出產昂貴的脂膏。

「樂園……」哈第說著，帶著微笑看著白雲。「沒有醫生、沒有藥品、半年與世隔絕的樂園。只有你們這些西方人會在這樣的地方找到樂園。」

在陸地上暈船

島嶼出現了。一開始只是地平線上的一個小點，然後成為一排底下鋪滿白沙的斷崖。我們正朝著那個點駛去。那個點逐漸顯現出寬廣河谷、綿延的綠意、大片的棕櫚樹、低矮的立體房舍。卡蘭西亞！哈第向陸地揮著紅色的格子頭巾。接著，我們已經在不可置信的清澈海水中下錨。一些單桅船和小船圍繞著我們，船下也聚集了魚群。一條平底船將我們接上岸。童山濯濯的埃及禿鷹立在綠色的雜草中，小孩們放下逗弄禿鷹的嬉鬧，跑過來看旅客。有著巫師眼睛的高中畢業生薩德也在，正拿著筆記本清點貨物。人們向沙里姆、哈第和其他人以鼻子互相碰觸兩下，再輕聞一下的禮節歡迎。我和薩德握了握手。

在搖晃的船上，凱文和我都沒有感到不適，反而是登陸後，兩人同時開始有了三十六小時航行的後遺症。我的大腦似乎仍為了保持平衡，在腦殼裡不停地旋轉。乘客中有人名字直譯為「珊瑚的週四之子的兒子阿里」（Ali bin Khamis bin Murjan），是卡蘭西亞土生土長的島民。他見我們開始天旋地轉，心生憐憫，便邀請我們到他家休息。我們跟著他穿行狹窄的巷弄，一邊走著，只覺得地在顫抖，兩邊的屋牆也跟著陣陣震動。他帶我們到達他那座鎮上唯一的兩層樓住家，上了空氣清新的二樓。房間內漆成黃色，並有連續的粉紅色伊斯蘭教義書法橫飾（frieze）。一切都不停浮動。阿里要我們躺下來休息。

約半小時後，我在一陣低微的講話聲中醒來。可能是阿里母親的那位婦女，正用混合龍血島土語和阿拉伯語與阿里說話。她看來才進入中年，沒有蒙面紗，具有古代伊比利人（Iberian）那種令人眼睛一亮的美，就像在里斯本的時髦商店中，突然邂逅的美女，我想起島民和葡萄牙人的關聯，不禁暗忖。

凱文看著「世上無神，唯有真主」的橫飾，仍覺得有些暈眩。不過，最糟的時刻已經過去。然後，我開始感覺到不同：沒有慣常發生的「審問」。通常在葉門，一名外來者，特別是會說阿拉伯語的西方人，剛到達時，總會不停地被問到各種問題，由基督復活到愛丁堡伯爵的實際憲法地位，什麼題材都有。這種「審問」通常只是為了打破隔閡，沒有惡意，而且對於打破盎格魯撒克遜式的沉默頗為有效。當然，與令人驚訝的殷勤招待相比，這種代價不算什麼。但是如果你一心只想睡覺，這樣的對應可真會教人筋疲力盡。但在這兒，似乎沒有這些需求。威爾斯德在一百六十年前來到島上時，曾提到「他們最大的特色就是好客」，至今仍無改變。

在殷勤好客之下唯一遭殃的是山羊。那天晚上，阿里宰了一頭羊招待「卡納發號」

的船員和我們兩名「老外」（nasranis）。不用說，看每個人的吃相，就知道那是多麼美味的一餐。起先，沙里姆擊碎放在棕葉編蓆上的羊頭，與大家一起分享稠美的羊腦。接著，羊肉和肥厚的羊腸開始上桌。羊肉真是美味，和野味不相上下[9]。一九六一年到此的沙里斯船長（Captain John Saris）提到龍血島的羊，「被當地人殘暴地獸姦和虐待，一般並不做為食物，看牠們被宰殺剖開時簡直令人憎惡。」他的說法頗為奇怪，龍血島的島民對動物，善待到溺愛的程度。

這頓豐盛的饗宴快要結束時，我和凱文決定到島上散步。沙里姆說他得去睡覺。前面兩個夜晚，他和奧狄賽（Odyseeus）一樣，「睡覺時也不闔上雙眼。」睡覺前，他對我和凱文說：「明天和我們一起出海。我們要環島繞到西泰魯（Sitayruh），那是我母親在努佳德的村子。」我們當然再同意不過。「開船到那兒得十個小時，所以必須天亮前起床。睡吧！」我們和船員一夥都睡在阿里家的院子。引擎的聲音不再，周遭的寂靜深沉一如海洋。唯有打鼾的聲音仍和我們「盡情享用」的殷勤交相回響。

凌晨四點三十分，氣溫凜冽。太陽在我們起錨往西航行時開始升起。右舷的方向，海面上凸起兩塊岩石，沐浴在玫瑰色的晨光中。沙里姆說那兩塊巨岩叫「莎雅」（Sayyal），但不久，我讀到一本十九世紀初期的航海指引頗有想像力地稱它們為「法老王之睪丸」（Ki'al Fir'awn）。我們的船駛過畢度岬（Ra's Biduh）的凸岬，越過後面為綠色陡坡的蘇魯布魯姆（Shurubrum）海灣。

船行此處，船頭上的盥洗聲顯示又有一頭羊被宰。那也是阿里的禮物。我趨前一看，羊皮已近全褪，甲板上到處都是血。廚子剝下羊皮後，懸在船首向前的斜桅上，這是希臘神話亞哥號式（Argonaut）的習俗。廚子將切好的羊肉塊拿到底下的艙房，在我們繞過島上最西端的蘇柏（Shu'ub）時，羊肉已經可以上桌。我們在船長的桌子上吃早飯，還是使用一樣的棕葉編蓆，除了羊肉，還有煎餅、塞了小段羊腸的羊肚，以及羊肝。沙里姆用一把扳手從一截股骨中取出骨髓給我和凱文。他的動作仍是一貫地充滿力與美。

我們的船開過崖下的避風處，驚起了在岩壁上棲息的鸕鷀。沙里姆指出西南方兩個遙遠的小島，當地稱為兄弟島（Brothers）。它們矗立在海上，有如兩個等待安放雕像的柱座。沙里姆說：「那就是我釣鯊魚的地方。其中的沙姆哈島（Samhah）上有幾戶人家，另一個達札島（Darzah）則全是老鼠。」一九六〇年代，一名英國探險隊曾在達札島上紮營，結果一整晚都在和老鼠大戰。

在奈特（Nayt）的小村子裡，沙灘上有幾戶人家。我們在海面上丟下一桶鹽，一個小男孩游過來將它推回沙灘。再往前不遠的希札拉（Hizalah），岩石上有五、六間小石屋，看來像黏生在岩縫的藤壺。我們足足叫了二十分鐘，才有人回應。後來，一名小男孩游過來，爬上了船。他渾身滴水站在甲板上，彷如北歐神話中半人半海豹的兩棲類。他用島上土話和船員交談後，又跳入晶藍的水中，划了一條小船過來，我們則在上面放了一個備用的錨讓他帶回去。

一過庫泰納漢岬（Ra's Qutaynahan），眼前又出現峭壁。高約一千六百呎的岩壁上都是橫向的細槽，整座高岸陡直地降入海中。就在這裡的高處，有一座無法上去的山洞，附近都覆蓋著蔓藤植物。引擎的聲音在岩壁放大、回響，但沒有見到鳥類應聲飛起。船員們停止說話，全注視著山洞，彷彿在等阿拉伯版的錫拉（Scylla）[10]由洞中突然竄出來。

我們終於來到岩壁下名為蘇布拉哈（Subraha）的小型聚落。沙里姆打破沉寂，「這裡是納佳德平原的起始處，人們自山上帶著牲口下來這裡放牧。」

凱文說看不出來有路可以下山。我們前面的斷崖連成一片，一路延伸到地平線。時間已近中午，一團團膨脹有如氣球的雲掛在無風的空中，並將陰影投射在高崖上。

「哦，那兒當然有小徑，但不是你們想像中的那種道路。」沙里姆說，並伸手比著。「那些崖上凸出的小徑大概只有這麼寬。有些地方得用繩索吊運。他們的牲口可能多達數百頭。」

慢慢地，平原變寬了。到達小村落吉地（al-Zidiq）附近，舵手跳到水中，前往布滿獵犬尖牙般岩石的海岸。剛起的風拖住他，我們看著他在風中奮力前進。過了一會兒，他划著一條小船回來，最後幾名乘客就搭著這條小船離去。我們吃了米飯和剩下的羊肉當午餐。這次沙里姆是用廚具打開羊的頭骨蓋。

單桅船的影子開始在海床拉長，越過白沙。海水清澈，可以見到水面下的黑色岩石，讓我和凱文有如飄浮在空中。凱文將自己懸在蓆子那邊，想要拍下那群海豚的照片。幾隻大約一碼長的淺色海龜，優閒地舞動鰭肢穿過船底，牠們是西元一世紀《希臘旅行書》中提到的海龜真正後代。

孕育魔法的地方

我們在日落前一小時到達西泰魯。海岸線上看來頗為忙碌，這也是這麼多小時以來，在幾近空盪的海岸線航行後，第一個大型的鎮區。岸上的男人把看來巨大如橡皮披風的貨物扛在肩上，蹣跚而行。他們將貨物扔入停在海灘上的小舟，然後回到形成海灣東坡的小岬角繼續卸貨。「卡納發號」停靠後仍然搖晃著，我們越過前來迎接的小船所挑起的碎浪，搭著小船到達岸上。

凱文前去調查那些貨物，結果發現那些東西竟是鹽漬、煙燻且已切開的鯊魚干。我看到他正在端詳一些鯊魚翅，當地人稱之為「rish」，意謂羽毛。有些鯊魚體型巨大，頭尾被剁下來堆在一邊。這些大多輸出到哈卓瑪，據說當地人真正喜歡的是用鹽醃過後、塞在魚肚裡保存的鯊魚肝。在葉門本土，每一公斤鯊魚鰭大約要賣到三十英鎊。「這些東西還賣到遠東，」一個扛著鯊魚的人說，「但他們要這些做什麼？他們一定是瘋了才會花這麼多錢買這些東西。讚美真主！」

我說那些鰭拿來煮湯。「而且他們付更多的錢買鳥窩哩。」「鳥窩！這裡的斷崖上多的是！」那人驚嘆。凱文說起他在沙勞越看到人們如何收集和拍賣燕窩的事。那些島民聽了之後，帶著可怕的表情離去，口裡還叨念著，必然是說：「連真主也救不了他們。」

哈第和沙里姆一樣，在這裡也有一名妻子，她帶著我們越過沙丘到她的村子。那些房子都是石材單房組成，房上皆覆蓋棕櫚葉，環繞的籬笆也是用棕櫚葉編織的。我們坐在哈第家的院子，邊吃棗子，邊喝咖啡，一直到昏禱時才結束。他的家人端了酸奶出來。這種酸奶是以羊奶去除脂肪，然後放入羊皮製成的皮囊，灌入一些空氣後，讓它自然發酵而成。帶點氣泡，喝起來有些像義大利的Lambrusco氣泡酒。島上的居民對這種飲料相當著迷。一開始我們兩人也覺得很美味，但兩週後卻聞了就害怕。

那個晚上，我、哈第、凱文一起去沙里姆家。船員和大多數西泰魯的成年男子都已在等著羊肉上桌。一大落房子大多漆黑一片，只有幾盞燈籠透出朦朧的燈光。食物上桌後，我們靜靜地吃著。沙里姆則忙著將羊肉弄成可以入口的大小，堆在用酸奶浸過的米飯上。晚餐後，我們談到了巫術。這個話題似乎滿合適，西泰魯看來就是一個會孕育魔法的地方。

「卡納發號」的船員哈山（Hasan）說：「希合有一個人會寫咒語。他保證他的豐收咒語可以讓你一次捕到四十噸鯊魚！」

沙里姆嘲笑他說：「我想你也必然也相信人家說畢德的父親能下符咒，讓女孩子以為要走進水中，而把裙子撩起來。」雖是笑話，這說法倒是有《可蘭經》的根據。據說沙巴女王拜訪所羅門王時，所羅門讓她走過鏡子般的地面，結果沙巴女王撩起裙子，露出大腿。

我問起了審判巫婆的事情。一九五〇年中期，一名殖民地官員施奈爾（Snell）曾寫了一則有關審判巫婆過程的記述。他說嫌疑犯先由蘇丹口頭審問，如果他認為她有罪，便將她綑起，加上八磅重的石頭，然後以繩子吊著浸入水中。若她三次皆沉入三嚀深的水中，就是無辜的；但若她直直地浮出水面，則被判為巫婆，流放到本土。不久，她便被人由崖上推入海中。一九六七年有一次審判，一名女人被認為間接激起浪花，被判有罪。沙里姆的客人也證實那個審判一直延續到不久前才結束。現在已較少人干涉巫婆的工作[11]。

沙里姆說：「統一後，許多老客戶都死了。本土的人來到這裡提倡伊斯蘭教，例如割禮。你記不記得在吉地先下船的那個小伙子？幾年前我親眼看他行割禮。當時他大約十歲。但過去，年輕人都是在婚期之前不久才行割禮。不久，呃，足夠讓傷口痊癒的時間。」

「我知道的是有三個小孩，像剛出生那樣赤裸裸地被帶到此區所有人的面前，來觀禮的有幾百人，男女都有，他們共帶了幾百個綿羊和山羊頭當賀禮，簡直和婚禮一模一樣。小孩子的頭髮被剃得很短，頭上抹了奶油——等一下告訴你為什麼。當專門執行割禮者動手時，孩子們都躺在一塊特別的石頭上，眼睛看著行割禮者的胸部或遠方。我可以發誓，那些孩子在行割禮時，叫都沒叫一聲，連眼皮都沒眨一下。他們一點反應都沒有，看不出來會痛的樣子。要是有的話，對他的家人、村人是一種羞恥。這就是為什麼頭髮要剃短，並抹上奶油。如果頭髮豎起來，便表示害怕。一割完，孩子往上跳三次，一次比一次高，一直到自己身體的高度。然後三個孩子開始跑，一路淌著血，到數哩外一間特別的屋子，等待傷口痊癒。他們用植物及一個裝了一些味道很強烈的東西的布包，懸在孩子鼻子下方，幫他們療傷。我不知道裡面有些什麼。女人不可以去探視。這就是我親眼所見，也是島上不久前還在用的方式。唉呀，幸好現在因為宗教領導人認為那樣有違伊斯蘭教義而被禁止了。」

在未婚時公開行割禮，似乎是古老的南阿拉伯邊陲的另一項特色。威爾斯德提到瑪哈拉人也有同樣的習俗。而塞西格則提到阿夕爾（Asir）有可怕的「剝皮」風俗，由包皮一路剝到腿根。不管如何，好歹這種事情現在似乎已不再發生。

我們也談到島上傳統的練魔法者（makolis），以及進入島上奪去他們許多超自然法力的先知後代。他們在首府哈迪布建了大清真寺，有天早上醒來，發現屋頂在一夜之間奇蹟似地建好了。根據莊士敦的說法，這些先知後代篡奪了島上練魔法者駕馭風力的法術。有個村民告訴我們夜間在山區徘徊的女性精靈的事。他說：「如果你碰上了，她會對你唱歌。」他說著，用假音輕聲地唱起了歌，音調帶著輕快的旋律，聽來似乎是「女孩兒、男孩們，趕快出來玩」，但那調子卻讓我不寒而顫。我問他歌到底在唱些什麼。

「意思是說，」他帶著微笑，「我等你好久了。神把你帶到我面前，我將吃你的肉……」

一晚上就這樣過了。大家說了很多精靈的事蹟，還用島上的土語、英語及薩那的阿拉伯語繞口令。我學他們發出「嘶嘶」的口音，惹得大家大笑。慢慢地我們談到了島民，大家逐漸沉默下來。飛蛾翅膀拍著油燈玻璃的聲音竟然變得那麼清晰。

努佳德平原

凱文側著移近灌木，不敢動照相機。那條蛇蜷在那兒一動不動，牠身上的灰和橘色條紋剛好讓牠在樹枝陰影和沙地上形成偽裝。照相機的鏡頭離牠大概只有幾吋遠。「他們說島上沒有任何毒蛇……」他輕聲說，頭都沒回，「……對不對？」

「對，但我可不保證……」

快門咔嚓一聲，蛇身體應聲一聳，抖動了一下，一溜煙逃走了。我們後來得知那是沒有毒的沙漠蟒蛇。

這就是努佳德平原了，沙里姆的富庶牧地，事實上卻是乾燥的沙丘和低矮的灌木。

我們早早出發，沿著海灘前進，然後前往努佳德市區。沙里姆告訴我們，「輕鬆地走，大約一個半小時。那兒有許多商店，以及車子。由那裡坐車到哈迪布絕對沒問題。」但我們在高溫下足足走了五小時才到努佳德市區。我們在那兒的警察局吃中飯：浸過酸奶的米飯和棗子，再加上用舊豆子鐵罐裝的茶。吃飯的房間裡有五、六張鐵床，以及幾張破爛的海綿床墊。吃過飯，我們問警察哪兒可以找車到哈迪布。

「這幾天內，也許可以找到一輛。」「也許」兩字聽來不妙。那商店呢？這倒吸引另一名警察的注意力。「你要什麼？」

「那兒有什麼？」

「餅乾。」

「還有呢？」

「沒了，就只有餅乾。」

他們告訴我們，得往東走約三小時才能到達哈爾瑪（Halmal）。他們說那兒「有許多商店，以及車子」。

我們經過棕櫚茂盛的卡爾（al-Qa'r），然後進入滿是灌木和沙丘的鄉野。碰到那條蛇之後不久，見到了一處大型的村落，於是放棄小徑，抄捷徑過去。最後，在離開西泰魯九小時之後，終於到了哈爾瑪。有幾個小孩在乾窪地上玩耍，見到我們後，哭著跑回村子。我們跟著他們後面走，發現了一輛小卡車。它的一個輪胎已經脫開，車底下的男人正用扳手修車。沒錯，如果他能修好車，隔天早上他將前往哈迪布。於是我們到他家過夜。

他叫阿里．夏義夫（Ali Shayif），來自亞丁北部，多年前到島上服役，娶了本地的姑娘，便留在島上。他和人合夥擁有一條平底船，但現在大部分收入來自卡車貨運。他留在島上唯一的理由是他喜歡這裡，就這一點。他也許和百十年來許多人相同，例如沙里姆、哈第，和他們的祖先，皆因為愛上這個島嶼，最後和這些海島居民成為一體。阿里說：「真正的龍血島民，是那些山區的遊牧民族。」他也和別人一樣提到了希爾哈爾藍眼睛的部族。他說哈迪布以前有不少奴隸。

那個晚上，凱文和我在村子外面的水井邊洗澡。取水的水桶是用一段舊內胎放到一塊鑿空的石塊做成的。山羊跑過來喝我們的洗澡水，然後有一些男人也加入洗浴的行列。就在我剛穿好衣服時，村中一個笨蛋從我背後倒了一桶水在我身上。他們大笑著去做禮拜去了。回到阿里家，我將內衣和罩袍晾在棕櫚編的圍籬上，然後到客房躺下來。阿里抓到一隻很小的鳥，把牠放了出去，但小鳥卻又馬上飛回來。我聽著牠在屋頂椽木上拍翅的聲音，逐漸入睡。

首府哈迪布

橫越龍血島到哈迪布的直接距離大約二十四哩，共花了四個小時。行程其實可以稍快一點，但阿里不時得停下來清理化油器，或用石頭和木楔子把下陷的彈簧敲回原位。車輪明顯地偏左，不過暫時不構成威脅。和我們同車的還有一名蓄鬍子的老人。他的鬍子明顯地用棕紅色染劑染過，加上黃褐色的臉和綠色的針織鴨舌帽，令他的臉看來像一座上下顛倒的紅綠燈。另外一名年紀稍輕的老人腳上扎了一根深刺，我們每次一停下來，他便忙著用一根鐵釘，一邊呻吟，一邊想將刺拔出來。第三個則是個穿著厚棉布時麾外衣的年輕人。他的母親是努佳德人，父親則是亞丁人。車上的貨物中包括了幾張腫脹的羊皮。阿里解釋，羊皮裡放的是去核的乾棗。這些棗子在太陽下曬兩週，然後用腳踩實。羊皮的頸部分泌出些微汁液，引來不少蒼蠅。那些老人扎了刺的腳也一樣。

我們行經平原，打算穿過斷崖的缺口。一過這段路，眼前的景色完全改觀。道路沿著一條兩邊長著棗樹的小溪前進，上方的斜坡則排著巨大的瓶子樹（bottle trees）[12]。這裡到處可見蜻蜓及胸部呈粉紅色的鴿子，偶爾也可見到站在水中凝視著水面的蒼鷺。

爬經幾段Z型的陡峭山路後，我們到達分水嶺下的高原。這裡的風景又有不同。遠處的背景是巨大的綠色山丘，間或散置著表土貧瘠的花崗岩露頭。往上看，眼前景觀有如蘇格蘭高地，再加上牧人小屋和用橫石堆疊的農舍。較低處帶有蘇格蘭風味的小溪邊，長的不是山梨和白蠟樹，而是棕櫚，前景的大平原上星星點點長了大戟。有點在同一時間身處兩個地帶的感覺；或在一個幻境裡。

我們沿著水道下到哈迪布平原的東端。這片開闊的平原中間為谷地，南邊則倚著成排的巨大花崗岩尖山。湯瑪士・羅爵士稱之為「襤褸山脈」。我記得威爾斯德的素描，但沒有這麼精采。兩座矗立的尖山山頂以橋相連。很難令人置信有這樣的天際景觀。

哈迪布是座機能實際的都市。除了通信處（Communications Office），建築一律都是立方體。通信處大廈建於二〇年代末期，屬於半薩那（quasi-San'ani）風格，樓上裝設了彩色玻璃扇形窗。在建築上，它是一座中央政權的遺物，不但不合時宜，更因為缺乏發電機燃料，絲毫沒有作用。我們溝通了半天，才得以住進政府招待所。裡面的部分家具來自一艘德國擱淺的貨輪，整個室內氣氛帶著少年感化院宿舍的味道，而且還是不怎麼潔淨的那種。黝暗的走道裡，山羊到處閒逛，邊走還邊放著屁。

「真奇怪，」凱文說，「我敢確定我聽到電動圓鋸的聲音。」結果，那是來自大群的蚊子，黑壓壓一片。蚊子的嚶嚶聲毫不間斷，那還只是白天，太陽下山後，那個聲音開始成為在腦殼裡迴盪的高頻音。招待所內最好的設備是強有力的淋浴，但是即使站在強力的水柱下，也逃不過蚊子的攻擊。它們早已練就穿飛水柱的功力。

我們驚訝地發現招待所內還有其他「老外」。那是兩名法國人。當他們自我介紹說是昆蟲學家時，我們還以為他們在開玩笑。事實上，他們不是開玩笑。我瞥見他們的房間裡有殺蟲劑和整捆的網子，鞋子和背包也是最新款式。後來他們的當地嚮導告訴我，他們除了食物藥丸，什麼也不吃。

哈迪布最吸引人的地方是構成島上社會的一切特性。在市內，不難發現源自本土的商人、漁民，小腿肌肉結實、頭髮糾結的赤腳山民；但沒見到藍眼睛。市內不少居民是黑膚奴隸的後代。帶我們去最後一任統治者阿里蘇丹（Sultan Isa bin Ali）的皇宮的，就是一名黑人。

這麼謙卑的建築卻冠以「皇宮」之名，感覺是個誤稱。同樣地，它甚至和過去居住其間、有著卓越史蹟的人不太相配。遠溯回西元一世紀，龍血島臣屬於「燃香之地」（Incense Land）的國王。這個「燃香之地」和後來統治奇辛及龍血島的瑪哈拉蘇丹領地相互重疊。統治者阿弗拉（Al Afrar）蘇丹家族在中古世紀即已相當有名，他們源出希米亞族，十六世紀哈卓瑪統治者圖威拉（Aadr Bu Tuwayraq）入侵，他們幾乎遭到滅種。當時所有的阿弗拉男人皆被屠殺，唯有一名尚未出生的男孩倖存。男孩的母親保存了一些丈夫的血液，在男孩懂事後，經常拿它來教誨男孩，好讓他在長大後為所有人復仇。他成年後發誓，若不打敗哈卓族人，就一輩子過獨身生活。他不刮鬍子，後來便以「鬍鬚之父」（Abu Shawarib）行世。復仇成功後，為了表示慶賀，他在奇辛清真寺的禮拜五祈禱儀式中剃去鬍鬚，這是他一生中第一次剃鬚。之後他娶妻生子，他的子孫統治了龍血島及阿拉伯本土的瑪哈拉長達四百年之久。

最後一任蘇丹是一位長相平凡的人。他對於現代化國家的一切設備都興趣缺缺。據說他臨時需要印璽而不可得時，便以咖啡杯底權充，在臣民護照的小片紙上蓋章。從一九六〇年代初期，英國政務官來訪時合拍的照片看來，頭戴巨大沙烏地式頭巾的他，在群臣和僕役的環繞下，眼中露出謹慎的神情。這些照片中還包括了一名劊子手、一名陰囊長了象皮病（scrotal elephantiasis）的壯碩奴隸。這位蘇丹的生殖能力不在話下，根據俄國學者威泰利．納姆欽（Viatly Naumkin）的資料，現在身為助產士的蘇丹之女伊莎（Isa）曾說她只有一個嫡兄，但光在上的庶兄就有二十六個，不包括一九六七年之後移居出去的。阿弗拉家族似乎努力彌補了幾近滅種的危機。

我們走近海邊時，才發現那些珊瑚礁建的房子已經有些搖搖欲墜，並被棕櫚叢掩蓋。棕櫚叢則茂盛得長到水邊，堵住去路，我們只好蹚水涉過河口。有些房子的庭院種了一些菸草，做成小花園，並仔細地用圍籬圈起，以免遭到羊群咬噬。這種土地和海洋沒有明顯界線的情景令人有些不解，好像是土壤和海水的兩棲混合。

回到大街時，見到一大群人擠在一起。我也跟著擠進去，想看看到底是什麼在吸引他們圍觀。原來是一個男人正像開罐頭似地，屠宰一隻腹部朝天的烏龜。為了不犯伊斯蘭戒律，他先在烏龜喉部下刀，烏龜用力地吞嚥，並不斷拍動鰭肢。空氣中傳來濃濃的鹹水味。我想起了在西泰魯時，那群優閒游過船底的淺色烏龜。他們將食用龜肉，而西元一世紀時賣給羅馬或亞歷山大港製櫃人的龜殼，則將被拿去蓋雞舍屋頂。

山中的奇幻天地

「襤褸山脈」不斷召喚，於是隔天我們穿越哈迪布平原，往山區前進。在受到高山掩映的山，路程開始變得嶇崎。據說為地表上最古老地塊之一的哈濟爾山（Jajhir）群峰，主體為花岡岩，但峰頂的石灰岩層則已像切開的結婚蛋糕糖衣般剝落。有些落下的石灰岩塊，有如房子般大，經過氣候侵蝕出大小洞窟後，成為那些粗毛山羊的棲息處。此刻，那些山羊正像坐在歌劇院神龕式包廂的貴婦人一樣，打量著我們。

我們往上方一道裂口前進。越往上爬，植被越茂盛，山崖裂縫中意外地出現小溪流。我們兩人更交相為新發現發出驚嘆：一個以歐基里德原理織出來的蜘蛛網、一條具有廣告顏料般鮮豔色彩的毛毛蟲……。但最讓我們目不暇給的還是植物。不論達爾文的法則在這裡是否產生效果，這些植物都呈現了令人不可置信的繁盛。原先看不清楚的低矮灌木竟是茂密的蘆筍，樹幹變成管風琴的風管，或是掃煙囪工人的掃帚。像秋海棠的花自如同巨大的拳手耳朵的一對岩石中躍出。那真是植物的奇幻天地。

那些樹幹的樹液、樹脂和樹膠，以及如此鮮綠的樹葉，顯示不只是茂盛的植被，更重要的是動物的生命跡象。這裡有不少可食性植物，例如羅望子、像葡萄的莓子、野生石榴和橘子。野生石榴和橘子當然和本土甜美的品種不能相比，吃起來形同嚼臘。乳香和沒藥使得龍血島在古代成為本土產區的重要哨站，而現在仍是香味口香糖、鳥膠等產品的重要基地。一九五〇年代，牛津大學探險隊的領隊柏亭（Douglas Botting）曾寫到，有些大戟屬植物的汁會導致禿頭，專門用來處罰有罪的妓女。島上有不少藥草，島民經常拿它們來治療蠍螫、紅腫和傷口。兩千多年來，島上最有名的就是龍血島蘆薈。十七世紀，它的液體在東印度公司的推廣下，曾在歐洲掀起風尚。當時是以囊袋包裝運輸，用來減輕便祕復原後的直腸口疼痛或身上的腫癢。

靠近山頂處植被明顯稀疏。光禿的花岡岩取代了石灰岩。我們上方突然出現一道銳利的輪廓，看來像個圓錐漏斗，尖窄的頂端突立在天際線上。等我們再走近，才發現這些圓錐狀尖山其實是長了針葉的樹幹，主幹則像教堂的扇形拱頂般往上突升。沿途見過那麼多奇花異草後，眼前的景像仍令人驚嘆。這些龍血樹會成為龍血島的島徽不是沒有道理。由植物學角度，龍血樹（dragon's blood tree，學名Dracaena cinnabari）屬百合科。根據進化，動物中的蹄兔（hyrax）都可以是大象的遠親，龍血樹和百合的親戚關係也就不奇怪了。根據古羅馬歷史學家蒲林尼的說法，龍血樹是從龍、象相鬥時的血中長出來的。這個故事似乎源自印度神話，也許這就解釋了《希臘旅行書》中提到「朱砂（cinnbar）是由樹上的汁液中收集而來」的原因。也許，它的阿拉伯名字，「雙兄弟之血」（dam al-akhawayn），呼應了宙斯的雙胞胎兒子卡斯特（Castor）和波拉克（Pollux）的稱號，湊巧是古代地理學者稱「龍血島」的名字。這些語源雖然無比複雜，似乎也暗示了島上的早期貿易。龍血（朱砂）是多種染料的必要原料，包括了小提琴磨光及假牙模子等。中古世紀的歐洲抄寫員也用它做墨水，中國的製櫃匠也在紅色漆器上用到它。現在，它的銷售地幾乎僅限於本島，島民拿它做為繪飾陶罐的顏料，同時也用來治療眼疾和皮膚病。

我爬上一棵較大的樹。這棵樹大概有二十呎高，樹頂平坦有如鋼毛一般。它的樹幹因為流出的樹脂凝固其上而顯得極為光滑。在一處較高的枝幹上，我找到一塊被樹脂收集者忽略的塊狀物。這圓塊呈磚紅色，朝外的面沒有光澤，但貼在樹幹的那一面卻光滑有如玻璃。我放在手上翻動著，想起小時候父親書桌上那塊阿拉伯龍的血。

我們來到艾哈夫特谷地（Wadi Ayhaft）的起點。這個谷地由此一路緩降到哈迪布西邊的北部海岸。從這裡，可以看到遠處山坳裡有另一座山谷。閃閃發光的花崗岩環繞著深綠色的山林。已近黃昏，於是我們決定在靠近山泉的綠草地上露營。我們沒有制式的帳棚，唯一的裝備是一個穀袋。在我攤開穀袋時，第一批蚊子開始過來攻擊。凱文去找一些乾木，他說生個火可以驅開蟲子。半個小時後，他扛了一把乾木回來，開始分成引火材、細枝和較大的枝幹三類。

「你的打火機呢？」

我在口袋裡翻找著。不在。我四處搜尋。「一定是爬樹的時候掉了。」我們看著逐漸沒入黑暗中的山脊。

「算了。」凱文說。好長一段時間他都不吭聲。

翌晨，我在寒氣和露水中醒來，全身僵硬。打火機不就在我旁邊的草地上！奇怪的是，除了左眼皮被盯了一個大包，腫得幾乎張不開眼外，昨夜竟然一夜沒事。我試著用一根細枝把眼睛撐開，但不管用。那個早上我的視覺記憶皆是非立體，山好像是壓平貼在框裡一樣。然後開始爬遠處那座山谷，試圖攀上高原時，現實很痛苦地變成了三度空間。放眼看去，根本找不到路，最後陡坡及濃密的矮樹叢令我們不得不退回原路。

下到窪地後，我們在一處銀灰色樹幹的林間空地休息。空氣裡散發著薄荷和茴香的味道，下方的河流傳來汩汩的流動聲。這裡有著前拉斐爾風（Pre-Raphaelite）的景觀。然而仔細看後，卻全然不是這回事。那些往上生長的葉子全成了手指，有如打算逃走的仙女被抓住，而不住地懇求一樣。用手一摸植物，卻發現它像黃蜂般會螫人。這裡像古希臘的阿爾卡笛亞（Arcadia）山區，有如一座桃花源，但也同樣令人感到陌生和心神不寧。一頭野生山羊走過來，站在鳶尾花叢後看著我們。

山谷平坦得像停車場一樣，但橡樹林那邊長了不少多節的羅望子。島上的冬天還沒到，牧地上到處都可以看到放牧的牲口。有人在一棵樹上掛了一隻死山貓，牠的體積不會大過家裡躺在壁爐邊的公貓，但牠有力的爪子卻可以撕裂一個小孩。倒掛的山貓永恆地咧著嘴，彷彿《愛麗絲夢遊仙境》裡嘻笑貓（Cheshire Cat）恐怖諷刺。

雖然島上沒有狗有其好處[13]，但龍血島的野生哺乳類動物卻顯然比植物群落少太多了。最有趣的大型哺乳類是麝貓。麝貓不屬貓科，而是鼬科。島上的麝貓是印度麝貓

（Viverricula indica）。島民將牠們抓來關在籠中，加以刺激，讓牠們生殖器官附近的囊袋分泌出奶油狀的分泌物，然後再將牠們放回灌木林。這些筋疲力盡的小東西卻沒學聰明點，很快又會被抓到。我們很想看人們如何收集麝香，但這個行業近年來已經沒落，希望也因此落空。也許這個行業在島上並不像其他地方那麼有規模。一七〇九年，法國的龐西醫師（M. Poncet）在他的《衣索匹亞之旅》（*A Voyage to Aethiopia*）提到功達地區（Gondar）的艾姆弗拉人（Emfras）養麝貓的處所高達一百座，「他們一週刮取牠們身體上隨汗排出來的油脂一次。他們稱這種排泄物為麝香，名稱則源自該動物[14]。他們小心地將麝香放在牛角中，並妥善收藏。」

平坦如停車場似的山谷突然中止。谷壁再度縮窄，而窪地則被一塊大如房屋的巨石堵住。不過不久我們就明白了。那塊巨石下方築了牆圍住，入口掛了一些諸如羊皮、便器、床墊、毯子和衣服等家用品。我們叫了一會兒，但無人回答。室內的屋頂因為烹飪熏得黑黑的，地上則擺著一只打開的破舊格子呢手提箱。壁龕裡有一只加了鎖的綠色鐵皮行李箱。有些島民終生住在洞穴中。一九九四年，葉門人口普查的表格中，「住宅形態」欄裡包括了「山洞」。不過眼前這座洞穴看來只是季節性的，只有冬天才有人住。借用房地產商以地點評估房屋價值的方法，這個居所位於長有矮棕的瀑布之上，應該是人人都會想要的居處。

凱文和我浸在棕櫚樹下的水池裡，討論著穴居的主題。我們也許可以搬到龍血島，找個洞穴把頭髮留長，依賴山羊、羅望子和石榴為生。我們也許可以復興麝香工業，然後再把洞穴裝潢得豪華一點，例如八倍速的雷射唱片系統、熱帶魚水族箱、中央吸塵系統……也許我會成為一名專業的隱者，而凱文可以當我的經紀人，由觀光船上招徠客戶，而觀光客則花大筆的銀子，聽我由糾結鬍子下的口中口若懸河地述說特爾斐（Delphic）阿波羅神廟式的智慧之語。只要有強有力的公關，然後經由美國《國家地理雜誌》報導，也許我可以因此搬到加州，擁有許多感恩的信徒，奉我為主教，搶著以小玻璃瓶裝我用過的洗澡水回家治病保平安。

不過這時候我們仍不清楚龍血島郊野的另一面，人見人怕的飛蠅（di-asar）在某些季節會在人的鼻子和喉嚨產卵，引發致命的感染。此時人們皆戴面罩或護身的珠串，不然就將鬍子塞在嘴裡。目前為止，尚無死亡紀錄，也許這些預防方法真的奏效。

我們做著白日夢，度過了最熱的一小時。發現我們還得走十哩路回哈迪布，只好急急動身。我們下到窪地，沿著海洋前進。滿腦子穴居想法的凱文，斷斷續續地唱著「穴居人」（Trogs）曾經紅極一時的〈妳這狂野的小東西〉（Wild Thing）。

沿岸這條通往哈迪布機場的路，大概也是全世界最糟的機場道路。經過卡度布（Qadub）後，我們涉水走過海口，然後爬上一段可怕的陡峭隘口，到達海巴格岬（Ra's Haybaq）的斷崖上，這便是女巫被丟入海中的地點。上面有更多滿布洞穴的陡崖。上面的崎嶇小徑僅容一人通行。威爾斯德形容它「兩頭駱駝夜間在此相遇，若非雙雙落崖，至少有一頭要喪命」。好不容易走到海平面的高度，空氣裡盡是碎浪撞擊在海岸後隨風飄散的水波。

回到招待所時已經入夜。法國昆蟲學家坐早班飛機走了。他們的房間現在住著一名來自內政部、模樣哀傷的男人。他一整天若不是躺在床上呻吟、強裝耐心，就是在哈迪布的藥店尋找治療噁心、瘧疾、肝功能失調、膝部擦傷的藥。他說膝蓋的傷「是強烈碰撞車門」造成。顯然他不怎麼喜歡在此逗留。

聖米契碉堡

市集鎮（Suq）位於哈迪布東邊數哩，滿是碎貝殼和珊瑚的海岸邊上，是島上最早的商業中心。葉門和蘇維埃聯合考古學家，曾挖掘出古羅馬雙耳細頸瓶的碎片，以及可能是由印度進口的物件殘片。一五〇七年，葡萄牙占領此島時，市集鎮仍為此島的首府。

我們來此拜訪葡萄牙人自駐軍手中搶到，並加以重建的聖米契（St Michael）碉堡。這座碉堡位於哈迪布最東端的哈瓦利山（Jabal Hawari）山鼻上。大多數的市集鎮居民似乎並不知道它的存在，最後還是一名小孩幫我們領路。我們沿著崎嶇的山徑走到較平坦的地區，那裡有表面塗了粗糙石灰的殘破貯水槽、稜堡和城牆。這些令凱文想起了麻六甲海峽的阿布奎基（Albuquerque）堡壘。遺跡無甚可觀，但由此俯望哈迪布平原全景卻頗為壯觀。棕櫚樹在下方窪地和海洋交接處，繞著一個潟湖而生；東方廣闊的海灣，背後為一連串的沙丘，而與此相對，則是市集鎮成排的小三角牆茅草屋。遠方是哈迪布的棕櫚林和房屋，南邊哈濟爾的尖山掩映在厚厚的雲層中；我們的正前方則是海洋。

很難想像這座碉堡只是一連串海岸和島嶼碉堡中的一座。這整排串連的碉堡，由莫三比克經過阿曼首都馬斯喀特和非洲幾內亞的馬拉波海岸，一路到達東印度群島。有那麼幾十年的時間，印度洋有如葡萄牙人恣意縱橫的湖泊。在帝國歷史上短暫的光輝，就像里斯本市郊貝冷（Belem）修道院安靜的哥德氣息，突然充滿了船首、船尾、船纜、錨和海豚等海洋特徵。突然的擴展和改變，令人筋疲力盡。這樣的一座修道院，訴說了奇異混合了東征的基督徒和激進的資本家，催促舊世界的伊比利人進入新世界的諷刺故事。

據說聖湯瑪斯（St Thomas）前往印度時路經此地，帶入了《新約．聖經．福音書》，再加上十六世紀來自埃及的僧侶曾說此地的島民是源自希臘的內斯特基督徒（Nestoiran Christians）[15]，使得葡萄牙人滿懷信心地希望龍血島是一座現成的基督教世界橋頭堡。然而經過千年與世隔絕，葡萄牙人找到的不是傳說中的純潔基督教，而是一個混雜的夢魘。法蘭西斯．哈維爾（Francis Xavier）於一五四二年呈給羅馬的報告中，抱怨龍血島民實行割禮，而且信奉連他們教士都不懂的奇怪偶像；過了一個世紀，文森佐（Carmelite Padre Vincenzo）批評島民將所有女性皆命名為瑪利亞，對月求雨，並在祭壇上塗奶油。

此外，小島為信奉伊斯蘭教的瑪哈拉人所統治，島民寧願接近他們熟悉的魔鬼，毫不理會葡萄牙人。有幾年，堡上葡萄牙駐軍完全沒有補給，最後只好棄守。聖米契又回到瑪哈拉人手中，而葡萄牙人改建為勝利聖母教堂的清真寺，再度回到伊斯蘭教徒的懷中。一九六〇年代發掘出來的石灰地板和柱基現在仍在下方[16]。

葡軍棄守之後，龍血島雖然沒有全盤脫離阿育畢德強大艦隊，大致擺脫了帝國主義者的控制。葡萄牙人後來數度進出，但從未真正長期停留。一六六九年，阿曼人半有意地攻擊；英國人在決定奪取亞丁之前，一度用它當加煤站，但他們的駐軍卻因熱病死傷無數，一九四三年英國印度殖民政府國務卿表示，龍血島可能會「附屬」到巴勒斯坦的猶太群體，同時他也警告他們不要過度驕傲。內陸地區的龍血島民，絲毫不受影響，繼續收集龍血和蘆薈，以及擠羊奶。

尋找藍眼睛的人

葡萄牙人走了後，似乎什麼都沒留下。他們留下什麼？也許是希爾哈爾藍眼睛的人們；或者他們只是基因上的回歸，連結到埃及僧侶和後世作家認為龍血島曾是希臘殖民地的理論？我們僱用另一位也叫沙里姆的人幫忙。他不開船，開的是一輛破舊的綠色豐田巡洋艦。我們請他盡可能載我們到東邊最遠處，我們從下車的地方走路到希爾哈爾。

龍血島上沒有加油站，想小便，運氣好一點的話，隨便找個人家，敲個門，也就解決了。由於運輸困難，島上的油料奇缺，價格比薩那的公訂價格要高五倍，因此租車的費用也相對增高。在哈迪布逛了一大圈，我們終於加滿油箱的油料，同時也多了一名哈卓人乘客。他是一名想到處兜風的中央財控人員。他說島上的各項實際數據很難取得，不過我問他島上有多少輛車時，他卻毫不遲疑的說：「三百零一輛。」只要想想車輛必須由單桅帆船運到島上的碼頭，然後再用排筏運到岸上，便知道麻煩的程度。不論真實的輛數有多少，許多車輛仍因為缺乏燃料和零件，安靜地躺在那兒。

出了哈迪布，大約一個小時車程後，我們到達坡度起伏極大的濕地，在厚厚的雲層中往東邊前進。偶爾，陽光自雲層的縫隙中照射在遠方的高峰上。走到伊弗西爾（Ifsir）的村落時，粗大的雨滴開始落下。沙里姆的妹妹住在這裡，她宰了一頭羊加上米飯，招待了豐盛的一餐。茅草屋頂上，一隻埃及禿鷹弓著背站在雨中。各個小村落裡，總能看到牠們或坐或站，抖著全身的骯髒羽毛，耐心地等待人們出來排糞，然後爭相搶食。這是個有趣的共生，只是當你蹲在那兒，而牠們不斷繞著你，步步逼進時，總讓人心生恐懼。

由伊弗西爾到奇塔柏（Kitab）和阿楊特（Aryant）的路上，雨勢加大，紅土路變得泥濘不堪，使得巡洋艦在通往高原的隘口上不斷下滑。到達目的地卡達明胡村

（Qadaminhum）時，雨停了。凱文和我在一座新建的屋子前下車，到濕濡的小村裡漫步。沙里姆則去找屋主。

卡達明胡村也被稱為「學校」，名稱來自隔鄰那座樣子像軍營的四方型大房子。每週一至週五，這裡大約有一百名來自島東穆密區（Mumi）的學生寄宿和上學。我們沿著小徑走到學校時，陽光自雲層中斷斷續續射下，天空出現彩虹。整個地方看來已被廢棄，但大門口突然出現一個人，朝我們走來。他的個子高䠷，很明顯地，不是當地島民。在我們來得及和他招呼之前，他張開了手臂，平原、山坡下的低地，甚至彩虹都在他的懷抱之中。「歡迎到……敝村！」純正的英文，毫無口音。

他叫穆罕默德，在亞丁的高中畢業後，被派到此地進行義務教學。一開始，他覺得這是個嚴懲。然而在穆密，風景如此美麗，人們又如此善良，感覺有如在英格蘭。我同意他的說法，即使非洲的索馬利亞就在同一條線上，卻認為自己身在北歐，也是可以理解的。「但在英格蘭，你不可能就這樣走到人家的門口，然後在那兒過夜。」英格蘭是絕不可能，更北方一點也許。我想到在外赫布里（Outer Hebrides）旅行的那幾個月。

帶著「英國氣息」的雨又開始增大。我們急急地和穆罕默德道別，向那間房子跑去。和穆密其他的房子一樣，這棟房子的主結構是乾砌石牆，屋內則塗了泥。兩根柱子撐住不規則樹幹搭成的屋頂，屋頂的內角拱梁則是用叉狀的粗幹搭成；蓋這樣的屋頂需要極好的技術。

屋主薩德（Sa'd）對於兩名陌生人的出現，似乎一點也不驚訝。「這是我們的待客習俗。」他僅這麼簡單解釋。雖然薩德百般勸留，沙里姆和另外那名乘客最後仍決定走黑路回哈迪布。我們向薩德探詢希爾哈爾藍眼睛的部族，他帶著狐疑的口氣說，像禿鷹那樣直直飛行，不繞道的話大約只有幾哩路。聽來彷彿這個地方並不存在。

翌晨七點，我們已經走在前往希爾哈爾的高地。天空陰沉沉的，路不好走，散置的岩石間長著小型的高山植物。凱文找到一隻死掉的金龜子，牠的翅膀呈現虹彩般輝映著橘和黃色的孔雀藍，毛茸茸的橘色頭上有著明亮的綠色觸鬚，腳也和觸鬚同顏色。他將金龜子放進上衣口袋。我們經常得跨越長滿地衣的低矮石牆。這些石牆顯然很老舊了，曾有權威學者認為這是古代燃香植物的園界，後由蘇丹撥專款研究，結果卻是種植蘆薈的地點。一八九〇年代班茲（Bents）家族的人來到此地時，想必也在同樣灰沉沉的天空下看著眼前的景觀，於是寫道「長達數哩的牆……讓眼前的鄉野景觀看來有如約克夏（York- shire）」。眼前景觀所呈現的時空錯亂，還真是明顯。

我們穿越長著羅勒和帶著柑橘味藥草的小山谷，並採了一些不怎麼熟的羅望子當早餐。就在這個時候，凱文口袋中的金龜子突然開始蠕動。他將牠放在一塊石頭上，只見牠伸展著腳，蹣跚地走動，映著灰色的石頭，牠那帶著迷幻色彩的旅程，倒像是《裸體午餐》（*Naked Lunch*）[17]的脫逃者。

這個山谷是牧牛區的起點。在高地上，我們和一群牲口擦身而過。牠們就像瑪哈拉的遠親，身材僅有小型驢子般大小。其中一隻盯著我們看了一會兒，後腳開始趴地。前進的速度很慢。我們經過的那些小村落，總是有人以酸奶款待，中飯時，我們被邀請到一個午宴上，那是為歡迎一位從阿拉伯聯合大公國回來的村民而辦的。午宴似乎永無結束，返鄉的村民坐在角落，像佛像般目光呆滯，不停地用一條上面印有彩色字體「Hawaii」的毛巾擦臉，他面前的食物一盤接過一盤。村人為午宴宰了一頭牛，看來不論得花多長時間，他們都決定要在午宴中吃完那頭牛的樣子。我心想，也許是食物太多了，以致大家無暇談話。終於有個人在我耳邊細聲說：「這是他二十五年來第一次回來。」果真如此，必然有著極大的文化衝擊。或者，也許是經過四分之一個世紀後的時間衝擊。阿拉伯聯合大公國和歐洲一樣，在過去一世紀中，經歷了巨大的變化。但在穆密，一切依舊。返鄉的村民有如一個長久昏迷的病人，一朝醒來，卻發現夢境比真實的世界還多采多姿。

早餐的羅望子，再加上大量的酸奶和牛肉，我們帶著飲食過量的不適再度上路。過了安姆巴利（Ambali）小村後，眼前出現一個空氣清新的寬闊山谷。雲層已褪去，陽光灑落一地，照亮了孤立的瓶子樹叢；長滿了捲葉植物的巨石，傾斜立在海風之中。山谷那端，一條小徑穿過一個建了穴居的大岩縫下方，然後逐漸消失。我們前方的大凹處有幾棟房子，那就是住著藍眼睛民族的希爾哈爾了。它看來和其他穆密村子沒有兩樣；同樣是一副世界盡頭的樣子。

古老的理想化記憶

「大約在一、兩年前，一名外國女人來這裡，可能是法國人或俄國人，我也弄不懂。不管怎樣，我們就像現在這樣坐著，談論歷史。她問我們『你想你的祖先是葡萄牙人（oranges）嗎？』。」塔尼（Thani）說。我們正坐在希爾哈爾部落的共有客廳。

他說起過去的事，我們忍不住不時爆笑。塔尼拿出一個樣子像陶製菸斗的皮口袋，然後揉碎放在燈上烤的菸草葉，放入菸斗。他的火柴打不著，於是我將丟棄式的打火機遞給他。他好奇地看著打火機，搖搖頭，又還給我[18]。第二根火柴著了，他用力吸了一口，接著說：「她又說：『我是說人，不是橘子。』哪，『橘子』和『葡萄牙人』在阿拉伯語中發音差不多。」

「你自己認為呢？你有葡萄牙血統嗎？」我問他。在身材上，希爾哈爾的人和我們見過的其他山區島民沒有兩樣，但他們有些人的確皮膚較白細，而且他們的眼睛則由綠色到淺灰不等。不管怎樣，有關他們的事情如此被廣為宣傳和潤飾，也夠引人注目了。

坐在較遠處那個男人一直沒說話。他赤裸著上身，脖子上搭著一條毛巾，看來雄赳赳的樣子。此時他答道：「人們說真正的龍血島民有兩支祖先。一支住在穆密，另一支住在島的西端。有些外來者和他們的後代結了婚。」

後來讀到俄國學者納姆欽分析龍血島民掌紋和牙齒的文章時，我想起了這個說法。

納姆欽實際上能舉證的地方不多，充其量也只能說他們是不同血統的混合體。不過，他認為島西和島東高地的居民「基本相似」，但和其他部族則有明顯不同。他也在語言學上做了一些假設。他認為龍血島民在西元前一千年至五百年間，開始與古老的南阿拉伯語系隔絕，早於瑪哈拉及其他語系。這樣的假設提供了島民族群自本土遷居至此的時間。

也許可以這樣說，這片偏遠土地上與世隔絕的民族，才是在血緣上最接近阿拉伯人遠祖卡譚的民族，也許他們是系譜學家在尋找卡譚根源時被忽略的古代遺民。

史溫候更進一步稱他們為「最後的純正南阿拉伯人」。再拿沙里姆船上，老是站在船頭唱歌的人和沙巴畫像相比，兩者的相似使我認為他並沒有太誇張。

至於那些葡萄牙祖先，若真有的話，所有的一切也早已被時間沖刷殆盡了。

我們又回到龍血島的話題。我期望能有些龍血島的詩，於是詢問在場的希爾哈爾人是否知道相關的資訊。那個上身赤裸的男人又說了，「我知道一些。」於是開始唱了幾段。一陣讚嘆後，又趨於沉寂。

我問他那些句子的意思。他微笑，「啊，有關愛情。我只認識那些字，不懂意思。我不是詩人（sha'ir）。」

我想起了「sha'ir」這個字的字源，它代表的不是誦詩者或整合文字的人，而是賦予意義或了解其意的人。龍血島的詩含有大量的隱喻和省略，需要解詩者詮釋。也許那是虛幻之地的語言，「文字之牆內，一片被圈圍的概念之原。」

我到葉門來學習語言，並了解一個民族。在這片土地上，他們使用我不曾了解的純正祖系語言，我又走回最起始的那一刻。現在又多出了在船首唱歌者和非詩人的語言。環顧四周，這個語言令在場的島民動容，但他們卻無法告訴我其中的意義是什麼。

聚會的氣氛開始改變了。菸斗的暗火從不間斷。我分享塔尼的菸，但這樣的一口菸，似乎含有一整根香菸的尼古丁。我們還吃了米飯、肉和酸奶。大量的菸和食物，最後令我感到想吐。那些食物已經開始起作用。

凱文看著天花板上彎曲的椽木。我隨著他的視線也瞧見那根巨大的原木。塔尼說它來自一艘沉船。

「海洋一定離這裡很近。」凱文說。

「哦，大概四、五小時的路程。」塔尼回答。

我坐直了，看著凱文。那聽起來似乎很不可能。我們幾乎位於島上的最東端，心裡還盼著能在清晨的時候看到海洋。我們僅能再待一天，兩人都疲累至極，來回快步走上十小時似乎難以承受。不久聚會結束，我們兩人也失望地回去睡覺的地方。

去睡覺的地方，而不是去睡。這種名為*Klinophilos horrifer*的臭蟲，取得還真適切。本世紀初期奧格威—格蘭（Ogilvie-Grant）用《浮華世界》的書頁夾死第一隻時說：「它不咬白人。」這說法還真不科學。如果昆蟲世界裡也有種族隔離政策，這必然就不是昆蟲。不論它是什麼，它真不是普通臭蟲：咬起人來還真痛！

翌晨，天空無雲，光線明亮。下方的石欄裡，成排的羊群正等著擠奶。塔尼熟練地擠著羊奶，他用腳趾卡住羊背，將羊奶擠到下方的圓形陶鍋中，陶鍋下則生著文火。他給了我們一鍋冒著泡沫的美味羊奶。感謝老天，不再是酸奶。

塔尼說：「對了，我很抱歉昨夜沒有拿毯子給你們，因為上面有幾隻跳蚤。從羊身上來的。希望你們昨夜都睡得好。」

我們重複詢問到海邊的距離。他的說法仍和昨天一樣，大約要走半天路才會到。「對你們太遠了。如果你只是想看海，上到那邊去。」他指著村子後面的山丘。

我們慢慢地爬過滿是裂縫的石灰岩表面。靠近丘頂時，吹起了拂面微風。看不見地面了，兩千呎的山崖下，入眼盡是白沙、白浪和湛藍的海水。海上的黑點是一艘靜靜停在海面的小船。右邊是頭顱山（al-Jumjumah）的巨大圓頂，接續下去的則是穆密岬（Ra's Mumi），一個女妖唱歌的地方，一個像沉船碎片的地方，一把像插在海洋的彎刀，最後一個像葉門的地方。

❄

記得那天下午，我坐在斜陽下的村落上方。陽光斜斜地照在顏色紅潤的土地，光滑的石灰岩上，以及希爾哈爾的茅草屋頂和石牆。村民正趕著羊回欄。我想起在哈瑞斯島上，那頭羊以角銼抵著門，企圖進入屋內的情景。

這裡也是村民埋葬所有去世小孩的地方。醫藥奇缺，大部分的症狀都是用一種有滾燙熨斗商標的醫藥治療。但他們卻有著阿拉伯人的夢想：單純的田園生活，豐富的奶品和肉類。阿拉伯多數地方，就像歐洲大多數地方一樣，早已沒有田園式的生活，只活在一個古老、共有的理想化記憶裡。維吉爾（Virgil）在〈牧歌〉（Eclogues）中，如此形容希爾哈爾：

> Ite domum saturae, venit Hespenus, ite capellae
>
> 往前走，乳房飽滿的山羊，回家去，夜星正升起。

在田園詩（Georgics）中，龍血島是潘佳耶（Panchaea）的燃香之地。維吉爾從法老王時期的埃及找到這個名稱。「Pa-anch」是個由燃香之地國王統治的烏托邦小島。這個島嶼樂園，從奧狄賽和辛巴達歷險的傳說，一路到《南太平洋》（*South Pacific*），皆可見到蹤影，至今仍是最吸引人的故事。也許，這個葉門的盡頭正是它的起點。

早期系譜學家受限於希臘及印度的血統之說，不曾想過到此地尋找卡譚的根源。同樣地，我也沒有想到在這樣一個靠近非洲的地方，找到這麼強烈的葉門特徵。要用語言形容這些特徵並不容易。我為了想要了解葉門的語言來到這裡，但聽過赤裸上身的男人吟唱那段詩後，我開始懷疑是否能真正了解葉門語言。語言真的像艾默生（Emerson）說過的，不過是一種化石？同時，就像山繆·約翰遜所說的，即使他在夢中是詩人，醒來時注定是一名詞典編纂者和校對者。

但是，就算是詞典編纂者，偶爾也會有深入的見解。對這個典型的迷幻之島，對於孩提時代不輕易接觸到，似曾相識的龍之血，至少我已匆忙一瞥。

【註釋】

1 希羅神話中司酒宴之神。

2「Suqutra」為阿拉伯文，英文做「Socotra」，位於葉門東南方約兩百一十哩的印度洋上。

3 康拉德（Joseph Conrad，一八五七～一九二四），英國小家，著有《吉姆大爺》（*Lord Jim*）、《黑暗之心》（*Heart of Darkness*）等著名文學作品，對於異國海洋有極入微的描寫。

4 北印度比哈爾省的省會，位於加爾各答西北兩百九十哩。

5 引自康拉德的《吉姆大爺》。

6 亦寫成「k'nafi」，是以乾酪油酥混合檸檬及糖做成麵糰，再灑上切成細絲的油酥，烘烤而成。

7 名字有意義，但選擇那個名字本身則不具特別意義。不過我曾見過一名腳掌各有六指的孩子名為札伊德（Zayid），意為「額外」。

8 位於倫敦西敏寺。

9 可惜人們錯過了昔時哈濟爾山區居民招待深諳該島的俄國學者納姆欽的美味。那是將羊肚及內部尚未消化的草料一起烹煮，有點像蘇格蘭肉餡羊肚。

10 希臘神話中，阻擋奧狄賽航行的怪物，據說有十二隻腳，六個頭、蛇一樣的脖子。

11 摩洛哥的旅行家巴圖塔（Battutah）在十四世紀的德里，親眼目睹審判女巫的情形，和島上幾乎一模一樣，唯一不同的是以水罐取代了石頭。俄國學者納姆欽曾說，島上反女巫的活動可能和古代母系社會的潛意識有關。

12 屬於雙子葉梧桐科（Brachychiton），原產地為澳洲，樹種家族主要為可可樹，能長到十八公尺，樹幹光禿有如瓶子。

13 威爾斯德說他們養在測量船「Palinurus」號的狗常被誤為是獅子。唯一一隻進到島上內地的狗可能是一八八一年陪史溫候（Schweinfurth）上岸的黑色大型紐芬蘭犬，名叫拉波（Rappo）。可惜沒有記載說明島民當時有何反應。

14 事實上並非如此。麝香是以阿拉伯文「zabad」進入歐洲，字源和奶油（butter）有關。

15 我們登陸島上的第一站——卡蘭西亞，和薩那的卡利斯一樣，皆得名自希臘的市民議會（ecclesia）。

16 英國人約翰．佐丹（John Jourdain）在十七世紀初期前往葉門，對於葡萄牙人的衰微有生動的描寫。在泰茲，他和「一名投降的盲眼老葡萄牙人巫師」共度一段時間。這名巫師被當地人視為聖者，經常有人上門要求祝福，索取咒文。但私底下，他「常忍不住大笑，說……他自己不過也是名魔鬼」。

17 威廉．布洛斯（William Burroughs）作品，曾改編成電影，故事中，一台打字機變成一隻碩大的金龜子脫逃……。

18 世界上還有少數地方，人們對於在外界早已廣為流傳的物品感到陌生。手表進入內地也是這幾年的事。威爾斯德在一百六十年前，還費盡口舌使島民相信他的手表不是活的動物。

第九章

金星和火星於天際交會之時

我們天生就只能由對比之中，
轉化最熱切的快樂，
而不是由事務的狀態。

——佛洛伊德，《文明與不滿》（*Civilization and its Discontents*）

回到薩那時，阿拉伯茶葉也剛好嚼完。海市蜃樓已經消失，時光荏苒，一如無情前行的浮油，到達雅哈雅伊瑪目被謀殺的地方希雅茲，我確知我已經回到薩那。

在達沙姆（Dar Salm）時，我常拿著手提輕機槍，掃射放在仙人掌上的空罐，但現在，此地已經被不斷擴張的郊區住宅侵入，交通阻塞隨之開始。人們肆意地按著喇叭，嘴裡以苛薄而粗魯的方言詛咒。我以為我已經學會的語言，以及所了解的人們，突然變得陌生。如果是塔尼，他對這個在大洪水之後創建的城市會有何看法？

十一世紀，拉濟（al-Razi）編撰的《薩那歷史》（*History of San'a*）一書，提出了不少無情的預測：薩那將會占據山脈之間的空間，同時「人們的生活也將缺乏生趣」；薩那將擁擠到屋頂都被販售做為居住空間；由於索頓（Sodom）的嚴重脫序，「神將會使薩那和亞丁被吞噬」。有的末世預言家則為電視、俯衝貶值的利雅，及現行的政治危機發出哀嘆：哈卓密作家之子畢德——葉門人民民主共和國領導者，以及現任的副總統——曾經在亞丁獨裁一時，因為失去權勢而心生怨恨，統一幾乎功虧一簣，戰爭隨時將起……

我知道我對薩那情有獨鍾。但為什麼朝著計程車車窗往外望，一切卻如此陌生？就像奧狄賽返回伊色卡（Ithaca）時所說：「老天！我到底到了誰的國家？」我似乎不認識老家。在薩那南城，我背上了背包，和凱文道別，心裡對龍血島之旅，對航行經過有烏龜的海洋，和那個有著牧人和英雄式午宴的地方感到悵然。

沿著到大清真寺的小街道，看來相互斜倚的擁擠建築掩住天空。四周悄靜。走在黑暗的沉寂裡，有如置身鯨腹。我的心臟加速跳動。

一陣尖銳的噓聲打破沉寂。一名男人正用煤氣爐煮茶。人們總是在嚼食阿拉伯茶葉後喝甜奶茶。我坐在長鐵椅上，他在我面前放了一杯茶。喝了之後，心臟悸動舒緩多了。奧狄賽因為女神的嫉妒，回鄉有如到了陌生之地，而我則是因為阿拉伯茶葉的作用。

喝了第二杯茶後，黑暗與斜倚的建築似乎不再那麼有壓迫感。街上的交通阻塞也見怪不怪。要是缺乏這些，大概也沒有必要咀嚼一下午的阿拉伯茶葉。阿拉伯人具有如此的矛盾心結，他們的快樂來自一段時間的離別。薩那這個在金星和火星交會時所見的城市，不正是如此。

我的心又飛回龍血島。它現在看來不再那麼像樂園，反而比較像奧狄賽歷經那些世俗的地方後，令他眼睛一亮的地方。龍血島的困難是缺乏醫療設備、必要食物及通訊。樂園島的神話迷惑了我們，龍血島民是世界上最好的魔法師，但它的島嶼似乎比他們還厲害。你得轉身掐自己一下，讓自己明白城市和衝突才是真實的世界。大部分的人，包括嚼食阿拉伯茶葉者，都住在特洛伊，而非十方淨土。

我離開迷宮似的巷子，進入我居住的杜摩區寬直街道。眼前的景象看來有些不一樣，或者是心境，它其實從來沒有改變：街上的小販都回來了，薩那不願成為一個博物館。

我關上大門。在第七十八階處，聞到了羅勒的味道。奇怪的很，這數字從來都不一樣，和胡德之墓的長度有著相同的情形。我坐在屋頂陽台，視線越過薩那的燈火，落在遠方的山脈。薩那已經擴展到努干姆山和艾邦山的山腳。一如預言，薩那已經填滿山脈之間的空間。

分分合合

一九九四年五月四日，星期三夜間八點十分，我正在屋頂的房間，電突然停了。夜間變得極端沉寂。

從龍血島回來後，亞丁的媒體在畢德的授意下，猛烈攻擊政府中的社會主義夥伴。由阿不都拉（Ali Abdullah Salih）所領導的人民議會（General People's Congress）及哈希德統領阿瑪爾（Shaykh Abdullah ibn Husayn al-Ahmar）領導的「伊斯拉黨」（Islah Party）等兩個統治政體的背景，和畢德的「葉門社會黨」（Yemeni Socialist Party）有很大的差異。自一九六〇年代末期開始，阿拉伯共和國的繼任者一直在社會的主要構成上費心思，例如地方氏族和城區居民、激進和保守等。政治也反映了這樣的複式存在：統治管理全靠這樣的協調。在對外關係上，葉門採取務實和中立態度，例如混合美式和俄式的軍力裝備。但南葉門則完全投入蘇維埃。一九八六年亞丁血腥暴動後，強硬派掌權，仰賴的則是強制和高壓。四年後，東歐共產國家因為民眾反彈而解體，而畢德也於一九九〇年同意南北葉門再度統一。他的決定，保命成分高於對統一的考慮。由於在本質上無法參與民主政權的運作，他由獨裁者轉換成的民主政治家頭銜，其實毫無作用。

畢德沒多久就開始攻擊其他政體。統一之後僅三個月，葉門即試圖以阿拉伯人的方式解決伊拉克入侵科威特的行動。此舉導至到海灣諸國工作的葉門雇員，紛紛被趕回葉門。葉門的外匯因此衰退。葉門社會黨的領導者開始將經濟問題歸咎於「多事的北方人」。一九九三年四月，葉門第一次大選，葉門社會黨居第三位。畢德雖然保持副總統職位，但憤恨難忍。有次他藉口出國就醫，在一九九三年八月抵達亞丁，並留了下來。他拒絕參與政府事務，不理會各種調停，和解沒有達成。一九九四年二月二十日，阿不都拉和畢德捐棄前嫌，握手言和。葉門又回到常軌。

齋戒月快結束時，安曼協定也正式公開。齋戒期滿的人聽到消息後陸續來到我正在享用晚飯的沙塔餐廳吃飯。我留意到有些人臉上還淌著快樂的淚水。那些突然鬆懈的感覺可想而知。大家全都一起感謝真主。

我懷著快樂的心情回家，路上還買了一束極好的阿拉伯茶葉慶祝。當我去和隔壁的金匠聊到這件事時，卻發現他的臉上充滿悲傷。「你沒聽到消息嗎？」他問。

原來，就在微笑握手之後沒多久，前南葉的軍隊在老葉門共和國位於亞丁東邊阿比楊開火。軍事行動雖然很快平息，但安曼協定也隨之粉碎。兩個月後，軍事衝突再起，前南葉第三軍團攻擊薩那北邊的同盟，引發長達二十小時的坦克戰爭，導致七十九人喪生。葉門人仍抱持樂觀的態度，然而這種突然的解體所帶來的威脅，簡直有如噩夢。同時，薩那的樹感染怪病，紛紛流出樹汁，有人說這是一個警告，彷彿這樣的警告真有必要存在。

五月五日拂曉，戰事爆發。我被不祥的喧囂吵醒，跑上屋頂一看，整個世界充滿爆開的火花，而天空則是導彈和爆炸。不遠處的一座屋頂上，一架機關槍對空掃射。下方驚駭的人們蹣跚地跑到街上。我隔著欄杆對他們大叫：「你不要命了？」但沒人聽見。

整整一週，空襲持續不斷，但沒有什麼效果。也許人家說薩那有神保佑是真的。我常坐在頂樓的房間，看著制空武器反擊。不久，連飛毛腿飛彈也來了。這種飛彈著實可怕，其中一顆落在共和醫院，導致一百二十人傷亡。我在爆炸後不久前往，當天的日記上寫道：

> 四座房屋全毀。有些整面牆倒塌。不少人前來觀看，而在四周沉默地走動；有個人在羅斯——曼大陽傘下賣糖果。共和醫院的後面，窗戶全都不見。光是飛毛腿這個名稱就夠嚇人——掠過、尖叫、墜地。塵土中露出半截靛藍的女用羊毛衫，一如巴拉奇胥塵土中的布料碎片。
>
> 巴拉奇胥經過兩千年才成為廢墟。現在歷史發生的速度快多了。

凱文家離中彈地點不遠。空襲開始時，他帶著妻子和孩子回到約克夏，把鑰匙留給了我，於是我過去看看有沒有損毀。面對爆炸的門和窗子皆已炸爛，石灰牆面在院子落了一地。我往房間看去，然後再到廚房。桌上小孩子的繪圖和一大堆老鼠屎之間是我們去龍血島的記述。在戰爭前，我留給凱文請他發表意見。我吹去塵土，翻閱了一下，第二段寫著：「那也許是夢境裡的地方。」

不光是龍血島，幾乎整本書都顯得不真實。我試著寫穩定發展的歷史，但歷史卻突然變得如此狂暴，就像主題公園中脫逃的猛獸。這樣子看來，似乎帶著令人懼怕的趣味，但何時中止？有一些悲觀的人預測，衝突也許要幾個月，也許要幾年……

不久，飛毛腿停了。奇蹟似地，只有兩枚引發死亡。政府軍由阿比楊朝海岸往南推進。陸軍的反抗很快被敉平，但空軍則交戰較長的時間。雙方皆喊著為統一而戰。五月二十日，葉門總統宣布停火三日，以追悼犧牲者。畢德則以南葉門脫離葉門共和國和收復舊國界回應。他說：「葉門的統一，仍是國家一貫的目標。」

部分葉門的鄰國為葉門的紛亂感到高興無比，一九九〇年遭到伊拉克入侵時，葉門提倡以阿拉伯方式解決的科威特，更不在話下[1]。沙烏地阿拉伯支持的MBC衛星頻道，在亞丁電視台播出畢德宣言之前九十分鐘，不知是先知先覺，還是無所不入的「公關」，即已播出畢德要宣讀脫離宣言的消息。

但似乎沒有人真的承認他的脫離宣告。在南方，廣受人民支持的畢德宣告脫離後，聲譽快速下墜，他的軍隊則節節敗退；軍團一個接一個投降，隨後亞丁北方蘇維埃軍事基地阿納（al-Anad）被毀。畢德逃往穆卡拉，在他的濱海別墅中斷電話後，舉槍自殺。六月中旬，亞丁和外界的通訊恢復，到了月底，叛軍原想當作主戰場和根據地的大省分哈卓瑪被政府軍占領。七月七日，政府軍在毫無阻擋的情況下進入亞丁市中心。戰爭結束。

戰爭期間，我常想起馬利柏外圍沙漠中的老國界，那也是葉門人最早發源，並開始對外發展的地方。現在那些醜陋的水泥塊狀建築，也像阿迪特人的柱城一樣，消失在黃沙之中。在那個燃香商隊、貿易者、旅行者、遊牧民族、朝聖者和走私者走過貧瘠捷徑的時代，即使是分裂，溝通並沒有中止；即使脫離，即使葉門又恢復南北兩國，沙丘後的交通仍會持續，葉門人永不放棄他們祖先的道路。

❄

此後兩年，歷史大致回到了原有的律動。在我那條街上，小販們來來去去，一如薩那人迎娶新娘、埋葬死者。偶爾，市政局的人會前來追趕人行道上的小販，然而那些小販們會偷偷地又嘎吱嘎吱推著小三輪車回來。有一次突然起風暴，數以千計的成熟番茄在洪水中浮動，街上一片紅色。我正看時，一名戴了面紗的女人跳入水中，撩滿了一裙子番茄。由頂樓上，我可以看見逐漸擴張到山區的市郊；較接近的地方，一座屋頂上架設了一個衛星碟式天線，看來竟像龍血樹。

夜晚坐在陽台上，我偶爾會想起另一個奇幻的字典世界，去發掘更多的事情：「laqayt minhu banat awbar」，直譯為「我由他身上經歷許多失望」，若按字面上來說，則譯為「他給了我一些小而差的塊菌」，若再逐字解釋「我由他處接受了他多毛的女兒」；「dabbab」，「以奶油招待後再加以搶劫」，若加上「dabub」，則是「大量的蜥蜴」；「adabb」，同時意謂「成為霧天、變成很大、保持靜默、說話、尖叫」。「qarqar」是「（駱駝）大叫、閉嘴！（向女人說的話）」；「sinn」是「籃子、蹄兔的尿」。字典的世界有如宇宙，不斷在擴大。我想我應該對新增的版本負一些責任，「bartan」和同源的「Britani」意謂「沒完沒了說些奇怪的事情」。

每次這樣探索之後，我通常會闔上字典，關了燈，看著窗外。被彩色窗櫺框住的外面，晚睡的阿拉伯茶葉嚼食者一如固丹皇宮的君主，坐在嘈雜街道的高處陽台上享受美味，無疑為天堂所在。

【註釋】

1 一九九三年，科威特《Al-Siyasa》上刊登「我們在波灣戰爭中已經失去十億美元，我們準備好另一個十億，確保葉門的分裂」。

附錄 詞彙表

abayah 以輕薄布料裁製的寬鬆長袍。

Abbasid 阿巴希德伊斯蘭卡里發（caliphs，即穆罕默德的繼承人）王朝，其祖先為先知穆罕默德的父系叔父，首都則為巴格達。該王朝自西元七五〇年至一二五八年，後為蒙兀兒入侵者推翻。雖然他們自稱先知的繼承人，統治遍及整個伊斯蘭世界，但阿巴希德王朝一開始就不是很強勢。自九世紀開始，許多地區性的伊斯蘭領主，包括葉門在內，便紛紛脫離其統治而獨立。

abu/abi （某人之）父或祖先；蓄有髭（的男人）。通常和名字併用。

Ad 經常在《可蘭經》中被提及的史前阿迪特族（Adites）。據說他們居住於現今哈卓瑪谷地的阿赫卡夫（al-Ahqaf）。阿迪特人及其富裕的首都柱城（Iram of the Columns），由於不服侍上帝，於是上帝命先知胡德毀滅它。

Adnanis 宗譜學家對源自北方之阿拉伯人的通稱。其祖先為亞伯拉罕之子的後代阿南（Adnan）。

Al 家族或族系，例如 Al Afrar。其用法及意義和冠詞之「al-」不同。

ali 意謂機械，通常指 A K 四七自動步槍。

ambar 即 Ambergris（龍涎香）。

asid 黍粉粥，通常與高湯及牛油一起食用。為葉門山區的傳統食物。

asr 每日禮拜之第三次，稱晡禮，在下午四時至日落前舉行。

atlal 廢棄聚居處或營地的痕跡，為情詩中經常出現的主題。

Ayyubids 阿育畢德，以源自亞美尼亞庫德人阿育柏（Ayyub）之名為名的王朝。一一七一及一一七二年，其子撒拉赫（Salah al-Din，即 Saladin）推翻埃及法密德王朝（Fatimid）的國王，一年後，撒拉赫之兄圖朗沙赫（Turanshah）可能基於政治和商貿等雙重理由，也率軍前往葉門。他占領了提哈瑪、亞丁和泰茲。他的另一位兄弟圖格塔金（Tughtakin）則於一一八九及一九〇年占領薩那。當時的葉門由數個本地勢力統治，由某個角度來看，阿育畢德王朝的占領為葉門帶來統一，不過這樣的政權並不穩固，阿育畢德蘇丹於一二二八及一二二九年間撤離後，一切也成為歷史。他所信任的副手接續宣布獨立，並建立拉蘇利王朝（Rasulid Dynasty）。

Ba 哈卓人常見的姓氏，例如 Ba Abbad。

bab 門、大門。

badw　鄉間居民、遊牧民族和貝都人。

baghiyyah　蜂蜜名稱，意謂「渴望之物」。

baghlah　阿拉伯海灣大型的海洋帆船，文意為「母騾」。此字可能源自拉丁語的「vascellum」，經由西班牙文、葡萄牙文轉化為「bajel」。英文則稱為「buggalow」。

banu/bani　意為「後代」，用來指稱一個部族、部族的分支、部族的領地，有時也用來表示王朝。

bara’　非舞蹈性的踏步，以擊鼓節奏配樂。

barakah　神的賜福，特別指藉由極端虔誠者或與其相關地點散播的賜福。

bayt　屋子，經常被解釋成「家庭」，也是組成村落一字的部分字彙。

bin　（某人之）子，參見「ibn」。

dar　大型的房子或宮殿，例如 Dar al-Hajar。偶爾用來表示村落，例如 Dar Salm。

da’wah　拜訪、召喚或邀請。同時也用來表示參與伊瑪目遴選者的宣告。

Dhu/Dhi　表示身分或資格，大多用於前伊斯蘭時期的貴族，例如 Sayf ibn Dhi Yazan，有時也用於部族，例如 Dhu Muhammad。

fils　小型硬幣，源自古代希臘的銀幣「歐寶」（obolos）。

funduq　旅館、客棧，源自希臘之「pandokheion」。

futah　紗龍、經過縫製的腰布。

ghayl　流動的小溪。

Hadramawt　西元四世紀前，哈卓瑪王朝可能曾是沙巴王朝的盟國或臣屬，之後便宣告獨立。首府夏巴瓦（Shabwah，古稱Sabota）控制了乳香的生產；其財富令它足以擴張成軍事強權。第三世紀初期，哈卓瑪被沙巴的軍隊擊潰，同世紀末，它和沙巴王朝一樣，皆為希米亞王國（Kingdom of Himyar）併吞。

halal　為宗教法規允許的事物，其相反為haram。

hani'an　意謂「願你已盡情享用！」，經常指稱食物或飲料，且大多用於餐後。

harish　粗碾麥粉粥，通常配食牛油，特殊場合則配蜂蜜。

hawri　一種窄小的船，和獨木舟的形狀接近。

hijrah　受到保護，不可侵犯的人或地方。此詞用在為宗教研究、貿易，或保護受爭議者不被攻擊而保存的區域。侵犯hijrah皆會受到最嚴重的處罰。先知穆罕默德由麥加遷往麥地那期間，即受hijrah保護。

Himyar 氏族及葉門在伊斯蘭化之前最後一個強權的名稱。根據傳統的宗譜學，希米亞人為沙巴的後代。他們的根據地在葉門南部的山區，首都則為靠近亞雅利姆（Yarim）的札發（Zafar）。基督教時代開始之前，陸路貿易衰退，海路興起，促使希米亞人沿葉門紅海岸大興海埠。西元一世紀時，希米亞已擴張成軍事強權，並開始和沙巴王國競爭。第三世紀結束前，希米亞終於推翻沙巴，並併吞哈卓瑪。在阿拉伯半島中部發現的五世紀銘文顯示，他們曾試圖擴張領土。一世紀後，衣索匹亞自非洲入侵，希米亞王朝終告消失。

ibn （某人之）子，經常縮寫成為「b.」。一般和人名併用，例如 Ibn al-Mujawir，參見 bin。

Idrisis 大約在一九〇九年和一九一〇年間，十世紀時曾統治摩洛哥的伊德利西酋長穆罕默德（Muhammad b. Ali al-Idrisi）統治摩洛哥後代，在阿夕爾（Asir）獨立為王。第一次世界大戰結束，加上奧圖曼帝國勢力撤離葉門，他占領了包括胡戴達港在內的提哈瑪部分地區。英國勢力雖然支持他，但在英國於一九二五年撤軍後，他終被雅哈雅伊瑪目推翻。

ilb 棗樹，其樹幹及果實皆具經濟價值，也是養蜂人的重要蜜源。

Imam 伊斯蘭什葉派群體的領導者，同時也是做禮拜時的領頭人。在葉門，札伊第派的伊瑪目是伊斯蘭時期歷時最久的勢力。札伊第是什葉派最先進的群體，其名稱來自先知穆罕默德女兒法提瑪（Fatimah）的第三代子孫及其表親阿里（Ali b. Abi Talib）。伊瑪目同時精神及實質領導人。法提瑪和阿里的後代都可以遴選這個高超職位，實際上卻經常在同一個先知後代家庭中世襲多代。由八九七年開始到一九六二年革命前的伊瑪目制時代，在一六四四年至一六七六年的穆塔瓦奇王朝伊斯麥爾伊瑪目（Imam al-Mutawaiikl Isma'il）為最盛期。他曾統治現今的葉門，他的宗主權遠達希濟茲（Hijaz）北邊的揚布（Yanbu）。歷史上，伊瑪目經常和其他國內及國外的勢力發生衝突，而其統治權也通常局限於葉門的西北部。各伊瑪目的首府因政治事件和伊瑪目本身的想法而建於不同地點。後來幾任通常都居在薩那。

iqal　阿拉伯人用駝毛編織的頭環，用來固定頭巾。葉門人不戴這樣的頭環。

jabal　山或山脊。

jambiyah　彎刀，含「側臂」的語意，但一般都佩在上腹部中間。

jinni　精靈，人與天使之外的第三類。凡人見不到精靈，但精靈卻能影響人的一切。

Kathiris　卡塔里，部族名稱，原為阿曼都法（Dhofar）最主要的部族。十六世紀時，其統治者圖威拉（Aadr Bu Tuwayraq）征服哈卓瑪，並就職為卡塔里蘇丹。逐漸的，卡希里失去大部分的領土，十九世紀時領土更遭奎提斯（Qu'aytis）占領，不過仍保有塞昂（Say'un）做為首都。一九六七年，英國勢力撤出，卡塔里最後一任蘇丹亦被罷逐。

kidam　源自土耳其，加了酵母的麵包捲，由不同的穀物混合後製成。

lukanda　宿舍或小客棧，此字源自義大利文之「locanda」，為最廉價的過夜地點。

mafraj　招待客人的大房間，通常位於房屋頂層或一樓。若是在一樓，一般則面向設有噴泉的池子。

Ma'in　瑪因王國，佳甫谷地（Wadi of al-Jawf）的前伊斯蘭時期邦國，過去被認為年代比沙巴王國久遠，現在則被認為是從西元前九世紀末期自較大的邦國分裂出來，並持續獨立了約兩百五十年的時間。雖然瑪因王國不曾以軍事強權的姿態出現，但由阿拉伯西北部的拓殖地，以及在埃及和愛琴海發現的銘文，卻不難看出其貿易影響力。

Mamluks　此字意為「被擁有」或「被占有」，一般指源自歐洲或亞洲的奴兵。瑪路克王朝自十三世紀中期至一五一七年間統治了埃及和地中海東部，其後被奧圖曼帝國推翻。一五一六年，一支瑪路克人自奧圖的進攻中脫逃，占領了葉門的卡瑪朗島（Kamaran），並進而占有提哈瑪及薩那。他們這段持續不算太久的擴張，歸功於使用大量的火器，並有效地瓦解了塔希里（Tahirid）的勢力。

mizmar　雙排蘆笛，為葉門鄉間最常見的樂器。

mutur　摩托車。

nabi　先知。

nakhudhah　船長，源自波斯文之「naw khuda」。

nasrani　最適當的譯法為「基督教徒」，但在葉門，經常指「西方人」，因此本地人可能會問外來者是否為猶太教西方人之類的問題。

nawbah 圓塔。

nurah 石灰泥漿。

Ottomans 奧圖曼帝國，名稱取自十四世紀小亞細亞庫茲土耳其（Ghuzz Turks）統治者鄂圖曼（Uthman）。一五三八年，奧圖曼占領亞丁，並逐步統治葉門沿海地區及提哈瑪，但要遲至一五四七年才占有薩那。葉門人在卡希姆伊瑪目（Imam al-Qasim）及其子穆雅伊瑪目（Imam al-Mu'ayyad）領導下極力反抗奧圖曼的入侵，並於一六三六年逐退奧圖曼。十九世紀中期，奧圖曼又逐步入侵阿拉伯。一開始，他們在葉門的活動僅止於提哈瑪，隨著蘇伊士運河的開通，令他們能迅速加強兵力，終於在一八七二年重新占領薩那。大約二十年後，哈密德伊瑪目（Imam Muhammad Hamid al-Din）領導葉門人團結抵抗，其子亦持續復國大業，最後迫使奧圖曼在一九一一年簽訂共治協定。奧圖曼在第一次世界大戰敗退後，撤離葉門，只剩部分土耳其官員仍留在雅哈雅伊瑪目的行政部門工作。在數度占領中，奧圖曼的勢力大多僅止於市區。

PDRY 葉門人民民主共和國（People's Democratic Republic of Yemen），前身為「南葉門人民共和國」（People's Republic of South Yemen）。PDRY於一九六七年十一月三十日英國撤出亞丁時，宣告獨立，後於一九九〇年五月二十二日併入葉門阿拉伯共和國（Yemen Arab Republic，簡稱YAR），成為葉門共和國（Republic of Yemen）的一部分。

qa' 平原，經常和地名連用，例如Qa'Jahran。

qabili　部族人民。

qadi　法官或判決者，通常為特定具有學識家族成員的榮譽頭銜。

Qahtanis　宗譜學者對於源自南阿拉伯的民族通稱。其祖先為卡譚（Qahtan，即《聖經》之Joktan），為先知胡德之子。不過有故事將卡譚及阿南皆視為伊斯麥爾的後代。

Qataban　一個較少被提及的葉門前伊斯蘭時期邦國。卡塔邦（亦作Qitban）可能是在西元前五世紀末時由沙巴獨立出來。在最盛時期卡塔邦的國土由馬利柏南部到亞丁灣；其首都為位於倍漢谷地（Wadi Bayhan）的提姆那（Timna，一做Tamna）。西元前二世紀開始，反叛的諸侯開始侵占卡塔邦的國土，而卡塔邦也在西元二世紀之後的銘文中消失。

qatal　阿拉伯茶樹的葉子，通常特指較低枝幹所生長的葉子。

qishr　咖啡豆的外殼，或以咖啡豆的外殼所煮的咖啡。

Qu'aytis　哈卓瑪奎提斯蘇丹國成立於一八五八年，建國者為烏瑪（Umar b. Awad al-Qu'ayti），屬於雅菲（Yafi'i）部族，其首都為穆卡拉（Al-Mukalla）。奎提斯藉由卡塔里的經費擴張，成為哈卓瑪的主要勢力。一九六七年，英國撤退後，最後一位蘇丹亦遭罷黜。

ramlah/-t　長型的沙地，通常和名字併用，例如Ramlat al-Sab'atayn。

ra's　頭或凸岬，後者如Ra's Fartak。

Rasulids 拉蘇利王朝，葉門中世紀王朝，名稱源自拉蘇爾（Muhammad b. Harun al-Rasul）。他曾在阿巴希德國王拉蘇利王朝擔任使節（rasul）而得名。根據拉蘇利王朝的歷史，此家族源自葉門的嘉山（Ghassan）部族。嘉山部族於前伊斯蘭時期往北遷徙，後與吐庫曼（Turkoman）部族通婚。一二二八年左右，拉蘇爾的孫子烏瑪（Umar）被阿育畢德最後一任蘇丹任派管理葉門，但旋即宣告獨立。接下來的幾十年，拉蘇利王朝統治了全葉門，其間並一度及於阿曼都法和麥加。拉蘇利蘇丹們對於藝術和科學的發展功不可沒，他們的首都泰茲及札畢德亦成為研究中心。其後，拉蘇利逐漸失去勢力，於一四五四年為塔希里推翻，占去所有國土。

rawbah 脂肪已經濾出，做為牛油材料的酸奶。

riyal 利雅，葉門貨幣，亦為鄰近阿拉伯諸國的貨幣，名稱來自西班牙文之「real」。

Saba 亦做「Sheba」、「Saba-eans」。為前伊斯蘭時期民族及王國的名稱。根據傳統的宗譜學，源自卡譚後代的沙巴（Saba b. Yashjub b. Ya'rub b. Qahtan）。最早的記載似乎是《聖經》上提到西元前十世紀時，沙巴女王拜訪先知所羅門的故事。沙巴諸王的名稱亦見於西元前八世紀和七世紀的亞述銘文。沙巴的勢力一度由其首都馬利柏及於現今葉門的全部國土。在西元前五世紀末期，沙巴王國許多地方開始自中央脫離，由西元一世紀起，希米亞人自稱為「沙巴之王」，到第三世紀時，已完全取代原有的沙巴王國，統治了葉門。

saltah 以高湯和蔬菜為主的燉菜，再加上豆科植物葫蘆巴種子磨成的粉加水打成的粉漿。此字的動詞意義為「將麵包沾入食物中」。

sambuq 中型船。

sayl 山洪。

sayyid 先知後代，只授於先知穆罕默德男性後代的稱號。現代不論仍沿用「sayyid」或同義的「sharif」，都僅止於宗教用途。

sha'ir 詩人，源自動詞「感知」或「理解」。根據《蘭氏字典》（*Lane's Lexicon*），亦指「騙子」，因為「許多人在詩中撒謊」。

shamlah 有條紋的毯子或一塊毛毯。

shari'ah 伊斯蘭律法，根據《可蘭經》及先知穆罕默德的傳統而訂。

sharif 先知後代，只授於先知穆罕默德男性後代的稱號。參見sayyid。

sharifah 女性的黑色外套，包括三部分：裙子、斗篷和面紗。引入時間為奧圖曼統治時期。

shaykh 字源為「老人」。一般來說，意謂「統治者」，階級包括了小村長到部族領導者，有時也用於傳統商貿組織的最高負責人上。部分傑出的伊斯蘭學者也享有同樣的稱號。在哈卓瑪，此詞用於前伊斯蘭時享有崇高宗教地位者的後代。

shilin 先令（Shilling），南葉門過去使用的貨幣單位。

sitarah 女性穿著的多色大型棉質披風。

Sufi 蘇非派，伊斯蘭神祕主義派別的通稱。

Tahirids 塔希里王朝，為建國者之父塔希爾（Tahir b. Ma'udah）的名字。這個家族的成員曾是拉蘇利王朝統治下傑出的官員，隨著拉蘇利王朝在一四五四年崩潰後，塔希里在葉門南部及提哈瑪竄起，並曾占領薩那一段時間。一五一六年，他們受到瑪路克王朝的猛烈攻擊，但仍保有亞丁。一五三八年，奧圖曼占領亞丁灣，並逐步占有葉門。

tahish 在偏僻地方出現的怪物。

Umayyads 烏瑪雅王朝，曾於西元六六一年至七四九年自大馬士革統治整個伊斯蘭世界。其祖先為烏瑪雅（Umayyah），即先知穆罕默德祖父的第一位表兄弟。烏瑪雅王朝後為阿巴希德所推翻，其中一個分支則逃到安達魯西亞，繼續繁衍。

wabr 岩石蹄兔。

wadi 谷地或季節性河床。

wali 聖人。

waliyyah 聖女。

wallah 「真主為證！」發誓表示真實時的語詞。

YAR 葉門阿拉伯共和國（Yemen Arab Republic），創立於一九六二年九月二十六日，薩那共和革命推翻最後一位伊瑪目之時。葉門阿拉伯共和國於一九九〇年和葉門人民民主共和國合併為葉門共和國（Republic of Yemen），成立統一的葉門。

zabj 在咀嚼阿拉伯茶葉前慣有的非惡意言詞戲謔，可能和古阿拉伯語之「zamaj」有關，意謂「挑起不合」。

zannah 長至腳踝的合身長衫（非寬大的袍子）。通常為白色，但其他顏色也偶爾流行。

ziyarah 拜訪。通常用在拜訪聖墓、聖人或先知的時候。

國家圖書館出版品預行編目（CIP）資料

葉門：字典國度的奇幻之旅／提姆・麥金塔-史密斯（Tim Mackintosh-Smith）作；鄭明華譯. -- 三版. -- 臺北市：馬可孛羅文化出版：家庭傳媒城邦分公司發行, 2020.07
面；　公分. --（當代名家旅行文學；114）
譯自：Yemen: Travels in Dictionary Land
ISBN 978-986-5509-30-9（平裝）
1.旅遊文學　2.葉門
735.979　　109008121

【當代名家旅行文學】MM1114X

葉門：字典國度的奇幻之旅
Yemen: Travels in Dictionary Land

作　　者❖提姆・麥金塔-史密斯 Tim Mackintosh-Smith
譯　　者❖鄭明華
封面設計❖BAIZU DESIGN STUDIO
內頁排版❖張彩梅
校　　對❖林俶萍
總 策 劃❖詹宏志
總 編 輯❖郭寶秀
編輯協力❖胡元媛
行銷業務❖許芷瑀

發 行 人❖凃玉雲
出　　版❖馬可孛羅文化
10483台北市中山區民生東路二段141號5樓
電話：(886)2-25007696
發　　行❖英屬蓋曼群島商家庭傳媒股份有限公司城邦分公司
10483台北市中山區民生東路二段141號11樓
客服服務專線：(886)2-25007718；25007719
24小時傳真專線：(886)2-25001990；25001991
讀者服務信箱：service@readingclub.com.tw
劃撥帳號：19863813　戶名：書虫股份有限公司
香港發行所❖城邦（香港）出版集團有限公司
香港灣仔駱克道193號東超商業中心1樓
電話：(852) 25086231　傳真：(852) 25789337
馬新發行所❖城邦（馬新）出版集團Cite (M) Sdn Bhd.
41-3, Jalan Radin Anum, Bandar Baru Sri Petaling,
57000 Kuala Lumpur, Malaysia
電話：(603) 90563833　傳真：(603) 90576622
讀者服務信箱：services@cite.my
輸出印刷❖中原造像股份有限公司
三版一刷❖2020年7月
定　　價❖480元

ISBN：978-986-5509-30-9（平裝）
城邦讀書花園
www.cite.com.tw